Des Hickey und Gus Smith begannen ihre schriftstellerische Laufbahn als Journalisten bei einer überregionalen Zeitung in Dublin. Seit über zehn Jahren arbeiten sie zusammen und haben mehrere Bücher veröffentlicht. Auch auf getrennten Wegen haben sich die Autoren einen Namen gemacht: Des Hickey ist Autor und Produzent preisgekrönter Dokumentarfilme, Gus Smith schrieb Bücher über Oper und Drama. Hickey und Smith recherchierten jahrelang für das Buch »Lusitania«. Sie haben noch lebende Augenzeugen in den Vereinigten Staaten, in Kanada, Deutschland, Frankreich, Großbritannien, Australien und Südafrika aufgespürt.
Des Hickey und Gus Smith leben in Dublin.

Vollständige Taschenbuchausgabe
Droemersche Verlagsanstalt Th. Knaur Nachf., München
Lizenzausgabe mit freundlicher Genehmigung
des Scherz Verlages, Bern und München
Titel der Originalausgabe »Seven Days to Disaster«

Aus dem Englischen von Hardo Wichmann

Umschlaggestaltung Adolf Bachmann, Reischach
Umschlagbild Wedell Minor, N. Y.
Gesamtherstellung Clausen & Bosse, Leck
Printed in Germany 5 4 3 2 1
ISBN 3-426-03761-0

Des Hickey / Gus Smith:
Lusitania

Die Chronik der letzten Fahrt eines Ozeanriesen, dessen Untergang die Zeitgeschichte bis heute beschäftigt

Knaur

ISBN 3-426-03761-0 980

Inhaltsverzeichnis

QUEENSTOWN, 18. Mai 1915 und später

New York

30. April – 1. Mai 1915

New York

30. April – 1. Mai 1915

1 Die Einschiffung

Den ganzen Morgen über erklommen die Passagiere im Gänsemarsch die Gangway der *Lusitania*. Ihnen folgten flinke Gepäckträger, die die vollgepackten Überseekoffer schleppten.

Am Samstag, dem 1. Mai 1915 um neun Uhr, schallten die Abschiedsrufe der über tausend Passagiere und der Angehörigen und Freunde, die sie zum Schiff begleitet hatten, über die Pier 54 am Ende von New Yorks 14. Straße. Jenseits des Atlantiks tobte ein Krieg, und viele, die nun den Liner bestiegen, waren Soldatenfrauen oder Ärzte und Krankenschwestern, die sich freiwillig zum Rotkreuzdienst im Feld gemeldet hatten.

Die *Lusitania* war bei den Reisenden außerordentlich beliebt. Ihre Ausstattung war so superb, daß sie das Attribut «schwimmender Palast» wohl verdiente. Die 197 Amerikaner, die an diesem Morgen mit ihr auslaufen wollten, hätten sich auch für die *New York* entscheiden können, die um die Mittagszeit ablegen sollte und noch Platz für dreihundert Passagiere bot. Die *Lusitania* jedoch war der schnellste und eleganteste Atlantikliner; im Vergleich zur *New York* würde die Reise zwei Tage weniger lang dauern. Seit ihrer Jungfernfahrt im Jahr 1907, als sie mit einer Durchschnittsgeschwindigkeit von 23 Knoten das Aufsehen der Weltöffentlichkeit erregte, hatte sie 201 Überfahrten hinter sich. Sie konnte 2198 Passagiere und eine 920köpfige Mannschaft aufnehmen, doch an diesem Morgen war noch Raum für knapp tausend weitere Fahrgäste. Wie viele mochten die deutsche Warnung in den Morgenzeitungen beachtet haben?

Der Dritte Offizier Albert Bestic stand am oberen Ende einer Gangway, als eine Frau mit ihren drei Kindern an Bord kam. Sie berichtete, sie sei am Kai von Männern mit fremdländischem Akzent angesprochen und ermahnt worden, heute nicht mitzufahren. «Stimmt es, was diese Männer sagen?» fragte sie. «Soll das Schiff torpediert werden?»

«Nein, Madam, das ist alles Bluff», versicherte der Dritte Offizier. «Es gibt kein Unterseeboot, das die *Lusitania* einholen kann.»

Im Nieselregen dieses frühen Morgens ragte die *Lusitania* turmhoch über den grünen Schuppen der Pier auf. Ihre Mastspitze endete 66 Meter über dem Wasserspiegel, ihr 241 Meter langer Rumpf erstreckte sich über das Ende der Kaianlage hinaus in den Hudson. Die vier riesigen Schornsteine, deren schwarz-roter Anstrich regennaß glitzerte, vermittelten einen Eindruck von der Kraft und Geschwindigkeit des stolzen Schiffes.

Die Frau lächelte Bestic dankbar an. «Vielen Dank. Ich bin sicher, daß alles gutgeht. Aber Sie wissen ja, wenn man Kinder hat . . . »

Sobald die Passagiere die Gangways der *Lusitania* überquert hatten, wiegten sie sich in Sicherheit. Bestic hörte Gelächter und betont fröhliche Unterhaltungen, die über den Schmerz der Trennung hinwegtäuschen sollten. Ihm fiel auf, daß ungewöhnlich viele Blumengebinde an Bord gesandt worden waren.

Als sich Major Dr. Frank Warren Pearl mit seiner Familie im Gefolge der Gepäckträger der Gangway näherte, wurden ihnen von Männern am Kai Flugblätter ausgehändigt, die vor dem Antreten der Reise warnten. Alice Lines, das junge englische Kindermädchen der Familie, wandte sich mit besorgter Stimme an Mrs. Pearl: «Haben Sie auch so ein Flugblatt bekommen?»

«Bloß nicht drum kümmern, Alice», beruhigte Amy Pearl. «Das ist doch reine Propaganda.»

Die Familie Pearl war unterwegs nach London, wo der Major sich bei der Botschaft der Vereinigten Staaten zu melden hatte. Er und seine Frau bezogen eine Suite; die vier Kinder Stuart, Amy, Susan und Audrey sowie ihre beiden Kindermädchen Alice Lines und Greta Lorenson bekamen angrenzende Kabinen, jeweils mit Bad und Toilette. Die Pearls sahen es als ihr gutes Recht an, Erster Klasse zu reisen – schließlich ließ sich der Atlantik nur so mit Stil überqueren. Die aus Dänemark stammende Greta, deren Bruder als Maat mit der *Titanic* untergegangen war, fand die Pracht der *Lusitania* so überwältigend, daß sie jeden Gedanken an die Gefahren gleich verdrängte.

Als Alice Lines die unbekümmerte Geschäftigkeit an Deck beobachtete, konnte sie sich nur schwer vorstellen, daß sie sich auf einem britischen Schiff befand, das nach Europa fuhr, wo ein schlimmer Krieg tobte. Im Sonnenschein, der den Nieselregen des Morgens verjagt hatte, ging sie mit Stuart an Deck spazieren. Am anderen Ufer des Hudson konnte sie die Flaggen an den Hecks deutscher Schiffe wehen sehen, die in Hoboken interniert worden waren.

Bei diesem Anblick fröstelte sie plötzlich.

Der Impresario Charles Frohman nahm vor dem Knickerbokker Hotel an der Ecke Broadway und 42. Straße, in dem er eine permanente Suite unterhielt, ein Taxi. Er war in einer Gemütsverfassung, die ebenso düster war wie das Wetter. Er hatte sich den Filzhut schief in die Stirn über den buschigen Augenbrauen gezogen und trug das Manuskript eines Stückes in der Innentasche seines Mantels. Kurz vor Verlassen des Hotels hatte er von seinem Freund, dem Schauspieler John Drew, ein Telegramm erhalten. ICH VERZEIHE DIR NIE, WENN DICH EIN BOOT IN DIE LUFT SPRENGT, lautete es. Und eine Schauspielerin, die ihm auf Wiedersehen sagen wollte, fand ihn brütend über seinem Notizbuch, das er immer bei sich trug. «Ist es nicht sonderbar», hatte er geseufzt, «mein kleines Buch ist randvoll – es bleibt für keine einzige Eintragung Platz.» Auf dem Weg zur Cunard-Pier hielt er einen Augenblick bei seinem Büro im Empire Theatre an, um eine Nachricht an den Bühnenautor Emerson Browne zu diktieren. In ihr hieß es schlicht: «Leb wohl. Halt mich auf dem laufenden.»

Ein anderer Freund, der Schauspieler Paul Potter, hatte Frohman versprochen, ihn, wenn immer möglich, an der Pier zu verabschieden. Er wartete bereits dort, als Frohman ankam. «Hast du denn keine Angst vor U-Booten, C. F.?» fragte er, als sie gemeinsam an Bord gingen.

Der Impresario lächelte. «Nein, bester Paul, nur vor den Geiern, denen ich Geld schulde.»

Frohman, der älter als seine siebenundvierzig Jahre aussah, mußte sich wegen einer schweren Arthritis auf einen Stock stützen, den er «meine Frau» nannte. Mit Paul und den Bühnenautoren Charles Klein und Justus Miles ging er langsam das Promenadendeck entlang. Alle wollten über die Warnung in den Morgenzeitungen sprechen, doch er ließ sich nicht beirren. Während eines Besuchs in Philadelphia, wo er sich eine seiner Shows angesehen hatte, war ihm ein anonymer Brief zugegangen, in dem es hieß, die *Lusitania* werde zerstört. Freunde hatten ihn gedrängt, auf einem amerikanischen Dampfer zu reisen, aber er hatte ihre Befürchtungen ignoriert. Er wollte nun einmal mit der *Lusitania* fahren, wie geplant.

Frohman hatte einen nervenaufreibenden Morgen hinter sich. Die New Yorker Zeitungen hatten Wind von einem Gerücht bekommen, demzufolge er heimlich die Schauspielerin Maude Adams geheiratet habe, und ehe er das Knickerbocker Hotel verließ, hatte er zusammen mit seinem Manager die zahlreichen Anrufe von Reportern abwimmeln müssen.

Auf Frohman hatte das Theater seit seiner frühen Jugend eine große Faszination ausgeübt. Seine erste Stellung bekam er mit fünfzehn, nachdem seine Eltern nach New York gezogen waren, beim Vertrieb einer Zeitung in der Nachtschicht. Als er später zur *Tribune* ging, arbeitete er tagsüber für die Zeitung und verkaufte nachts in einem Theater in Brooklyn Eintrittskarten. Mit siebzehn versuchte er sich zusammen mit seinem Bruder im Management. Drei Jahre später besuchte er in Boston die Premiere von *Shenandoah.* Obwohl er nur fünfzig Cent in der Tasche hatte, erwarb er sich noch vor Ende des Abends die Aufführungsrechte an dem Stück. Das war der Anfang seines phänomenalen Erfolgs.

Und doch, im Jahr 1915, nachdem er über fünfhundert Shows produziert hatte, durchschnittlich siebenhundert Schauspieler pro Saison beschäftigte und wöchentlich Gagen von insgesamt 25.000 Dollar zahlte, war er nicht nur der Öffentlichkeit und den Schauspielern, die er betreute, sondern auch seiner eigenen Familie ein Rätsel. «Charlie macht halt alles anders», hieß es allgemein. Er lebte in totaler Zurückgezogenheit und empfahl seinen Schutzbefohlenen, es ebenso zu halten. Obgleich er einen der exponiertesten Berufe ausübte, mied er die Öffentlichkeit und erschien niemals auf der Bühne, um Applaus entgegenzunehmen. Sofort nach dem Ende der Vorstellung ging er zurück in sein Büro. Niemand wußte, wann er endlich nach Hause kam. Einmal, als er stundenlang in einem steckengebliebenen Aufzug festsaß, machte er es sich geduldig auf dem Boden bequem und rauchte Zigarren. «Jungs», bemerkte er zu den Mechanikern, die ihn befreiten, «das war seit Jahren mein erster Urlaub.»

Edna May, Ethel Barrymore und Nat Goodwin waren seine wichtigsten amerikanischen Stars; in England hatte er George du Maurier, Marie Tempest, Seymour Hicks und Ellaline Terriss unter Vertrag. «Frohman schafft Amerika nach England und bringt England zurück nach Amerika», hieß es in Theaterkreisen. Vor fünf Jahren hatte er in London ein Repertoiretheater gegründet. In diesem Mai reiste er auf Einladung seines Freundes James Barrie hin, um sich dessen Burleske *Rosy Rapture, der Stolz der Revue* anzusehen.

Vor zehn Jahren hatten andere Produzenten Barries Skript für *Peter Pan* als schieren Wahnsinn abgelehnt. Frohman erkannte seine Möglichkeiten sofort und landete einen Welterfolg.

Die New Yorker Theaterproduzenten waren vorwiegend Showleute, die am Broadway nur dem finanziellen Gewinn zuliebe einen hohen Einsatz wagten – eine erfolgreiche Show konnte ihnen ein Vermögen einbringen. Frohman hingegen hegte eine tiefe Liebe für die Bühne; mehr noch, wenn es die Umstände erforderten, gab es keinen besseren Laienschauspieler als ihn. Er konnte sich auf Bestellung gefühlvoll geben und drauflosweinen.

Auf seltsame Weise schien Frohman die Akteure, um die er sich so aufmerksam kümmerte, zu beneiden. Stundenlang saß er über Probeabzügen ihrer Porträts und Skizzen ihrer Kostüme, wies sie in ihre Rollen ein, beriet sie bei der Wahl ihrer Hotels und schärfte ihnen ein, auf Tournee zurückgezogen zu leben. Wie ein herzensguter Vater verwöhnte er sie mit Spielzeug, Büchern, Blumen und prächtig bunten Pralinenschachteln. Dennoch war er so eitel, daß er einmal Tausende von Umschlägen vernichten ließ, weil nur das Bild eines seiner Stars aufgedruckt worden war, nicht aber sein eigenes.

Obwohl er seine Schauspieler mit fast hypnotischer Macht an sich band, begehrten einige gegen seinen in ihren Augen zu seichten Geschmack auf – Frohman konnte Ibsen und die meisten anderen modernen europäischen Dramatiker nicht ausstehen, hatte aber einen untrüglichen Instinkt für Bühnenwirksamkeit. Als er Maude Adams die Hauptrolle in *Peter Pan* gab, machte er Theatergeschichte und verschaffte der Schauspielerin, Barrie und sich selbst ein Vermögen.

Gewöhnlich bereiste Frohman seinen «Londoner und Pariser Theatermarkt», wie er sich auszudrücken pflegte, im Herbst; in diesem Jahr aber hatte Barrie ihn überredet, schon im Frühling hinüberzukommen.

Der berühmte Bergwerksbesitzer und Politiker David Alfred Thomas und seine Tochter Margaret, Lady Mackworth, waren unter den ersten Salonpassagieren, die die *Lusitania* betraten. Thomas, ein Waliser, haßte es, die seiner Ansicht nach beste Zeit des Jahres, die erste und zweite Maiwoche nämlich, nicht in seinem Haus in Monmouthshire verbringen zu können, dem er in Gedanken immer nahe war. Seine Bedürfnisse waren schlicht – so schlicht, daß ein Labour-Politiker einmal bemerkte: «Da habt ihr Thomas – mit dem Einkommen eines Herzogs und dem Geschmack eines Bauern.»

Thomas hatte ein Bergwerk in Pennsylvania, an dem er beteiligt war, besichtigt, einen neuen Frachtkahndienst auf dem Mississippi eingeweiht und sich mit der Planung von Erweiterungen des kanadischen Eisenbahnnetzes befaßt. Für seine neunundfünfzig Jahre war er erstaunlich tatkräftig. Seine amerikanischen Freunde hatten den Eindruck, daß er sich in den

Staaten wohler fühlte als in den engen Grenzen von Wales; doch sein Vermögen hatte «D. A.» in Südwales mit den Kohleflözen gemacht, entschlossen, der quälenden Armut seines Volkes auf seine Weise abzuhelfen. Zwanzig Jahre lang diente er in seinem Wahlkreis als Abgeordneter der Liberalen und war ein ernstzunehmender Gegner der walisischen Nationalisten, deren Forderung nach einem «Wales für die Waliser» er unsinnig fand. Premier Lloyd George hatte so großen Respekt vor seinem mächtigen regionalen Einfluß, daß er anläßlich eines Besuchs in Wales bemerkte: «Für zwei Könige ist hier kein Platz.»

Thomas betete seine Tochter, die nun Anfang Dreißig war, an. «Margaret und ich sind nicht wie Vater und Tochter», pflegte er zu sagen, «wir sind Kameraden.»

Margaret war in Wales im engen Kreis von Familie und Freunden behütet aufgewachsen. Sie schloß eine wenig erfolgreiche Ehe mit einem Nachbarn, Sir Humphrey Mackworth, der zwölf Jahre älter war als sie. Zwischen den beiden tobte ein heftiger Interessenkonflikt: er hatte eine Passion für die Fuchsjagd – sie liebte Bücher und fand die Jagd unzivilisiert. Bald war sie ihres öden Lebens in einem Haushalt, der von drei Dienstmädchen, einem Koch, einer Hausgehilfin und einem Stubenmädchen geführt wurde, überdrüssig und suchte nach einer sinnvollen Beschäftigung. Vier Monate nach ihrer Eheschließung schloß sie sich der Pankhurst-Bewegung an, einem sozialen und politischen Frauenbund, der sich für das Frauenstimmrecht einsetzte.

Die örtliche Suffragettengruppe trat zusehends aggressiver auf, und auch Lady Mackworth wurde kühner. Sie zündete sogar Postsäcke an, eine militante Strategie, zu der die Bewegung gegriffen hatte. Kein Wunder, daß sie festgenommen und angeklagt wurde. Sie hatte die Wahl zwischen einer Geld- und einer Freiheitsstrafe und besprach diese Option mit ihrem Mann. Er war entschieden dagegen, daß sie ins Gefängnis ging, doch sie vertrat den Standpunkt, daß ihrer Sache nicht geholfen sei, wenn sie stillschweigend ihre Buße zahlte. Sie wurde für schuldig befunden und zu einer einmonatigen Freiheitsstrafe verurteilt, die sie im Grafschaftsgefängnis in Usk verbüßte. Sie verweigerte die Gefängniskost und trank nur Wasser. Von dieser Erfahrung gezeichnet, schwor sie bei ihrer Entlassung: «Ich werde so lange für das Frauenstimmrecht kämpfen, bis die Frauen gleiche Rechte genießen.»

Unter den vielen Kindern, die Margaret Mackworth auf dem Promenadendeck der Ersten Klasse herumtoben sah, befanden sich auch die sechs kleinen Cromptons im Alter zwischen sechs Monaten und zwölf Jahren, die zusammen mit ihren Eltern reisten.

Cunards Reklame unterstrich nicht nur die Geschwindigkeit und den Luxus der *Lusitania*, sondern auch die überdurchschnittliche Sicherheit, die sie gerade für Mütter und ihre Kinder besonders geeignet machte. An diesem Morgen wurden 129 Kinder, darunter 39 Säuglinge, an Bord genommen.

Elbert Hubbard war mit seinem breitkrempigen Hut, der überdimensionalen Samtfliege und dem langen, wallenden Mantel jeder Zoll ein Exzentriker. Er war Autor, Verleger und Dozent in einer Person. Durch seine Zeitschriften *The Philistine* und *The Fra*, die unkonventionell umbrochen und mit seiner geschwätzigen, hausgemachten Philosophie vollgestopft waren, hatte er große Popularität erlangt. Sein eigentliches Geld machte er aber mit Luxusausgaben der Klassiker, die er in East Aurora, New York, herausbrachte.

Zusammen mit seiner Frau Alice reiste der langhaarige Hubbard nach Europa, um über den Krieg zu berichten, von dem er recht sonderbare Vorstellungen hatte. Er ritt die wildeste Attacke gegen den Kaiser, die bisher in einer amerikanischen Publikation erschienen war, und erklärte, sein Herz schlage wohl für das Deutschland der Wissenschaftler, Erfinder, Komponisten und Erzieher, doch nicht für einen Kaiser, der Millionen von Menschen in Trauer gestürzt habe.

Den Reportern vertraute er in maßloser Selbstüberschätzung an, die deutsche Warnung sei ebensosehr gegen ihn selbst wie gegen die *Lusitania* gerichtet. «Torpediert zu werden und mit der *Lusitania* unterzugehen», erklärte er, «wäre die beste Reklame für mich und meine einzige Chance, unsterblichen Ruhm zu erlangen.» 1912 hatte er den Tod eines Ehepaares auf der *Titanic* als «glorreiches Privileg» bezeichnet. Sofern ihm kein Unfall zustoße, prahlte Hubbard, würde er hundert Jahre alt werden. «Alle Krankheiten sind unanständig. Man kann nur auf zwei Arten würdig sterben: an Altersschwäche oder durch einen Unfall.»

Zwei Tage bevor er sich auf der *Lusitania* einschiffte, schrieb er einem Freund:

> Am Samstag, dem 1. Mai, nehme ich die *Lusitania* nach Europa. Die ausländischen Behörden haben mich äußerst zuvorkommend behandelt. Man wird mir Gelegenheit geben, die Zustände so zu beobachten, wie sie sind. Meine Berichte werde ich selbst redigieren. Ich beabsichtige, alles meinem Gedächtnis anzuvertrauen und so die Zensur zu umgehen. Wenn – und falls – ich zurückkehre, werde ich die Leser von *The Philistine* und *The Fra* unverblümt aufklären. Ich will Reporter sein, nicht Kriegskorrespondent, und schreibe über das, was ich sehe, nichts sonst. Am 20. Juni bin ich wieder zurück (vielleicht).

Der reichste Passagier der *Lusitania* war Alfred Gwynne Vanderbilt. Der Erbe des größten Vermögens der Welt schlenderte übers Promenadendeck und sah in seinem anthrazitfarbenen Nadelstreifenanzug mit blau-weiß gepunkteter Schleife und breiter Schiebermütze eher wie ein Sports- als wie ein Geschäftsmann aus.

Der zierlich gebaute, achtunddreißigjährige Alfred Gwynne war der bestaussehende Sproß in der vierten Generation der Vanderbilts. An der Yale-Universität war er zur «größten gesellschaftlichen Leuchte» seines Jahrgangs gewählt worden. Seine Bildungsreise nach Erlangung eines akademischen Grades sollte ihn 1899 um die Welt führen, fand aber in China ein abruptes Ende, als ihn die Nachricht vom Tod seines Vaters erreichte. Er charterte ganze Züge und Dampfer, um rasch zurück in die Heimat zu kommen, doch als er den Pseudo-Renaissancepalast mit seinen siebzig Zimmern in Newport, Rhode Island, betrat, lagen die sterblichen Überreste seines Vaters schon vier Wochen unter der Erde. Die Familie hatte geduldig auf seine Rückkehr gewartet, ehe sie sich zur Testamentseröffnung in der gewaltigen Bibliothek aus Marmor und Mahagoni versammelte.

Obwohl der verstorbene Cornelius Vanderbilt II. seinen ungeheuren Reichtum durch großzügige Wohlfahrtsspenden beschnitten hatte, wurde sein Vermögen immer noch auf 72.500.000 Dollar beziffert. Der Anwalt der Familie gab bekannt, daß die vier Geschwister von Alfred Gwynne sich ein Treuhandvermögen von 20.000.000 Dollar teilen würden. Wichtigstes Erbstück der Familie war die Goldmedaille, mit der der Kongreß den Kommodore Cornelius Vanderbilt, Gründer des Familienvermögens, als Dank für die Spende der *SS Vanderbilt* während des Bürgerkriegs ausgezeichnet hatte. Dieses Stück wurde Alfred Gwynne vermacht und bestätigte ihn als Haupt der Cornelius-Vanderbilt-Linie. Zu der Medaille gehörte das riesige Restvermächtnis.

Wenige Wochen nach dem Tod seines Vaters saß der Erbe der Vanderbilt-Millionen pflichtschuldig an einem Schreibtisch in der Verwaltung der New Yorker Central-Eisenbahn, an der Cornelius Vanderbilt mehrheitlich beteiligt gewesen war. Doch bei diesem gutaussehenden zweiundzwanzigjährigen Millionär, der Mitglied eines Dutzends exklusiver Clubs war und sich leidenschaftlich für Pferde interessierte, konnte die Hingabe an die Verwaltungsarbeit nicht von Dauer sein. Im Jahr 1901 heiratete Alfred Gwynne die Millionenerbin Elsie French, die eine Gesellschaftsreporterin überschwenglich beschrieb: «Hochgewachsen und göttlich anzusehen, mit einer Fülle tizianroten Haars und einem strahlenden Teint, den das Leben in frischer Luft und Sonne am Meer noch zu verschönern neigt.»

Der Hochzeitskuchen stand auf einer fahrbaren Unterlage, so daß er lautlos auf die Braut zuglitt, als sie leicht an den langen Bändern zupfte; sie schnitt ihn sodann in Stücke, die an die illustren Gäste ausgeteilt wurden, deren Reichtum zusammengenommen eine Milliarde Dollar betrug. Jedes Kuchenstück enthielt ein kostbares Juwel, als Erinnerung an das Hochzeitsfest.

Nach sieben Jahren ließ sich Elsie von ihrem Gatten scheiden, weil er mit der Frau des kubanischen Attachés in Washington Ehebruch begangen hatte. Alfred zog von seinem Haus in Oakland Farm, Newport, ins Hotel Plaza um. Elsie erhielt das Sorgerecht für ihren Sohn William Vanderbilt III., nahm den Namen Mrs. French Vanderbilt an und lebte fortan im Haus ihres Bruders.

Alfreds zweite Ehe mit Margaret Smith Hollins McKim, Erbin des Vermögens des Bromo-Seltzer-Pharmaunternehmens, überraschte niemanden. Nachdem Mrs. McKim von ihrem Mann wegen «Grausamkeit und Trunkenheit des Gatten» geschieden worden war, heirateten sie und Alfred unverzüglich und begaben sich anschließend auf eine Mittelmeerkreuzfahrt. Ihr erstes Kind, Alfred Gwynne II., wurde in Surrey geboren, das zweite, George Washington III., in Newport, Rhode Island.

Seit 1908, als Elsie sich von ihm getrennt hatte, hatte Alfred ebensoviel Zeit in England verbracht wie in Amerika. Den Atlantik überquerte er zusammen mit Margaret zwei- bis dreimal jährlich, doch seit Georges Geburt kurz nach Kriegsausbruch hatte Margaret Amerika nicht verlassen und wohnte im Vanderbilt Hotel, das Alfred an der Stelle des alten Vanderbilt-Anwesens an der Ecke Park Avenue und 34. Straße errichtet hatte.

Vanderbilt bestieg also die *Lusitania* ohne seine Frau, um in London an einem Vorstandstreffen des Internationalen Pferdeschau-Verbandes teilzunehmen. Auf ihrem Landsitz in Oakland Farm dressierten die Vanderbilts Pferde.

Am Abend vor dem Auslaufen der *Lusitania* ging Vanderbilt mit seiner Frau und einem anderen Ehepaar ins Empire Theatre am Broadway, um sich *Ein berühmter Fall* anzusehen, seit Jahren die erste Koproduktion von Charles Frohman und David Belasco. Während die Vanderbilts im Theater saßen, packte Ronald Denyer, der Butler, die Kisten und Koffer seines Herrn für die Reise nach England, auf der er ihn begleiten sollte. Ebenfalls mit von der Partie waren Vanderbilts Freunde Charles Williamson und Thomas Slidell.

Im Herbst 1907 waren Alfred Vanderbilt und Thomas Slidell mit der Vanderbilt-Yacht flußabwärts gefahren, um die *Lusitania* auf ihrer Jungfernfahrt willkommen zu heißen.

Alfred Vanderbilt hatte zwei Schwächen: Pferde und Frauen. Es war allgemein bekannt, daß sein Interesse an dem Geschäft, das seine Vorväter aufgebaut und das sein Vater ihm anvertraut hatte, weitgehend geschwunden war. Selbst seine zweite Ehe hatte ihn nicht gezähmt.

Als ihn die Reporter auf dem Promenadendeck zu der deutschen Warnung befragten, befingerte er die rote Nelke in seinem Knopfloch und bemerkte sorglos: «Warum sollten wir uns vor U-Booten fürchten? Dieses Schiff läuft jedem U-Boot davon.»

2 Böse Vorahnungen

Der hochgewachsene Charles Sumner wurde am Kai von einer Gruppe von Reportern bedrängt, die wissen wollten, ob für die Sicherheit der Fahrgäste im Hinblick auf die deutsche Warnung gesorgt sei. Sumner, ein bärbeißiger Bostoner, der das New Yorker Cunard-Büro leitete, meinte resolut: «Niemand geht ein Risiko ein, das kann ich Ihnen versprechen, Gentlemen. Keine einzige Buchung ist rückgängig gemacht worden. Bei dieser Überfahrt ist jedermann absolut sicher.» Er war so erpicht, den Liner pünktlich ablegen zu sehen, daß er sich nicht die Mühe gemacht hatte, dem Reeder Alfred Booth in Liverpool von der Warnung zu berichten. Hätte er in seinem Büro nachgefragt, wäre ihm von seinen Angestellten eine ganze Liste von annullierten Buchungen überreicht worden.

Edward Bowen, ein wohlhabender Bostoner Schuhhändler, hatte an diesem Morgen angerufen und gebeten, seinen Namen von der Liste der Salonpassagiere zu streichen. Seine Vorahnung, daß eine Katastrophe über die *Lusitania* hereinbrechen würde, konnte er nicht erklären. Al Woods, ein Theatermanager aus New York, und sein Geschäftsfreund Walter Moore sagten ebenfalls ab. Woods hatte eine Suite neben dem Bühnenautor Charles Klein gebucht, entschied aber an diesem Morgen, lieber nicht mitzureisen. Er und Moore empfanden Unbehagen wegen der Nachrichten über deutsche U-Boot-Angriffe. Beide hatten allerdings noch einen weiteren, zwingenderen Grund, auf die Reise zu verzichten: Sie hatten bereits Fahrkarten für die tragisch endende Jungfernfahrt der *Titanic* im Jahr 1912 gehabt, und nur ein plötzlicher, dringender Geschäftstermin in London hatte sie damals daran gehindert, den Liner rechtzeitig zu erreichen. Auch John McFadden, ein reicher Börsenmakler aus Philadelphia, hatte an diesem Morgen seine Buchung streichen lassen, weil ihm das Schicksal des Schiffes nicht geheuer vorkam. Und ein Mann ging verdrossen zurück an Land, als er feststellte, daß seine Lieblingskabine an einen anderen Passagier vergeben worden war.

Einige wenige Fahrgäste erstanden ihre Tickets den deutlichen Warnungen zum Trotz. Sam Abramovitz aus Albany im Staat New York hatte drei Tage vor der Abfahrt ein Telegramm, gezeichnet «Deutscher Konsul», erhalten, in dem stand: NICHT LUSITANIA NEHMEN. DIESE WIRD VERSENKT. George Morris, Salonpassagier aus Toronto, hatte einen besorgten New Yorker Freund ausgelacht. «Wenn ich den Atlantik auf der *Lusitania* überquere», verkündete er, «fühle ich mich sicherer, als wenn ich über den Broadway gehe.» Charles Lauriat, ein Bostoner Buchhändler unterwegs zu seiner Filiale in London, setzte sich über seine Zweifel hinweg. Beim Kauf seiner Fahrkarte für die Erste Klasse hatte er sich erkundigt, ob der Liner durch die Kriegszone eskortiert würde. «Jawohl, Sir», sagte man ihm, «alle Sicherheitsvorkehrungen werden getroffen.»

Der schwarze Kater Dowie, das Maskottchen der Heizer der *Lusitania*, hatte schon auf drei früheren Reisen versucht, das Schiff zu verlassen. Nun, bei seinem vierten Versuch, war er endlich erfolgreich. In der Nacht vor dem letzten Auslaufen des Liners huschte er eine Trosse hinunter auf den Kai und verschwand in der Finsternis. Einige abergläubische Heizer deuteten dies als böses Omen und folgten vor Tagesanbruch seinem Beispiel.

Das schmale Gesicht des winzigen englischen Bühnenbildners Oliver Bernard sah weniger ängstlich als bedrückt aus, als er die Gangway der Ersten Klasse erklomm. Beim Frühstück im Knickerbocker Hotel hatte er in der *New York Tribune* die Warnung der deutschen Botschaft gelesen. Sie brachte ihn nicht zu sehr außer Fassung. Mal wieder ein Bluff, um die amerikanische Regierung in Verlegenheit zu bringen und die Engländer zu verunsichern, dachte er. Er war überzeugt, daß die britische Admiralität die Warnung ernstgenommen hatte.

Bedrückt war er, weil er zu Beginn des Krieges von der britischen Armee, dem Königlichen Fliegerkorps und den Marinefliegern Seiner Majestät wegen seines schlechten Gehörs abgewiesen worden war. Er litt richtig darunter, daß er in diesen schweren Zeiten nicht in England war, und wollte nun zurück in die Heimat fahren, um sich noch einmal bei den Streitkräften zu melden. Die Abschiedsworte, die der Millionär William Lindsey an ihn richtete, waren: «Behalten Sie meine Kleine im Auge, Oliver.» Seine Tochter Lesley hatte nämlich einen jungen Engländer geheiratet und machte ihre Hochzeitsreise auf der *Lusitania.* Bernard fragte sich, wie man ein frischverheiratetes Paar im Auge behielt, das jung war, gut aussah und Geld im Überfluß hatte.

Er konnte reiche Leute nicht ausstehen, was sich anhand seiner Herkunft erklären ließ. Als Kind eines Londoner Schauspielerehepaars war er bei einer Tante in Waterloo in Pflege gegeben worden, weil er seinen Eltern auf ihren Reisen zur Last gefallen wäre. Er konnte sich entsinnen, am Strand von Brighton mit angehört zu haben, wie sein Kindermädchen zu einer Kollegin sagte: «Als man ihn seiner Mutter zum ersten Mal zeigte, meinte die: ‹Ganz nett, aber jetzt schaffen Sie ihn lieber wieder fort.›»

Seine Eltern verschwanden aus seinem Leben, nachdem ein Ehepaar aus Manchester sich erboten hatte, den Dreizehnjährigen zu versorgen. Er war fest entschlossen, Bühnenbildner zu werden, und erarbeitete sich die zeichnerischen Grundkenntnisse auf eigene Faust. Bei einem Theater in der Stadt fand er eine Anstellung als Gehilfe in der Requisitenkammer. Dort verdiente er einen Hungerlohn und ernährte sich fast ausschließlich von Käse und trockenem Gebäck, eine Diät, auf die, so war er überzeugt, seine schmächtige Gestalt zurückzuführen war.

Er wollte unbedingt nach London. Da er aber nicht genug Geld für die Eisenbahnfahrkarte zusammensparen konnte, heuerte er als Kammersteward auf einer norwegischen Barke an. Zweimal fuhr er nach Montreal, ehe er aus seinem «schwimmenden Slum» entkam und endlich in London eintraf, um seine Bühnenbildnerlehre anzutreten.

Und nun war er an Bord der *Lusitania* und erkannte rasch, daß ihn der Anblick der überfütterten Salonpassagiere in ihren Pelzen und teuren Schuhen seekrank machen würde. Die Hoffnung, seinem Vaterland auf irgendeine Weise aktiv dienen zu können, machte ihn rastlos und ließ ihn den Beginn der Reise ungeduldig erwarten.

Marie de Page, Sonderbotschafterin des belgischen Königs Albert in den Vereinigten Staaten, zog es ebenso zurück in die Heimat. Ihr siebzehnjähriger Sohn Lucien hatte sich freiwillig zum Militär gemeldet, und sie wollte ihn noch einmal sehen, ehe er in die Schützengräben ging. Madame de Page, eine charmante, intelligente Frau, hatte zwei Monate lang amerikanische Städte besucht und so überzeugend um Hilfe für ihr kriegszerrissenes Land gebeten, daß sie Spenden in Höhe von über hunderttausend Dollar für das belgische Rote Kreuz zusammengetragen hatte. Ihr Gatte, Antoine de Page, war Generalstabsarzt der belgischen Armee und Direktor des Königlichen Hospitals in La Panne; dort besuchte Marie de Page Verwundete von beiden Seiten, sprach mit ihnen und schrieb Briefe für sie.

«Warum machen Sie sich die Mühe?» hatte sie einmal ein junger deutscher Soldat gefragt. «Ich bin doch Ihr Feind.»

«Aber nein», hatte sie versetzt. «Für mich sind Sie nur ein Verwundeter, der Hilfe braucht.»

Wie beim Pferderennen, dachte Julia Sullivan. Sie stand mit ihrem Mann Flor an der Reling und sah die Passagiere über drei Gangways an Bord kommen, eine für die Dritte Klasse, eine für die Zweite, eine für Salon. Flor kannte viele Millionäre und reiche Fabrikanten vom Sehen.

Seit Julia vor acht Jahren ihre Heimat Irland verlassen hatte, war sie bei den Branders in Long Island angestellt gewesen, «dem nettesten alten Paar, das Gott jemals zusammengeführt und kinderlos gelassen hatte». Sie behandelten sie wie ein Familienmitglied und nahmen sie mit auf Urlaub nach Florida und zu den großen Seen. Als sie den massiven, gutaussehenden irischen Landsmann Flor Sullivan kennenlernte, besorgten ihm die Branders eine Stelle im exklusiven Stuyvesant Club. Julia ließ sich immer wieder Vorwände einfallen, um beim Club hineinzuschauen, nur um ihren Verlobten in seiner feschen weißen Barkeeperuniform mit den blauen Aufschlägen zu bewundern.

Als binnen drei Monaten beide Branders starben, heirateten Flor und Julia und zogen nach New York. Kurze Zeit später erreichte sie aus Irland die Nachricht vom Tod von Flors Vater, und deshalb reisten sie nun schweren Herzens in die alte Heimat, um den Hof der Familie zu übernehmen. Die kostbaren Möbel, die die Branders ihnen hinterlassen hatten, wurden in Verschläge gepackt und in die *Lusitania* geladen. Flors Freund John McCubbin, Zahlmeister des Schiffes, hatte versprochen, ihnen die beste Zweite-Klasse-Kabine und den besten Tisch im Speisesaal zu geben, wenn sie rechtzeitig an Bord kämen.

Die zwölfjährige Avis Dolphin war mit ihrem Kindermädchen Hilda Ellis und deren Freundin Sarah Smith mit dem Nachtzug aus St. Thomas, Ontario, gekommen. Vor zehn Jahren war sie mit ihren Eltern und ihrem jüngeren Bruder aus England nach Kanada ausgewandert. Bald nachdem noch eine kleine Schwester geboren worden war, starb ihr Vater. Ihre Mutter wünschte, daß Avis eine englische Erziehung genießen sollte, und als Hilda Ellis Urlaub nahm, um nach England zu fahren, beschloß sie, Avis gleich mitzuschicken. Wie freudig war Avis' Überraschung, als sie den ersten Blick auf den Liner erhaschte, auf dem sie fahren sollte: Die *Lusitania* war das größte Schiff, das sie je gesehen hatte!

George Hooks Kinder waren von dem gewaltigen Liner ebenso beeindruckt. Hook war ein Witwer Anfang Vierzig, der nach dem Tod seiner Frau vor achtzehn Monaten zu dem Schluß gekommen war, daß er in seinem Heimatland England ein ebenso gutes Auskommen finden konnte wie in Toronto, wo er in der metallverarbeitenden Industrie tätig war. Er verkaufte sein Haus und fuhr mit seiner zwölfjährigen Tochter Elsie und dem elfjährigen Sohn Frank nach New York, um die Reise über den Atlantik anzutreten. Elsie war groß für ihr Alter und äußerst schüchtern, Frank hingegen klein und abenteuerlustig. Beide waren ganz aufgeregt, daß sie mit «dem riesigen Schiff da» fahren durften. George Hook hatte für seine Tochter nur den halben Fahrpreis entrichtet, obwohl sie ein Jahr über die zulässige Altersgrenze hinaus war. Als sie die Dritte-Klasse-Gangway hinaufgingen, flüsterte er ihr verschwörerisch zu: «Kopf runter, Elsie! Mach dich so klein wie möglich.»

In New York machten sich die Bürger kaum Gedanken über deutsche U-Boote. Im Gegensatz zu dem wegen der Verdunklung ausgestorbenen London blendeten die strahlenden Lichter am Broadway die vergnügungslustigen Massen, die sich in die vielen verschiedenen Theater, Varietés und Kinos drängten. Die Amerikaner verfolgten die Zeitungsberichte über den Tausende von Meilen entfernten Konflikt jenseits des Atlantiks mit distanziertem Interesse und standen wie ihr pazifistischer Präsident Wilson für Neutralität ein. Als ein deutscher Torpedo am 28. März im St.-Georgs-Kanal den Passagierfrachter *Falaba* versenkte, ein Zwischenfall, beim dem ein US-Bürger umkam, war die Mehrzahl der Amerikaner längst nicht so alarmiert wie die Reporter und Leitartikler, die das deutsche Vorgehen als kaltblütig, feige und grausam bezeichneten. Es war nicht die Absicht der Deutschen gewesen, mit der Versenkung der *Falaba* die Vereinigten Staaten zu provozieren. Präsident Wilson betrachtete das Vorkommnis als einen Einzelfall und schickte keine formelle Protestnote nach Berlin.

Am Abend vor dem Auslaufen der *Lusitania* hatte ein anonymer Besucher bei der britischen Botschaft in Washington einen Umschlag abgegeben. Er enthielt einen Korrekturabzug des von den Deutschen aufgesetzten Inserats, mit dem Reisende auf alliierten Schiffen auf die ihnen drohenden Gefahren hingewiesen wurden, und folgendes Begleitschreiben:

Die beiliegende Anzeige wird am 1. Mai in einer Lokalzeitung und in rund vierzig anderen Zeitungen erscheinen und an den beiden folgenden Samstagen wiederholt werden. Diese Information mag wertlos sein, aber ich übermittle sie trotzdem, weil ich den Alliierten den Sieg wünsche. Ich verzichte auf eine Unterschrift – sie könnte mich die Stelle kosten.

Mit patriotischen Grüßen!

3 Die deutsche Warnung

Am Abend des 30. April speiste William Turner in seinem bevorzugten Restaurant in der 14. Straße, nicht weit von der Cunard-Pier entfernt. Es war vor dreißig Jahren von August Lüchow, einem jovialen Emigranten aus Hannover, gegründet worden. Turner zog es wie viele andere Kapitäne aus aller Welt fast instinktiv zu Lüchows barocken Speisezimmern mit ihren Hirschköpfen, goldgerahmten Gemälden und einem Modell des Viermasters *Great Republic,* der vor seiner Jungfernfahrt in New York bei einem Brand zerstört worden war. Seine Wahl fiel immer auf einen Tisch im Nibelungenraum unter den Wandgemälden mit Wagnermotiven.

August Lüchow, von gewaltiger Leibesfülle und mit einem stolzen Schnurrbart, sprach mit seinem Freund, dem «Herrn Kapitän», mit Bedacht nicht über den Krieg, sondern lieber über auserlesene Gerichte und Weine und über die gefeierten Schriftsteller, Musiker und Bühnenleute, die sein Restaurant bevölkerten. Turner war das recht; er legte Wert darauf, seine Gewohnheiten aus Friedenszeiten auch im Krieg beizubehalten. Immerhin war er fast sechzig und nicht geneigt, seine Lebensweise zu ändern. Ein deutscher Agent in New York, der in der Nähe saß, hörte ihn sagen, er würde auf der Heimreise nach Liverpool seinem «normalen Kurs» folgen und sich «um U-Boote nicht scheren».

Turner machte sich an diesem Freitagabend mit dem gesunden Appetit eines guten Essers über seine Mahlzeit her. Es war ein schwerer Tag gewesen. Am Nachmittag hatte er vor einem Notar eine beeidete Aussage gemacht, die vor Gericht verlesen werden sollte. Es ging um den Versuch der White Star Line, ihre Haftung für den beim Untergang der *Titanic* vor drei Jahren entstandenen Schaden auf 97.000 Dollar zu beschränken.

Obwohl er nur im Namen seines Arbeitgebers sprach, waren seine brüsken Antworten typisch für ihn: «Schiffe interessieren mich nur», hatte er zu Protokoll gegeben, «solange sie schwimmen.» Der Notar wollte wissen, ob die Ausgucke im Krähennest der *Lusitania* Ferngläser benutzten. «Selbstverständlich nicht», antwortete Turner, «denen könnte man genausogut Sprudelflaschen geben.»

Auf Bitte des Notars beschrieb er die Besonderheiten der Schotten der *Lusitania.* Er erklärte, wie der Rumpf unter der Wasserlinie, über zwölf Meter tief, mittels Querschotten mit wasserdichten Luken in einhundertfünfundsiebzig wasserdichte Kammern unterteilt war. Längs ausgerichtete wasserdichte Kammern wurden als Kohlenbunker benutzt, eine gängige Praxis auf Schiffen. Doch Turner verschwieg, daß die wasserdichten Luken nicht geschlossen werden konnten, wenn die *Lusitania* die für eine Atlantiküberquerung erforderlichen sechstausend Tonnen Kohle an Bord hatte.

Die *Lusitania* war ein ungewöhnlich hohes Schiff. Um dem Wunsch der Cunard-Reederei nach möglichst vielen Passagierunterkünften zu entsprechen und der Admiralität, die eine jährliche Subvention von 75.000 Pfund zahlte, zu Gefallen zu sein, hatte Leonard Peskett ein «schwimmendes Hotel» entworfen, das höher war als jedes andere Schiff zuvor. Nach ersten Tests mit einem Modell im Wassertank mußte das Schiff um drei Meter auf insgesamt siebenundzwanzig Meter verbreitert werden. Dennoch galt die *Lusitania* dank ihren wasserdichten Kammern als unsinkbar.

Turner sagte dem Notar, er habe aus dem Untergang der *Titanic* nichts gelernt. «Nicht einmal eine einzige Lektion?» drängte der Notar.

«Ich habe aus diesem Unfall nicht das geringste gelernt. So etwas könnte wieder passieren.»

Anschließend an seinen Besuch beim Notar war Turner um vier Uhr die Freitreppe des neoklassischen Zollgebäudes hinaufgeschritten und zur Seeabteilung gegangen, wo er vor dem stellvertretenden Leiter John Farrell den Kapitänseid geschworen hatte, demzufolge das vorgelegte Schiffsmanifest ein volles und wahrheitsgemäßes Verzeichnis aller Güter an Bord der *Lusitania* darstellte.

Farrell examinierte das nur aus zwei Seiten bestehende Manifest, das Turner ihm überreicht hatte. Es war seine Pflicht, festzustellen, ob die Ladung eines Schiffes Waffen oder Munition enthielt. Er überflog die Liste und sah nach, ob ein Beamter einen Posten mit roter Tinte angestrichen hatte, fand aber keine solche Position. Auf der Liste figurierten unter anderem Schweinefleisch, Rind, Speck, Schweineschmalz, Häute, Stoffe, Warenproben aus Wolle, Baumwollkleidung, Tabak, Pelze, Flugzeug- und Maschinenteile. Offenbar fiel weder Turner noch Farrell auf, daß das Manifest vom Cunard-Büro auf den Namen von Kapitän Dow, dem früheren Führer der *Lusitania,* ausgestellt war. Die Zollbeamten hatten eine Bestätigung beigeheftet, die besagte, daß die Ladung «dem beigefügten Manifest entspreche». Farrell war anscheinend zufriedengestellt, daß das Manifest den normalen Dienstweg gegangen war und die Unterschrift des Beamten trug, der solche Papiere zu prüfen hatte.

Nach dem ausgiebigen Abendessen bei Lüchow nahm Turner eine Droschke zum Harris Theatre in der 42. Straße, gleich westlich vom Broadway. Dort hatte die Schauspielerin Mercedes Desmore ihren Part gerade zu Ende gespielt. Mercedes war seine einzige Verwandte in New York, und wann immer er in der Stadt war, ging er sie besuchen. Sie empfing ihn herzlich in ihrer Garderobe und seufzte, als ihr einfiel, daß er am nächsten Morgen auslaufen sollte. «Ist das auch wirklich ungefährlich?» fragte sie ihn.

«Keine Sorge», versicherte er ihr, «die Deutschen erwischen uns nicht. Dazu sind wir viel zu schnell.» Ein Fotograf, der gerade zur Stelle war, nahm die beiden auf, die einander auffällig ähnlich sahen.

Am nächsten Morgen saß Turner in seiner Tageskabine auf der *Lusitania* allein über seinem Lieblingsfrühstück, das aus gegrillten Räucherheringen und zwei hartgekochten Eiern bestand. Er schenkte sich noch eine Tasse Tee ein und griff nach der *New York Tribune.* Auf der Titelseite wurde auf ein Inserat hingewiesen, das die deutsche Botschaft für diesen Tag bei einer Reihe von Zeitungen aufgegeben habe. Turner blätterte, bis er die Schiffahrtsseite fand. Neben dem Fahrplan der Reederei Cunard, der ankündigte, daß die *Lusitania,* «größtes und schnellstes Schiff im Atlantikdienst», am 1. und 29. Mai nach Liverpool abgehen würde, stand eine schwarz eingerahmte Bekanntmachung:

> HINWEIS!
>
> Reisende, die sich anschicken, den Atlantik zu überqueren, seien daran erinnert, daß Deutschland und seine Verbündeten mit Großbritannien und seinen Verbündeten im Krieg stehen; daß das Kriegsgebiet die Gewässer nahe den Britischen Inseln einschließt; daß laut formell ergangenem Hinweis Schiffe, die die Flagge Großbritanniens oder seiner Verbündeten führen, der Gefahr der Versenkung in diesen Gewässern unterliegen und daß Reisende, die auf Schiffen Großbritanniens oder seiner Verbündeten das Kriegsgebiet befahren, dies auf eigene Gefahr tun.
> Botschaft des Deutschen Reiches
> Washington, DC, 22. April 1915

Der Korrespondent der *Tribune* zitierte einen hohen Beamten des US-Außenministeriums, der die Ansicht vertrat, die Anzeige werde die «derzeitigen Beziehungen zwischen den USA und Deutschland nicht berühren». Deutschland werde allerdings für den Tod jedes Amerikaners auf einem alliierten Passagierschiff verantwortlich gemacht. An anderer Stelle las Turner, daß ein britischer Kohlefrachter vor der schottischen Küste von einem deutschen Unterseeboot auf Grund geschickt worden war. Außerdem gab es Berichte über schwere Kämpfe auf Gallipoli, Bombenangriffe auf deutsche Städte und Aktionen alliierter Kriegsschiffe gegen deutsche U-Boot-Stützpunkte.

Turner faltete die Zeitung zusammen und legte sie beiseite. Er wollte gerade auf die Brücke gehen, als man ihm die Nachricht überbrachte, daß der Anchor-Line-Dampfer *Cameronia* von der britischen Admiralität requiriert worden war. Einundvierzig Passagiere der Ersten und Zweiten Klasse sowie Mannschaftsmitglieder sollten auf die *Lusitania* verlegt werden. Weitere dreihundert Dritte-Klasse-Fahrgäste hatten ebenfalls ein Recht auf Verlegung. Da dies aber eine zusätzliche Verzögerung von mindestens fünf Stunden bedeutet hätte, mußten diese Leute bis zum kommenden Freitag warten und auf der *Transylvania* fahren.

Turner schlüpfte in seine goldbetreßte Jacke und trat hinaus auf die Brücke. Die Verzögerung, die durch die Verlegung der *Cameronia*-Passagiere samt ihrem Gepäck entstand, machte ihn ungeduldig. Er schaute hinab auf die Menschenmenge, die sich auf den Decks und am Kai drängte. Selbst nach zwanzig Jahren als Kapitän ließ dieser Anblick sein Herz höher schlagen.

Oben auf seiner sechs Stockwerke hohen Warte konnte er nicht ahnen, daß einige seiner Passagiere über die deutsche Warnung ausgefragt wurden, während weitere Reporter an Land Charles Sumner mit Fragen überschütteten. Würde die *Lusitania* auslaufen? Verlegte man die Passagiere auf ein anderes Schiff?

«Mit der Reise sind keinerlei Risiken verbunden», sagte Sumner beharrlich. «Die *Lusitania* macht 25 Knoten Fahrt und ist mit speziellen wasserdichten Kammern versehen.» Er tat die deutsche Warnung vor der Presse leichthin ab, da er nicht wollte, daß die Überfahrt abgesagt oder gar Fahrgeld zurückerstattet werden mußte. Man hatte ihm ein Bündel mysteriöser Telegramme gezeigt, die per Telefon dem Funkraum des Liners durchgegeben worden waren. Sie waren an einige der wichtigsten Passagiere des Schiffes adressiert, darunter Alfred Gwynne Vanderbilt und Charles Frohman. Einige waren mit fingierten Namen unterschrieben, andere nur mit dem Wort *Morte.*

Sumner war verärgert. Wenn die betroffenen Passagiere diese Kabel zu sehen bekamen, würden sie unruhig werden. Den Deutschen schien jede Methode recht zu sein, um Passagiere von Reisen auf Cunard-Schiffen abzuhalten. Er ging in sein Büro und schloß die Telegramme in die Schreibtischschublade.

Reporter hatten Außenminister William Jennings Bryan um eine Stellungnahme zur deutschen Anzeige gebeten, doch er lehnte jeden Kommentar ab. Als der Text Bernhard Dernburg, dem Sonderbeauftragten des Kaisers, im Ritz-Carlton vorgelegt wurde, gab er durch seinen Sekretär folgende Erklärung ab: «Ich halte diese Anzeige für eine Warnung Deutschlands im aufrichtigen Bemühen, Schaden von Reisenden aus neutralen Ländern abzuwenden.»

Als Reporter versuchten, am nächsten Morgen den Botschafter Graf von Bernstorff in der deutschen Botschaft in Washington zu erreichen, hieß es, er sei nicht in der Stadt. Die Reporter hegten jedoch den Verdacht, von Bernstorff verberge sich in seinen Privaträumen im ersten Stock und lasse sich verleugnen, und sprachen daher beharrlich vor oder riefen an. Endlich ließ sich die Botschaft zu einer Erklärung bewegen: «Die öffentliche Bekanntmachung erfüllt lediglich den Zweck, neutrale Reisende auf die Gefahren aufmerksam zu machen, in denen sie schweben; sie kündigt keine neuen Aktionen der deutschen Flotte an.»

Kurz nach elf Uhr vormittags wurde Kapitän Turner unerwartet ins britische Konsulat zitiert. Es war zwar üblich, daß der Konsul den Kapitänen der Cunard-Schiffe direkt Kursanweisungen gab, doch hatte Turner an diesem Morgen keine erhalten. Er verließ die Brücke, unmutig darüber, daß er mitten in den Vorbereitungen zum Auslaufen weggerufen wurde. Er stülpte sich heftig seine Melone auf und schritt, von den meisten Passagieren unbemerkt, die Gangway für die Dritte Klasse hinunter.

Sir Courtenay Bennett war als Konsul nicht nur für die zivile Abwehr verantwortlich, sondern hatte auch die Position des höchsten Marineoffiziers in New York inne. Turner vermutete zwei Gründe für den Ruf des Konsuls: entweder wollte Sir

Courtenay ihn privat über eine Änderung der Fahrtanweisungen informieren oder aufgrund der deutschen Warnung die Reise überhaupt absagen. Anders als Kapitän Dow stand Turner mit dem Konsul und den Konsulatsangestellten nicht auf vertrautem Fuß. Er sah in ihnen nur Diplomaten, die kein besonderes Verständnis für die See aufbrachten. Bennett begrüßte ihn.

«Stimmt etwas nicht, Sir Courtenay?» fragte Turner und nahm auf einem Sessel vor dem Schreibtisch des Konsuls Platz. «Geht es um die deutsche Warnung?»

Zu seiner Erleichterung erwiderte der Konsul: «Im Grunde nicht. Wir nehmen die Warnung zwar ernst, aber sie wird selbstverständlich keinen Einfluß auf Ihr Auslaufen haben. Ich ließ wegen der Kursanweisungen nach Ihnen schicken. Da wir noch keine erhalten haben, können Sie von der Annahme ausgehen, daß Sie den gleichen Kurs nehmen wie bei Ihrer letzten Fahrt.»

Andere Anweisungen, die Bennett ihm an diesem Morgen möglicherweise gegeben hatte, enthüllte Turner nie, mit Ausnahme der Code- und Radiosignale.

Er schickte sich an, das Büro zu verlassen, als der Konsul bemerkte, er habe soeben die Nachricht von einem deutschen U-Boot-Angriff auf ein amerikanisches Schiff vor der irischen Küste erhalten. Es schien weder Sir Courtenay Bennett noch Charles Sumner in den Sinn gekommen zu sein, einen Teil der Passagiere der *Lusitania* auf die absolut unterbelegte *New York* zu transferieren, um so das Risiko besser zu verteilen.

Turner verließ das Konsulat, entschlossen, eine tapfere Miene aufzusetzen, wenn ihn der Befehl zum Auslaufen erreichte. Wie andere britische Kapitäne hatte auch er im vergangenen November spezielle Anweisungen zu den Handelsschiffahrtsrouten in Kriegszeiten erhalten. Im Januar war er instruiert worden, scharf auf U-Boote zu achten und in der Umgebung der Britischen Inseln die Flagge eines neutralen Landes zu führen. Im März erging die Anweisung an die Kapitäne aller heimkehrenden Schiffe, die den englischen und irischen Kanal befuhren, sich in der Mitte des Kanals zu halten. Am

15. April wurde die Warnung verbreitet, daß deutsche U-Boote vorwiegend vor Landzungen und an solchen Stellen operierten, an denen Landkennungen vorgenommen wurden. Man empfahl allen Schiffen, einen großen Bogen um weit vorspringende Landzungen zu machen.

«Käpt'n», rief eine Frau, als Turner zurück an Bord kam, «was sollen wir von der deutschen Warnung halten?»

«Keine Angst, Madam, uns droht keine Gefahr», erwiderte er fest. «Wir laufen aus.»

4 Eine zusammengewürfelte Mannschaft

All die Salonpassagiere, die sich im Lauf der Reise eine Einladung an den Tisch des Kapitäns erhofften, würden vermutlich enttäuscht werden, denn dieses Privileg wurde selbst den prominentesten Passagieren nur selten zuteil. Kapitän Turner zog es vor, allein auf der Brücke zu essen. Er war zwar höflich, aber unkultiviert. Seine barsche Art vertrug sich schwerlich mit der Rolle des Gastgebers, und es ging die Rede, er habe seine wohlhabenden Passagiere schon einmal als «verdammte Affen» bezeichnet. An seiner Stelle war von Cunard Stabskapitän Anderson zur Wahrung der gesellschaftlichen Kontakte ausgewählt worden. Er hatte mehr Schliff als der Kapitän und wurde von seinen Offizierskollegen respektiert und der Übernahme des Gesamtkommandos durchaus für fähig gehalten.

Turner und auch Anderson hatten verschiedentlich Kritik an der Zusammensetzung der britischen Mannschaft vernommen. Zahlreiche Besatzungsmitglieder hatten sich in New York einfach abgesetzt, um sich der Einberufung zu entziehen, und alle verfügbaren Marinereservisten waren eingezogen worden. So blieb für Passagierdampfer wie die *Lusitania* nur der Abschaum übrig. Trotzdem war Anderson überzeugt, daß seine Männer ebenso fähig waren wie die meisten Matrosen zu dieser Zeit. Turner hatte ihm zu bedenken gegeben, daß die Seeleute vom alten Schrot und Korn, die noch reffen, spleißen und steuern konnten, mit den Segelschiffen ohnehin ausgestorben waren. Alle unerfahrenen Hilfskräfte kamen als Kohlentrimmer in die Bunker. «Braucht man denn eine seemännische Ausbildung», fragte Turner, «um Kohlen zu karren?»

Beide Männer hatten anscheinend zu ihrer Zufriedenheit festgestellt, daß alle Mann ihre Stationen und ihre Pflichten an den Rettungsbooten kannten. Turner war dankbar, unter dieser bunt zusammengewürfelten Mannschaft wenigstens einen erfahrenen Chefingenieur zu haben. Der walroßbärtige Veteran Archibald Bryce kam aus einer alten Seefahrerfamilie; sein Vater war Ingenieur auf einem der ersten von Cunards Raddampfern gewesen, und er kannte jedes einzelne Teil der schimmernden Maschinerie in den Kesselräumen. Mit diesem Mann verstand sich Turner gut.

Turner stammte aus Liverpool. Mit acht Jahren bekam er auf dem Segelschiff, das sein Vater führte, einen ersten Vorgeschmack der See und begann eine jungenhafte Leidenschaft für sie zu entwickeln. Als Dreizehnjähriger, obgleich ein vielversprechender Schüler, überredete er seine Eltern, ihn von der Schule abgehen zu lassen, damit er als Schiffsjunge eine Seemannsausbildung anfangen konnte. Sein erstes Schiff war der Windjammer *White Star,* sein zweites die *Queen of Nations,* die sein Vater führte; sie verlor in einem Orkan die Segel und wurde vor Kap Horn leckgeschlagen. Um sie zu retten, ließ sein Vater die Ladung über Bord werfen und erreichte mit knapper Not die Falkland-Inseln, wo das Schiff repariert werden konnte. Auf der *War Spirit* sah der junge Will Turner zahlreiche Matrosen an Gelbfieber sterben. Auf dem Rückweg von St. John in Neubraunschweig wurde die Deckladung der *War Spirit* weggespült, und das Schiff lief voll Wasser. Drei Tage trieben sie steuerlos, bis die Mannschaft von einem Dampfer gerettet und das havarierte Schiff in einen spanischen Hafen geschleppt wurde.

Als Turner 1878 als Dritter Offizier der *Cherbourg* bei Cunard eintrat, war er zweiundzwanzig. Einmal kollidierte die *Cherbourg* im dichten Nebel mit einer Bark und schickte sie mitsamt dem Lotsen und vier Besatzungsmitgliedern auf Grund. Turner stürzte in ein Boot und rettete einen Mann und einen Schiffsjungen. Einige Jahre später sprang er an einem eiskalten Februartag in das Alexandradock von Liverpool, um einen Jungen zu retten, der ins Wasser gefallen war; für diese Tat verlieh ihm die britische Lebensrettungsgesellschaft die Silbermedaille.

Als Erster Offizier der *Umbria,* die während des Burenkriegs britische Truppen sicher nach Südafrika schaffte, erhielt er die Transport-Medaille. 1903, als er schon siebenundvierzig war und die Hoffnung auf Erfüllung seines Lebenstraums fast aufgegeben hatte, vertraute Cunard ihm sein erstes Kapitänskommando an. Er übernahm die *Aleppo,* auf der er vor Jahren als Dritter Offizier gedient hatte. Anschließend war er Kapitän auf der *Carpathia,* der *Ivernia* und der *Caronia.* Er befehligte die *Lusitania* auf ihren ersten Atlantiküberfahrten nach New York und machte sie zum schnellsten Liner auf dem Atlantik, ein Rekord, den er später mit der *Mauretania* brach. Im Mai 1914 übergab man ihm die *Aquitania,* das breiteste Schiff der Cunard-Reederei mit dem größten Tiefgang, für ihre Jungfernreise. Später, als Kapitän Dow über die Belastungen aufgrund der Kriegsereignisse klagte, beschloß Alfred Booth, Turner noch einmal auf die Brücke der *Lusitania* zu stellen.

William Turner fühlte sich auf der Brücke viel wohler als am Kapitänstisch oder bei Besprechungen in der Reederei. Seinen Ruf verdankte er seiner Seemannschaft, nicht seinen guten Manieren. Der Snobismus der Salonpassagiere ging ihm auf die Nerven, und bei gesellschaftlichen Anlässen langweilte er sich. Es war daher höchst unwahrscheinlich, daß ihm eine reiche amerikanische Witwe 50.000 Dollar hinterlassen würde, wie dies dem Kapitän der *Lucania* vergönnt war.

Über sein Privatleben schwieg Turner sich aus. Gelegentlich sprach er mit Anderson oder Bryce über seine Söhne Percy und Norman, die im Feld waren, aber seine Ehe erwähnte er nie. Sein Verhältnis zu seiner Frau verschlechterte sich zusehends; trotzdem bemühte er sich, daß seine Urteilsfähigkeit als Kapitän nicht durch private Probleme beeinträchtigt wurde.

Während der letzten Jahre hatte in Liverpool eine lebhafte junge Frau auf diesen recht einsamen Mann gewartet, wenn sein Schiff dort einlief. Turner hatte Mabel Every vor sieben Jahren kennengelernt, als sie Anfang Zwanzig war. Obwohl sie sich heiter als «reizlos und durchschnittlich» bezeichnete, war Mabel Every groß und schlank und eine witzige, geborene Geschichtenerzählerin, was der alte Turner, der seine eigenen Anekdoten mit trockener Würze wiederzugeben pflegte, sehr anziehend fand. Mabel, jüngstes Kind einer neunköpfigen Familie, war romantisch veranlagt, aber unverheiratet. Da sie kein eigenes Vermögen hatte, mußte sie sich ihren Lebensunterhalt selbst verdienen und wurde Krankenschwester. Nachdem sie eine Zeitlang in diesem Beruf gearbeitet hatte, zog sie nach Liverpool, um Kapitän Turner zu versorgen. Der zähe alte Seebär genoß die Häuslichkeit. Nach einer langen Ozeanreise werkelte er am liebsten im Garten herum, freute sich an seinem Hund und seiner Katze oder saß an Sommernachmittagen im Liegestuhl.

Von dem Augenblick an, in dem er als Schuljunge in den Ferien in Schottland die *Lusitania* zum ersten Mal zu Gesicht bekommen hatte, war ihr sein Herz voller Bewunderung zugeflogen. Albert Bestic hatte am Ufer des Clyde gestanden und den herrlichen Liner vorbeigleiten sehen. Wenn ich je auf einem solchen Schiff fahren dürfte, dachte er, ginge ich glatt zur See.

Albert wuchs in Dublin auf und begann mit achtzehn als Schiffsjunge. Nach vier Jahren als Matrose heuerte er auf der *Denbigh Castle* an, einem Dreimaster aus Cardiff. Es war an einem dunstigen Tag auf dem Atlantik, ein kräftiger Westwind blähte die Segel, als er den Ausguck rufen hörte: «Dampfschiff in Sicht!» Mit anderen Mitgliedern der Mannschaft stieg er aufs Schanzkleid, um besser sehen zu können. «Da ist es!» rief der Bootsmann. «Und sogar eins der ganz großen!»

Ein Schemen, der aus dem Dunst auf sie zujagte, nahm wie unter dem Stift eines Schnellzeichners die Umrisse eines Atlantikliners an. Albert erhaschte einen Blick auf vier turmhohe schwarz-rote Schornsteine, reihenweise Bullaugen, flatternde Taschentücher, eine donnernde Bugwelle und den Namen *Lusitania* in Goldlettern. Wieder empfand er den merkwürdigen Kitzel, der ihn als Junge am Clyde überkommen hatte. Wie hypnotisiert blieb er auf dem Schanzkleid stehen, als das Schiff schon lange in einem Tumult aus Dunst und Gischt verschwunden war. Dann kam die Hecksee, eine gewaltige Woge, die über die Reling schlug und ihn aufs Deck schleuderte.

Da Cunard bis zum Kriegsausbruch nur Offiziere mit Rahsegler-Patenten beschäftigte, bewarb sich Albert erst gar nicht. Nun aber hatten sich die Zeiten geändert. Einige Cunard-Offiziere waren von der Royal Navy geholt worden, und die Besatzungen schrumpften. Als er sich mit dreiundzwanzig zum ersten Mal bewarb, beschied man ihm zu seiner Überraschung: «Melden Sie sich morgen früh um neun auf der *Lusitania.*» Er konnte kaum glauben, daß sein Jungentraum kurz vor der Erfüllung stand.

Längsseits der Pier sah die *Lusitania* kolossal aus; sie überragte jedes andere Schiff, das auf dem Mersey vor Anker lag. Ein Matrose brachte Albert mit dem Aufzug zu den Offiziersquartieren, die gleich achtern der Brücke lagen, und klopfte an eine Tür, auf der «Chefoffizier» stand. Albert wurde John Piper vorgestellt, einem hochgewachsenen, hageren Offizier mit graumeliertem Haar und brüsken Manieren. «Kommen Sie mit zur Messe. Ich stelle Sie vor.» Er geleitete Albert in einen behaglichen Raum und präsentierte ihn vier Offizieren des Schiffes. Stabskapitän Anderson nahm ihm mit einem herzhaften Händedruck und einem breiten Lächeln die Befangenheit. Der Erste Offizier Jones sah auf den ersten Blick recht grimmig aus. Der Zweite Offizier Hefford schien sympathisch zu sein, während der Dritte Offizier Lewis so wie Albert selbst kleinwüchsig, stämmig und gutmütig war. Sie waren allesamt echte Cunard-Männer, die sich von Frachtschiffen hochgearbeitet hatten.

Albert gewöhnte sich rasch an den Dienst auf einem großen Passagierdampfer. Der Zweite Offizier Hefford stand ihm mit gutem Rat bei, und in der Messe lauschte er den Geschichten, die über die Passagiere erzählt wurden. «Auf eines müssen Sie achten», schärfte man ihm ein. «Reden Sie nicht mit Fahrgästen, besonders nicht mit weiblichen.»

«Wenn ich aber angesprochen werde?» fragte Bestic.

«Dann geben Sie natürlich höflich Antwort. Wenn der oder die Betreffende aber die Unterhaltung fortführen will – dann entschuldigen Sie sich einfach damit, daß die Pflicht ruft.»

Leslie Morton und sein Bruder John waren Besatzungsmitglieder des Dampfers *Naid* gewesen, der nun in Brooklyn lag. Zusammen mit zwei Schiffskameraden fuhren sie hinüber nach Manhattan, um sich an der Cunard-Pier die *Lusitania* anzusehen. Ihre Größe verblüffte sie. Als sie so am Kai standen, fielen sie Chefoffizier Piper auf, der fragte: «Was wollt ihr Jungs denn?»

Leslie hatte heimtelegrafiert und zu seiner Überraschung und Freude fünfundsiebzig Pfund als Fahrgeld erhalten, genug für zwei Tickets Zweiter Klasse auf der *Lusitania*.

«Wir wollen mit Ihrem Schiff fahren», erwiderte er wahrheitsgemäß und berichtete, sie hätten von einem Vollschiff abgeheuert und wollten nun zurück nach England, um ihre Prüfungen abzulegen. «Warum für die Überfahrt bezahlen?» fragte Piper. «Uns sind zehn Matrosen durch die Lappen gegangen. Euch vier könnte ich gut gebrauchen.»

Morton erwähnte, er habe noch mehr Freunde von der *Naid*, die vielleicht anheuern wollten. Piper bat sie, am nächsten Morgen auf der Pier zu sein. «Wir laufen in achtundvierzig Stunden aus.»

Das Quartett kehrte zur *Naid* zurück und rekrutierte vier weitere Matrosen. Die Mortons beschlossen, mit dem eingesparten Fahrgeld noch einmal richtig auf die Pauke zu hauen, ehe sie auf die *Lusitania* gingen. In einer Bar am Broadway trank Leslie zum ersten Mal Alkohol, einen Manhattan-Cocktail mit Kirsche am Stiel. Nach drei oder vier Gläsern wurde ihm schwindlig. Als er wieder zu sich kam, lag er auf dem Gehsteig und schaute zu einem bulligen Polizisten auf. Zusammen mit John hatte er in einer Nacht sein ganzes Geld verjubelt.

Chefoffizier Piper empfing die acht Matrosen am anderen Morgen an der Gangway der *Lusitania* und heuerte sie für den Wachdienst an Deck an. Leslie suchte sich eine Koje drei Decks unter der Back – nicht ganz der Cunard-Luxus, den er erwartet hatte. Er wandte sich wieder zum Aufgang und begann oben das Deck zu schrubben.

Weder George Wynne noch sein Vater hörten an diesem Morgen die lauten Abschiedsrufe. Sie waren in der Küche auf dem C-Deck viel zu sehr mit der Vorbereitung des ersten Mittagessens der Reise beschäftigt. George, ein kleiner, drahtiger Siebzehnjähriger, hatte den Job auf der *Lusitania* einem befreundeten Hilfskoch zu verdanken. Zwar mußte er von morgens früh um sechs bis um zehn Uhr abends schuften und hatte nachmittags nur zwei Stunden frei, aber er war glücklich, da es schon immer sein Wunsch gewesen war, auf einem großen Schiff fahren zu dürfen. Auch seinem arbeitslosen Vater hatte er eine Stellung besorgt. Seine Mutter hätte es zwar vorgezogen, wenn ihr Mann nicht weit von daheim auf einer Baustelle Arbeit gefunden hätte, aber da er wenigstens mit George zusammen war, gab sie sich zufrieden.

Von seinem Wochenlohn, drei Pfund fünfzehn Shilling, schickte George seiner Mutter zehn Shilling. Manchmal hatte er Heimweh nach dem kleinen Haus in Liverpool, aber die weitläufigen Küchen der *Lusitania* entpuppten sich als laute, erregende Welt, in der Küchenchefs, Köche, Bäcker, Metzger und Küchenjungen hantierten. George hatte den Ehrgeiz, es zum Küchenchef zu bringen, doch er rechnete sich nur geringe Chancen aus; alle Küchenchefs, die er kannte, waren Franzosen, Italiener oder Griechen, aber niemals Engländer. Immerhin war er zum Hilfskoch in der Küche für die Erste Klasse befördert worden, die von den Einrichtungen für die Zweite und Dritte Klasse getrennt lag. Im weißen Trikot und den vorschriftsmäßigen karierten Hosen putzte er Gemüse und kam sich als etwas Besseres vor, weil er in der Salonküche arbeitete.

Joseph Wynne, sein siebenunddreißigjähriger Vater, litt an akuter Bronchitis. Die warmen Schiffsküchen waren gesünder für ihn als eine feuchtkalte Baustelle. George freute sich, seinen Vater neben sich zu haben, auch wenn er nur Küchenjunge war, aber er spürte, daß dieser unter Heimweh litt. George Wynne hatte schon zwölfmal den Atlantik überquert, sein Vater erst einmal. «Kopf hoch, Vater», sagte er. «Noch eine knappe Woche, dann sind wir daheim in Liverpool.»

William Holton eilte in seiner beigen, goldbetreßten Pagenuniform durch die Korridore, klopfte an Kabinentüren und lieferte die *bon-voyage*-Telegramme, die ihm der Zahlmeister McCubbin ausgehändigt hatte, bei den wichtigen Passagieren der Ersten Klasse ab. Holton hatte sich saubergeschrubbt nach einem harten Tag im Heizraum beim Ascheschaufeln, einem schmutzigen Job, der ihm zur Strafe zugeteilt worden war, weil er mit seinem Luftgewehr im Lagerraum auf Ratten geschossen hatte. Er kam aus Liverpool, war gerade sechzehn und im Begriff, zum vierzehnten Mal mit der *Lusitania* den Atlantik zu überqueren. Seefahrt hatte in seiner Familie Tradition, und deshalb hatte seine verwitwete Mutter seinen Entschluß, zur See zu gehen, als unvermeidlich hingenommen.

Ein anderer Junge aus Liverpool, John O'Connell, war mit neunzehn der Jüngste im Heizraum. Sechs der fünfundzwanzig Kessel waren an diesem Samstagmorgen kalt und sollten auch kalt bleiben. Bei seiner letzten Inspektion des Heizraums hatte sich Archibald Bryce davon überzeugt, daß die Heizer fleißig unter den aktiven Kesseln schürten. Das Füttern der Feuerungen fand John schmutzig und anstrengend. Die Männer, die in dieser Unterwelt in Kohlenstaub und sengender Hitze ihre Knochenarbeit verrichteten, hießen die «schwarzen Teufel».

Am vergangenen Abend war er den gleißend hell erleuchteten Broadway entlanggeschlendert, hatte sich unter die Menge gemischt und die Aushänge der Theater und Filmpaläste betrachtet. Den Tag über hatte er auf der *Lusitania* gearbeitet und eine Feuerung mit einem schweren Schüreisen, einem «Jumbo», entschlackt. Die Schlacke wurde mit einem kurzstieligen Hammer zerkleinert, dann wurden Asche und Brocken von Kohletrimmern in Karren geschaufelt und in den «Abbläser» gekippt, ein Behältnis an der Seite des Schiffes, das von Zeit zu Zeit in den Hudson entleert wurde. Dieses «Niederbrennen» war ein Prozeß, den die *Lusitania* auf hoher See nicht wagen durfte. Die Kommandanten deutscher U-Boote, die auf Beute lauerten, hatten gelernt, sich die günstige Gelegenheit zunutze zu machen, wenn ein Schiff die Fahrt verringerte, um

Asche abzublasen; die *Lusitania* würde ein zu leichtes Ziel bieten, wenn der Kesseldruck absank.

John kehrte am Freitagabend mit einem Geschenk für seine Angebetete in Liverpool aufs Schiff zurück. Am Samstagmorgen kletterte er, vorschriftsmäßig in Trikot, schwarze Hose und schwere Stiefel gekleidet, eine Reihe steiler Leitern in den Maschinenraum hinunter, um zu seiner Wache zu stoßen. Er erkannte Chefingenieur Bryce, der zusammen mit seinen Assistenten die Kessel inspizierte und Wasserstände prüfte. Die Feuerungen brannten mit voller Kapazität, und Kohle, die am Tag zuvor gebunkert worden war, wurde nun vor die Feuerungstüren gekippt. Unter dem wachsamen Auge eines erfahrenen Aufsehers begannen die Heizer die Öfen zu beschicken. O'Connell legte den Hebel der Zugregulierungsvorrichtung um, denn wenn er dies versäumte, würde eine Stichflamme durch den Heizraum schlagen. Er warf ein Dutzend Schaufeln Kohle aufs Feuer und schlug die Tür zu.

Kapitän Turner war zuversichtlich, daß die *Lusitania* trotz verringerter Geschwindigkeit den deutschen U-Booten, die vor der irischen Küste operierten, davonfahren konnte. Auf Cunards Entscheidung, die Höchstgeschwindigkeit des Liners von 26 auf 21 Knoten und die Marschfahrt von 24 auf 18 Knoten zu verringern, hatte er keinen Einfluß nehmen können. Zwecks Kohleersparnis war die Mannschaft reduziert und einer der vier Kesselräume stillgelegt worden.

Von seiner hohen Warte auf der Brückennock konnte er an diesem Morgen die langen Reihen der Rettungsboote sehen, Symbole für Cunards Bemühungen um die Sicherheit der Passagiere. Selbst wenn ein Torpedo dieses mächtige Schiff traf, würde es dank seiner zahlreichen wasserdichten Kammern nicht sinken; und falls es dennoch unterging, würde genug Zeit bleiben, um die Passagiere mit den Rettungsbooten in Sicherheit zu bringen. Im Januar, als er noch die *Transylvania* kommandierte, war er vor der irischen Küste von einem U-Boot verfolgt worden. Er gab den Befehl, die Geschwindigkeit zu erhöhen, und binnen einer Stunde lief der Liner 18 Knoten. Ein britischer Kreuzer kam längsseits und blinkte der *Transylvania* Warnsignale zu; er riet ihr, sich nahe der Küste zu halten und die Lichter zu löschen. Turner gelang es, das Schiff sicher in den Hafen von Queenstown zu bringen.

Kein Dampfer, der so schnell lief wie die *Lusitania*, war je torpediert worden. Es gab also keinen Grund zu der Annahme, sagte er sich, daß er nicht zur festgesetzten Zeit am kommenden Samstag, dem 8. Mai, in Liverpool einlaufen würde.

5 Vorsicht, feindliche Agenten!

War die *Lusitania*, die um die Mittagszeit noch immer an Pier 54 lag, zu ihrer Verteidigung ausgerüstet?

Diese Frage hatte vor zwei Jahren die *New York Tribune* gestellt, als der Liner in Liverpool zwecks Austausch der Turbinen ins Trockendock ging. Die *Tribune* hatte angedeutet, die *Lusitania* werde – gemäß der britischen Praxis, Passagierschiffe zu bewaffnen – möglicherweise mit Geschützen ausgerüstet. Als sie jedoch im August nach New York zurückkehrte, konnten die Reporter der Zeitung keine Spur von Waffen entdekken.

Falls die *Lusitania* bewaffnet war, galt sie praktisch als Kriegsschiff und konnte als solches von U-Booten ohne Vorwarnung angegriffen werden. War sie unbewaffnet, mußte sie nach geltendem Recht so rechtzeitig gewarnt werden, daß die Rettungsboote zu Wasser gelassen und die Passagiere in Sicherheit gebracht werden konnten. Zugestandenermaßen war sie im Hinblick auf eine mögliche Umrüstung zum Hilfskreuzer gebaut worden; 1907 wurden Pläne veröffentlicht, die zeigten, wo im Bedarfsfall Geschütze montiert werden konnten. Nach dem Kriegsausbruch im August 1914 gab die britische Regierung Anweisung, neun Passagierschiffe zu requirieren und zu Hilfskreuzern umzurüsten. Die *Lusitania* gehörte jedoch nicht zu diesen neun, sondern sollte weiterhin für den raschen Passagierdienst zwischen Liverpool und New York eingesetzt werden.

Über diese Entscheidung freute sich Alfred Booth, Abkömmling einer reichen Liverpooler Kaufmannsfamilie und Präsident von Cunard. In Reederkreisen war er als entschiedener Einzelgänger bekannt. Er behauptete, alle seine Kapitäne, Offiziere und leitenden Angestellten beim Namen zu kennen, und stand mit Stolz treu zu ihnen. Obgleich er erleichtert war, daß die *Lusitania* weiterhin ihren Dienst versehen konnte, empfand er Unbehagen, als er erfuhr, daß in Zukunft alle Cunard-Schiffe den Anweisungen der Admiralität unterstanden; die Kapitäne mußten die von der Admiralität vorgeschriebenen Kurse einhalten, und sowohl das Kriegsministerium als auch die Admiralität konnten von der Reederei jederzeit Frachtraum fordern. Booth war sich bewußt, daß dies Cunard in den Transport von Konterbande verwickeln konnte, doch er erhob keinen Einspruch. Immerhin führte sein Land Krieg.

Schon seit ihrem Stapellauf waren die *Lusitania* und ihr Schwesterschiff *Mauretania* seine besonderen Augäpfel gewesen. Die 31.330 Tonnen große *Lusitania* war das kraftvollste und prächtigste Schiff der Welt, ausgerüstet mit einem neuen Turbinenantrieb, mit dessen Hilfe die britische Vorherrschaft auf dem Nordatlantik wiederhergestellt und das Blaue Band den Deutschen, die es zehn Jahre lang gehalten hatten, entrissen werden konnte. Zur Finanzierung der beiden Schiffe hatte Cunard einen Staatskredit in Höhe von 2.600.000 Pfund erhalten.

Am Abend des 7. September 1907 war Booth unter den zweihunderttausend Menschen gewesen, die die Ufer des Mersey säumten, als die *Lusitania* ihre Jungfernreise antrat. Den ganzen Tag über, während dreitausend Passagiere an Bord gingen und Tausende von Gepäckstücken und Postsendungen geladen wurden, hatten sich Schaulustige am Ende der Pier und an Liverpools Hafenfront gedrängt. Als sich die Abenddämmerung herabsenkte, war auf Befehl von Kapitän J. B. Watt die elektrische Anlage des Liners in Betrieb gesetzt worden. In den Augen jener, die nur gasbeleuchtete Häuser und Straßen kannten, verwandelten die tausend glitzernden Lichter die *Lusitania* in einen schwimmenden Zauberpalast. Die Menge schrie sich vor patriotischer Begeisterung heiser, als das mächtige Schiff langsam flußabwärts in die Dunkelheit glitt.

In Queenstown, Irland, mußten am nächsten Morgen zweihundert Passagiere an Land zurückbleiben, weil Schiffahrtsagenten entgegen dem Hinweis der Reederei weitere Buchungen angenommen hatten. Als die *Lusitania* den Hudson hinauf zu ihrem Liegeplatz in Manhattan dampfte, hatte sie die Strecke Liverpool – New York mit einer Durchschnittsgeschwindigkeit von 23,01 Knoten zurückgelegt. Früh an diesem Morgen war die Nachricht von ihrem Eintreffen vor Sandy Hook über die Börsenticker in der Wall Street gegangen. An der Battery hielten ganze Schwadronen berittener Polizei die begeisterten Menschenmassen, die Kreissägen und Sonnenschirme schwenkten, in Schach. Größe und Glanz des Liners wirkten geradezu magnetisch auf die New Yorker. Man zog gigantische Größenvergleiche: Die *Lusitania* überragte die Cheopspyramide, das Kapitol in Washington, den Petersdom oder Londons Parlamentsgebäude. «Sie ist schöner als Salomons Tempel», schrieb ein amerikanischer Bewunderer, «und böte genug Platz für alle seine Frauen.» Ausgerüstet war sie mit Kindergarten, Krankenstation, Schwimmbad und so «wundersamen Erfindungen» wie Fahrstühlen, Telefonen, Hundezwingern und geräumigen Privatbädern in der Ersten Klasse. Während man in der Dritten Klasse entschieden kärglicher lebte, bewegten sich die Passagiere der Ersten Klasse in ihren königlichen Suiten zwischen dorischen Säulen und Kandelabern, Mahagonitischen mit Intarsien- und Damastsofas, und es gab sogar separate Kabinen für Butler und Dienstmädchen.

Auf ihrer ersten Überfahrt verheizte die *Lusitania* einen ganzen Rangierbahnhof voll Kohle. Passagiere und Besatzung konsumierten 40.000 Eier, je zwei Tonnen Fisch, Speck und Kaffee, 500 Pfund Trauben, tausend Zitronen, zwölf Tonnen Fleisch, 11.870 Liter Milch, 2675 Liter Sahne und 30.000 Laib Brot. Alfred Booth machte sich Sorgen wegen der Wirtschaftlichkeit des Schiffes, hatte doch die Jungfernreise fünfundzwanzigtausend Pfund gekostet. Die Öffentlichkeit aber wurde vom *Lusitania*-Fieber gepackt, und der Liner rechtfertigte die Begeisterung, indem er am 5. Oktober zum zweiten Mal von Liverpool nach New York fuhr und den Atlantik in vier Tagen, neunzehn Stunden und zweiundfünfzig Minuten mit einer Durchschnittsgeschwindigkeit von 23,93 Knoten überquerte. Zum ersten Mal war die Strecke nach New York in weniger als fünf Tagen zurückgelegt worden. Nun war die *Lusitania* die unumstrittene Königin des Atlantiks.

Alfred Booth lud William Turner und seine anderen Kapitäne grundsätzlich ein, sich nach Ende einer Reise so bald wie möglich in seinem Arbeitszimmer im Cunard-Haus zu melden.

«Ich lege Wert darauf», betonte er, «die Kapitäne unserer Linie auch privat zu sprechen und nicht ausschließlich im Konferenzraum.» Nur wenige Reeder verhielten sich so beispielhaft wie Booth. Er hatte einen langen Arbeitstag, führte eine umfangreiche Korrespondenz und forderte von seinen Angestellten die gleiche strikte Disziplin wie von sich selbst. Wenn ihn ein Kapitän um die Erlaubnis bat, seine Frau auf eine Reise mitzunehmen, stimmte Booth zwar zu, verlangte aber gleichzeitig die Kündigung.

Nach dem Untergang der *Titanic* im Frühling 1912 schickte er ein Rundschreiben an seine Kapitäne, in dem er zwei Unfallarten ausdrücklich nannte, die einem fähigen Schiffsführer niemals zustoßen dürften: Kollision auf offener See bei klarem Wetter und Stranden bei jedem Wetter. Er warnte sie vor der «Unvorsichtigkeit oder Dummheit» anderer Schiffsführer und riet ihnen, deren Schiffe zu meiden. «Geht Ihr Schiff verloren oder wird es beschädigt, ist es für Sie und für uns nur ein schwacher Trost, wenn Sie formal keine Schuld trifft.»

Auf dieses Rundschreiben antwortete Turner mit der Versicherung: «Ich werde immer bestrebt sein, alle für das Wohl und die Sicherheit des Schiffes und der mir Anvertrauten erforderlichen Vorsichtsmaßregeln zu treffen.»

Um diese Zeit unternahm Booth den ungewöhnlichen Schritt, auf Cunard-Schiffen die mit 300 Pfund im Jahr dotierte Position eines Stabskapitäns zu schaffen. Er betonte jedoch, daß es der Kapitän und nicht der Stabskapitän war, der auf dem Schiff das Oberkommando führte.

Aus New York berichtete Charles Sumner, Leiter des dortigen Cunard-Büros, von «sich verschlechternden Beziehungen» zwischen der Reederei und dem britischen Generalkonsul, Sir

Courtenay Bennett, der glaubte, daß deutsche Spione in den Cunard-Büros Unterschlupf fanden.

Cunards New Yorker Filiale hatte schon seit Kriegsausbruch viel Ärger gemacht. Booth war verschiedentlich darauf hingewiesen worden, unter seinem Personal befänden sich Leute, die mit den Deutschen sympathisierten. Er hielt mit seinem Urteil zurück, da er nicht sicher war, wie weit diese Behauptungen begründet waren. Sumner jedenfalls verstand sich ganz und gar nicht mit Sir Courtenay, einer wichtigen Figur der britischen Spionageabwehr in New York. Auch die Beziehungen zwischen Sumner und Captain Guy Gaunt, dem in Washington stationierten britischen Marineattaché, der in New York bei Cunard ein Büro unterhielt, waren alles andere als harmonisch.

Die beruflichen Fähigkeiten des zu Gefühlsausbrüchen neigenden Generalkonsuls wurden unterschiedlich beurteilt, doch sein Patriotismus stand außer Frage. Als das Tempo des Krieges zunahm und die U-Boot-Gefahr wuchs, wurde Sir Courtenay zunehmend reizbarer. Fuchsteufelswild wurde er, als in *The Fatherland*, einer deutsch-amerikanischen Wochenschrift, die sich an die große Zahl der Deutschamerikaner wandte, behauptet wurde, die Admiralität benutze die *Lusitania* und andere Cunard-Schiffe zum Transport von Waffen und Munition nach England. Solche Indiskretionen bestärkten ihn in der festen Überzeugung, daß das Cunard-Büro von prodeutschen Elementen unterwandert war und daß jedes britische Schiff im Hafen von deutschen Agenten überwacht wurde. Und er verdächtigte Charles Sumner antibritischer Aktivitäten.

Diese Vermutungen meldete er seinen Vorgesetzten im Foreign Office «Sumner muß im Sold der Deutschen stehen», schrieb er Sir Eyre Crowe, dem Titularchef des britischen Geheimdienstes. «Er weigert sich, Munitionsladungen für Cunards Passagierschiffe anzunehmen. Schlimmer noch, er sieht nicht einmal die Notwendigkeit ein, Nachschub für die Regierung in britisch registrierten Schiffen zu transportieren, selbst wenn diese der Verfügungsgewalt der Admiralität unterstehen.» Er fand Sumner «sehr ungehörig und äußerst brüsk».

Sir Courtenay wies seine Leute an, Cunards Personal genau zu beobachten und mögliche Sympathisanten der Deutschen zu melden. Eine Reihe von Mitarbeitern mit ausländisch klingenden Namen gerieten unter Verdacht, darunter Herman Winter, gebürtiger Amerikaner und Sumners Stellvertreter, der sich heftig gegen die Anschuldigung wehrte. «Das ist eine verdammte Lüge», sagte er zu Sumner.

Zum Glück hatte Winter einen Verbündeten in der Person von Alfred Booth, den jeder Verdacht gegen sein Personal verstimmte. Booth ließ sich weder von Sir Courtenay Bennett noch vom britischen Botschafter, Sir Cecil Spring-Rice, etwas vormachen. In seiner Korrespondenz bezeichnete er sie als «diese Herren da» und gab der Hoffnung Ausdruck, der Generalkonsul möge bald aus New York abberufen werden.

Captain Guy Gaunt ging diplomatisch mit Alfred Booth um, obwohl er den Verdacht des Generalkonsuls gegen Sumner und Winter teilte und Winter entlassen sehen wollte. Ihm waren die «enormen Spannungen» zwischen Sir Courtenay und den Cunard-Leuten aufgefallen. Wenn es auch tatsächlich Grund zu Klagen über Cunard gab, so mußte doch andererseits die «unglaubliche Dummheit und Leichtgläubigkeit» des Generalkonsuls berücksichtigt werden.

Sir Courtenay war indes mit seinen Beschuldigungen nicht zu weit von der Wahrheit entfernt. Er hatte neue Informationen erhalten, denen zufolge Cunard-Schiffe im Hafen von New York von deutschen Agenten scharf überwacht wurden. Schon seit Kriegsbeginn hatte im Hafen eine rege Spionagetätigkeit deutscher und britischer Geheimdienste geherrscht, bei der Geld keine Rolle spielte. Seit die *Lusitania* an der Pier 54 angekommen war, wurde sie von deutschen Agenten genau beobachtet, und Sir Courtenay fürchtete um ihre Sicherheit.

Franz von Papen, der neue deutsche Militärattaché, hatte nach Berlin gekabelt, «jede Munitionsfabrik in den Vereinigten Staaten» lege «Sonderschichten für alliierte Bestellungen» ein. «Die Häfen sind voll von Frachtern, die Munition für Frankreich, Rußland und England an Bord nehmen. Es müssen

Schritte unternommen werden, dem Einhalt zu gebieten.» Er war entschlossen, die alliierten Nachschublinien abzuschneiden, und hatte in Kapitän Karl Boy-Ed, dem jungen Marineattaché, der in New York ein deutsches Spionagenetz aufgebaut hatte, einen fähigen Komplizen. Mut machte ihm eine Nachricht des Generalstabs in Berlin, in der man ihm finanzielle Mittel in Aussicht stellte und ihn ermächtigte, Sabotageakte gegen Betriebe durchzuführen, die Kriegsmunition lieferten; Bahnanlagen dürften jedoch nicht zerstört und die deutsche Botschaft unter keinen Umständen bloßgestellt werden.

Der große, schlanke Militärattaché mit dem kurzgeschorenen Haar schien die ideale Besetzung für die gefährliche Doppelrolle des Diplomaten und Geheimagenten zu sein. Von Papen, damals fünfunddreißig, war ein westfälischer Aristokrat und wie sein Vater Absolvent der Kriegsakademie. Für sein Agentennetz benutzte er den Namen einer Handelsfirma in der Wall Street, G. Amsinck & Co., als Tarnung für seine Aktivitäten. Nachdem die Ermächtigung zur Sabotage aus Berlin eingegangen war, zog er Graf Johann Heinrich von Bernstorff zu Rate, den deutschen Botschafter, der wegen seiner melancholischen Miene bei diplomatischen Empfängen nicht zu übersehen war. Bernstorff, in London geboren, wo sein Vater als Botschafter gedient hatte, war 1908 in den Vereinigten Staaten akkreditiert worden. Nach Kriegsausbruch sah er es als seine Aufgabe an, der alliierten Propaganda nach Kräften entgegenzuwirken.

Kapitän Franz Kleist von Rintelen, ein junger Reserveoffizier der Marine, kam mit einem gefälschten Schweizer Paß als Spezialagent in New York an. Mit einer Droschke fuhr er zum deutschen Club, wo er den beiden Attachés den streng geheimen Code aushändigen sollte. Er hatte den Eindruck, daß weder von Papen noch Boy-Ed über seinen Anblick sonderlich erfreut waren. Von Papen schien ihm «rundherum ein Dilettant»; Boy-Ed fand er «eingebildet». Andererseits wußte er, daß die beiden Diplomaten von Berlin angewiesen worden waren, mit ihm zusammenzuarbeiten.

Eine Woche später traf von Rintelen von Bernstorff im Ritz-Carlton in der Madison Avenue. Der Botschafter kam rasch zur Sache. «Welcher Art ist Ihre Arbeit eigentlich?» wollte er wissen. Von Rintelen erwiderte, sein Auftrag sei «rein militärischen Charakters mit genereller Ausrichtung auf Sabotage». Von Bernstorff schien das zu beunruhigen.

Von Rintelen zog in ein kleines Hotel in der 57. Straße und begann ein Doppelleben zu führen. Abends warf er sich in seinen Frack und kultivierte den Umgang mit einflußreichen Leuten. Er trat unter seinem wirklichen Namen auf, um den Geheimdienst nicht auf sich aufmerksam zu machen. Tagsüber kleidete er sich unauffällig, schlenderte durch die weitläufigen Hafenanlagen und beobachtete, welche alliierten Schiffe Munition an Bord nahmen. Wenn er solchen Frachtern nachsah, wie sie den Hudson hinunter in Richtung Europa dampften, war er entschlossen, sie auf den Grund des Ozeans zu schicken, mit welchen Mitteln auch immer.

Er mietete, ähnlich wie von Papen, im Finanzviertel ein Büro und richtete dort eine Scheinfirma für Export und Import ein. Er saß als Direktor in seinem frisch möblierten Arbeitszimmer, als Walter Scheele, ein junger Chemiker, hereinkam. Dr. Scheele, in Bonn promoviert, stammte aus einer alten Chemikerfamilie – sein schwedischer Großvater hatte das Chlorgas entdeckt, sein Vater war bei der Entdeckung der Blausäure ums Leben gekommen – und war in die Vereinigten Staaten entsandt worden, um über die Fortschritte auf dem Gebiet der chemischen Kriegführung zu berichten. Zur Tarnung hatte er in Brooklyn einen Drugstore eröffnet.

Scheele holte ein kurzes Bleirohr von der Stärke einer dicken Zigarre aus der Tasche und legte es auf den Schreibtisch. Von Rintelen griff danach und nahm es in Augenschein. Im Innern des Rohres war in der Mitte eine runde Kupferscheibe eingelötet worden, die den Innenraum in zwei Kammern aufteilte. Der Chemiker erklärte, die eine Kammer werde mit Salpetersäure, die andere mit Schwefelsäure gefüllt. Dann würden die beiden Rohrenden mit Wachspfropfen luftdicht verschlossen. Die Stärke der kupfernen Trennwand könne reguliert und damit bestimmt werden, wann die beiden Säuren in Kontakt kommen sollten, ob binnen Stunden oder Tagen; sobald sie aufeinanderträfen, schieße eine Stichflamme aus beiden Rohrenden. Das Bleirohr werde durch die Hitze der Reaktion restlos weggeschmolzen, während die Flammen alle brennbaren Stoffe in der Umgebung entzündeten, wie zum Beispiel Kohle oder Holz. Von Rintelen war fasziniert. Nach einer Demonstration in einem Vorstadtwäldchen stellte er Dr. Scheele einen Firmenscheck aus, damit er seine Erfindung gebrauchsfertig machen konnte.

Auf amerikanischem Boden konnten Scheeles Brandbomben jedoch nicht hergestellt werden. Nach angestrengtem Nachdenken verfiel von Rintelen auf den Dampfer *Friedrich der Große,* ein ehemaliges Flaggschiff der Handelsflotte, das nun interniert im Hafen von Hoboken jenseits des Hudson lag. Das Schiff war ein idealer Zufluchtsort vor dem Sprengstoffkommando der New Yorker Polizei, das die Aufgabe hatte, Deutsche unschädlich zu machen, die gegen den alliierten Schiffsverkehr arbeiteten.

Dann rekrutierte von Rintelen deutsche Reservisten und irische Hafenarbeiter, die die Sprengsätze legen sollten. Er war bereit, dieses Sabotagemittel einzusetzen, wenn nicht anders verhindert werden konnte, daß Munition die Alliierten erreichte. Sein erstes Ziel für einen Brandanschlag hatte er bereits ausgewählt, den Dampfer *Phoebus,* der mit einer Ladung Sprengstoff nach Archangelsk auslaufen sollte.

Es blieb Kapitän Boy-Ed überlassen, via seine Agenten festzustellen, ob die *Lusitania* bewaffnet war. Wenn den amerikanischen Behörden hinreichend bewiesen werden konnte, daß sich Geschütze an Bord befanden, konnte der Liner als Kriegsschiff interniert werden. Der erste Mann, an den er herantrat, war Paul König, Sicherheitsbeauftragter der Hamburg-Amerika-Linie und Verantwortlicher für die in Hoboken internierten Schiffe. König, eine zwielichtige Gestalt, betrieb seine Ermittlungen hinter den verriegelten Türen dreier Zimmer am Broadway, im selben Gebäude, in dem sich auch das deutsche Konsulat und die Geschäftsräume der Hamburg-Amerika-Linie befanden. Zu seinen Agenten gehörten Heinz Hardenberg, Carl Thummel und Gustav Stahl.

Carl Thummel behauptete, an Bord der *Lusitania* Geschütze gesehen zu haben. Er war am 24. April als Steward des Liners in New York angekommen und hatte von Stabskapitän Anderson seine Entlassungspapiere erhalten. Für Kapitän Boy-Ed verfaßte er eine detaillierte Beschreibung der *Lusitania* und behauptete, den genauen Standort von vier Geschützen zu kennen.

Unter den Besatzungsmitgliedern der *Lusitania* befand sich am Morgen des 1. Mai auch Neal Leach. Nur wenige Tage vor dem Auslaufen hatte Stabskapitän Anderson ihn als Steward angestellt. Er war fünfundzwanzig und Sohn eines englischen Richters in Jamaika. Nach dem Jurastudium war er nach Deutschland gegangen, wo er sich bei einer Weinhändlerfamilie als Privatlehrer verdingte. Er schnappte die deutsche Sprache mit Leichtigkeit auf und konnte sich bald fließend unterhalten.

Im März 1915 fuhr Leach nach New York und kam in einem Seemannsheim unter, das auch von deutschen Agenten frequentiert wurde. Auf der Überfahrt hatte er sich mit dem ungefähr gleichaltrigen Heinz Hardenberg angefreundet, der bei Kriegsausbruch aus England geflohen war. Dieser stellte ihn dem Agenten Gustav Stahl vor, der einen starken Eindruck auf ihn machte.

Stahl war im August 1914 nach New York gekommen. Frankfurt und seine Frau hatte er in aller Eile verlassen, nachdem er, wie die Rede ging, einen Polizisten von einer Brücke gestoßen hatte. In Hoboken fand er eine Anstellung in einem Feinkostladen und betätigte sich nebenbei als Agent.

Später sollte Stahl behaupten, Leach habe ihn am Abend vor dem Auslaufen der *Lusitania* aufgesucht und gebeten, ihm seine Seekiste mit seinen Habseligkeiten zum Schiff tragen zu helfen. Stahl zufolge hatten sie die Kiste von einer Bar nicht weit vom Seemannsheim abgeholt und mit einer Droschke zum Hafen gebracht. Weder der Wachposten am Besatzungszugang noch der Matrose an der Gangway fragten nach ihren Passierscheinen. Sie betraten den Liner und trugen die Seekiste drei Treppen hinunter zu den Stewardquartieren, wo sie eine Koje aussuchten und die Kiste hineinhoben.

Stahl verbrachte nach seinen Aussagen rund dreißig Minuten an Bord der *Lusitania* und schritt das Deck an der Wasserseite zweimal ab. Dabei sah er «zwei montierte Geschütze, die mit dem Deck verschraubt und mit Leder abgedeckt waren und sich nicht weit vom Hauptmast befanden».

Stahl und Leach verließen die *Lusitania* auf demselben Weg, auf dem sie gekommen waren, wiederum völlig unbehelligt.

Durch seine Agenten erfuhr der unermüdliche Captain Guy Gaunt von dem Treffen zwischen von Rintelen und Scheele und von deren Sabotageplänen mittels Brandbomben. Da er wußte, wie verzweifelt die Deutschen versuchten, dem Munitionstransport nach Europa Einhalt zu gebieten, befürchtete er, daß sie immer rücksichtsloser gegen britische Schiffe vorgehen würden. Und die *Lusitania* war ein naheliegendes Ziel für Saboteure.

Botschafter von Bernstorff hatte in einer Protestnote an die amerikanische Regierung behauptet, es seien Geschütze an Bord der *Lusitania* gesehen worden, und hatte die umgehende Internierung des Liners verlangt. Detektive, die das Schiff durchsuchten, fanden jedoch nichts. Die Deutschen waren im Begriff, wie Gaunt feststellte, den Propagandakrieg zu verlieren. Nach ihrem offensichtlichen Unvermögen, die Bewaffnung der *Lusitania* zu beweisen, befürchtete Gaunt, sie würden versuchen, sie mit anderen Methoden aus dem Verkehr zu ziehen. Es war nicht schwer, Sprengstoff an Bord eines Passagierschiffes zu schmuggeln. Geldgierige Besatzungsmitglieder mochten sich bestechen lassen und dann einfach vom Schiff verschwinden. Er teilte diese Befürchtungen dem Secret Service mit und bat außerdem Sir Courtenay Bennett, wenn auch erfolglos, darauf zu bestehen, daß Cunard am Reisetag nur ausgewiesene Passagiere auf die *Lusitania* ließ.

6 Das Kriegsgebiet

Drei Tage bevor die *Lusitania* auslaufen sollte, hatte Captain Guy Gaunt ein Kabel, in dem es um die deutsche Warnung an Passagiere des Liners ging, an Captain William Reginald Hall, Direktor des Nachrichtendienstes der britischen Marine, gesandt. Auch Hall hielt Pläne, die *Lusitania* zu versenken, für möglich. Aus dem alten Admiralitätsgebäude in Whitehall telegrafierte er an seinen Marineattaché in Washington zurück: WIR MUESSEN AEUSSERST WACHSAM SEIN.

Hall war in der Lage, von Papens Funksprüche von Washington nach Berlin abzuhören, und merkte sich die Namen von Rintelen, Boy-Ed und König vor; doch die Nachrichten enthielten nur spärliche Informationen, jedenfalls nicht genug, um ihn zum Handeln zu veranlassen. Er wußte, daß Botschafter von Bernstorff und das Personal der deutschen Botschaft bemüht waren, die öffentliche Meinung in Amerika zugunsten Deutschlands zu beeinflussen, aber er mußte erst Agenten wie von Rintelen und von Papen die Maske vom Gesicht reißen, um Amerika für die Alliierten zu gewinnen.

Hall profilierte sich im Spionagekrieg als eine Persönlichkeit mit Autorität. Der adrette Marineoffizier war mit fünfundvierzig aus Gesundheitsgründen aus dem Dienst auf hoher See ausgeschieden und schien als Leiter des Nachrichtendienstes gut plaziert zu sein. Er konnte die Post dazu bewegen, ihn einen inoffiziellen Zensurdienst für die Atlantikpost einrichten zu lassen, die über das Hauptpostamt auf Londons Mount Pleasant geleitet wurde. Was als ungesetzliche Verletzung des Postgeheimnisses begann, für die er hätte vor Gericht gestellt werden können, wurde schließlich zum Regierungsprojekt, für das Winston Churchill Geldmittel und Unterstützung in Aussicht stellte. Als Premier Asquith endlich im Lauf einer Sondersitzung des Kabinetts diese undemokratische Kriegsmaßnahme offiziell guthieß, verfügte Hall plötzlich über ein Budget von einer halben Million Pfund für seine neue Abteilung.

Er entwickelte ein System, mit dessen Hilfe er Funksignale der feindlichen Marine abhören konnte. Vom Februar 1915 an wurden entlang der englischen und irischen Küste Radiostationen errichtet, die jedes deutsche Signal empfangen konnten. Er schleuste sogar einen Agenten in die US-Botschaft in London ein, um verschlüsselte Botschaften zwischen dem Außenministerium in Washington und Berlin abfangen zu können. Zusätzlich versorgte ihn Captain Gaunt mit Informationen aus New York über Ankunfts- und Abfahrtsdaten aller Schiffe und über ihre Ladung.

Im November 1914 hatte Großbritannien die Nordsee zum Kriegsgebiet erklärt und seine bewaffneten Handelsschiffe angewiesen, unter Mißachtung der Kreuzerkonventionen deutsche U-Boote anzugreifen. Im Februar 1915 legte Graf von Bernstorff dem US-Außenministerium die Proklamation des uneingeschränkten Handelskriegs in den Gewässern um Großbritannien und Irland vor:

> Am und vom 18. Februar 1915 an wird jedes in dem erwähnten Kriegsgebiet angetroffene Handelsschiff zerstört, wobei es nicht immer möglich sein wird, die den Besatzungen und Passagieren daraus erwachsenden Gefahren zu vermeiden. Selbst neutrale Schiffe sind in der Kriegszone Gefahren ausgesetzt, da sich durch den von der britischen Regierung am 31. Januar angeordneten Mißbrauch neutraler Flaggen und durch die Zufälle des Seekriegs Irrtümer nicht ausschließen lassen und sie von Angriffen betroffen werden können, die gegen feindliche Schiffe gerichtet sind.

Das Außenministerium erhob Protest und bezeichnete den deutschen Beschluß als «brutalen, in der Seekriegführung beispiellosen Akt». Am 18. Februar gestand der Kaiser vor einer Gruppe von U-Boot-Kommandanten in Wilhelmshaven zu, daß bei der Versenkung bewaffneter feindlicher Handelsschiffe ohne Warnung mit Verlusten an Menschenleben gerechnet werden mußte. «Dennoch», erklärte er, «sollten die Besatzungen von Handelsschiffen nach Möglichkeit gerettet werden.»

In Berlin erklärte man, einer der Hauptgründe für die Proklamation sei der sogenannte «Mißbrauch neutraler Flaggen» zur Täuschung von U-Boot-Kommandanten. Da die Vereinigten Staaten das größte noch neutrale Land waren, neigten die Briten dazu, das Sternenbanner zu Täuschungszwecken zu benutzen. Auf einer früheren Reise der *Lusitania* hatte der alte Kapitän Dow beim Heranfahren an die irische Küste aus Angst vor U-Boot-Attacken die amerikanische Flagge gehißt und nach seiner Ankunft in Liverpool ausgesagt, er habe zu dieser List gegriffen, um etwaigen U-Booten in der Umgebung klarzumachen, daß sich Amerikaner unter seinen Passagieren befänden. Es sei nicht seine Absicht gewesen, den Kommandanten der U-Boote vorzutäuschen, die *Lusitania* sei ein amerikanischer Liner; schließlich wüßten diese nur zu gut, daß die Vereinigten Staaten über kein Schiff mit vier Schornsteinen von der Größe der *Lusitania* verfügten.

Dieser Flaggenzwischenfall hatte eine zornige deutsche Reaktion zur Folge. Washington sandte eine Protestnote nach London und wies darauf hin, daß der Gebrauch neutraler Flaggen nur zusätzliche Risiken für neutrale Schiffe nach sich ziehen würde, ohne britischen Schiffen irgendwelchen Schutz zu bieten. In ihrer Antwort behauptete die Admiralität, die Flagge sei auf Verlangen amerikanischer Passagiere gehißt worden.

Captain Reginald Hall konnte dem Kabinett zu Beginn der deutschen U-Boot-Offensive berichten, daß nur zwei Boote klar zum Auslaufen waren, *U 30* und *U 8; U 20* und *U 27* sollten Emden erst am 25. Februar verlassen. Noch Ende Februar hatte es den Anschein, als seien nur vier der dreiundzwanzig deutschen U-Boote einsatzbereit. U-Boote waren launische Geräte, die nach jeder Feindfahrt einer gründlichen Überholung bedurften.

Die Briten konzentrierten ihre Abwehranstrengungen auf den Ärmelkanal, den sie mittels Netzen und Treibminen unpassierbar zu machen versuchten. Sie gingen von der Annahme aus, daß U-Boote, die vor der irischen Küste operieren wollten, den Kanal passieren mußten. Inzwischen drangen aber U-Boote auf Umwegen in die westlichen Reviere ein, indem sie die Nordküste Schottlands umrundeten und der Westküste Irlands nach Süden folgten. Daraufhin kamen die Marinebehörden zu dem Schluß, daß dieser Bedrohung am besten entgegengewirkt werden konnte, indem man die Kriegsschiffe im Hafen ließ, vorzugsweise in den sicheren Buchten entlang der schottischen Küste, geschützt durch Minenfelder und Zerstörerpatrouillen.

Die U-Boote wandten ihre Aufmerksamkeit unbeeindruckt der Handelsschiffahrt zu. Bis Mitte März hatten sie vier britische Dampfer versenkt. Anfangs übten sie noch Zurückhaltung. Die Schiffe wurden gewarnt, Passagiere und Besatzungen bekamen Gelegenheit, sich mit den Rettungsbooten in Sicherheit zu bringen. Bald aber wurde die Offensive über die völkerrechtlich festgesetzten Beschränkungen hinaus ausgedehnt.

Die U-Boot-Bedrohung in der Irischen See begann Vizeadmiral Sir Charles Coke bald ernsthafte Sorgen zu bereiten. Von seinem Stützpunkt in Queenstown in der Grafschaft Cork aus unterstand ihm der gesamte Südabschnitt der irischen Küste. Er beklagte sich als erster, seine Verteidigungsmittel seien völlig unzureichend, und verlangte mehr Zerstörer. Die Admiralität jedoch lehnte dieses Ansinnen glattweg ab.

Winston Churchill, Erster Lord der Admiralität, schien überzeugt zu sein, daß Deutschland den Preis für seine militante Politik zu zahlen begann. In der zweiten Woche des U-Boot-Handelskriegs waren nur drei Schiffe angegriffen worden, die allesamt entkommen waren. Im April konnte er bekanntgeben, daß «bei über 6000 Ein- und Ausfahrten nicht mehr als 23 Schiffe versenkt» worden waren. «Das Fehlschlagen der Offensive ist aller Welt offenkundig.» In seinen Augen war es den Deutschen nicht gelungen, Britanniens Handel oder seinen Truppen- und Nachschubtransport zu behindern; sie hatten sogar selbst Verluste erlitten. Nicht alle teilten seinen Optimismus. Kritik an der Admiralität wurde laut, weil britische Schiffe deutschen Minen und Torpedos zum Opfer gefallen waren. Zudem wurde unterstellt, daß es Churchill an Erfahrung in Marineangelegenheiten mangle und daß seine Kenntnisse auf dem Gebiet der Seekriegführung dürftig seien; als Absolvent der Militärakademie Sandhurst sei er eher ein Mann des Heeres.

Inzwischen jedoch hatte Churchill Lord Fisher, einen Veteranen von fünfundsiebzig, aus dem Ruhestand zurückgerufen, um als Erster Seelord zu dienen. Fisher hatte Churchill schon 1913 darauf hingewiesen, daß feindliche U-Boote keine andere Wahl hatten, als ihre Opfer zu versenken, und daß «im Gegenlicht durchs Periskop gesehen, sich alle Flaggen ähnlich sahen».

Churchill hatte wohl seine Kritiker, aber Captain Hall gehörte nicht zu ihnen. Er bewunderte den Ersten Lord uneingeschränkt, besonders wegen seiner grenzenlosen Arbeitskraft, die er für «fast erschreckend» hielt.

Am 29. April, zwei Tage bevor die *Lusitania* New York verlassen sollte, verschlechterten sich die deutsch-amerikanischen Beziehungen, die wegen des *Falaba*-Zwischenfalls ohnehin schon gespannt waren, noch mehr. Auf der *Falaba*, die von *U 28* torpediert worden war, hatte ein US-Bürger sein Leben verloren. Nun aber hatte ein deutscher Marineflieger vor der holländischen Küste die *Cushing*, einen amerikanischen Tanker, bombardiert. Der Tanker transportierte Rohöl von New York in die Niederlande und führte, wie der amerikanische Konsul in Rotterdam erklärte, zum Zeitpunkt des Angriffs die US-Flagge. Er wurde von drei Bomben getroffen, die aber nur geringen Schaden anrichteten und keine Menschenleben forderten. Die Deutschen behaupteten, sie hätten auf dem Schiff weder Flaggen noch irgendwelche neutralen Markierungen gesehen. Berlin sandte eine Note, in der der «unbeabsichtigte Zwischenfall zutiefst bedauert» wurde.

Ebenso wie die Versenkung der *Falaba* reichte der Bombenangriff auf die *Cushing* zur Entflammung der öffentlichen Meinung in Amerika nicht aus.

Es war fast 12.30 Uhr. Aus den leicht nach hinten geneigten Schornsteinen der *Lusitania* quoll dicker Rauch.

Kapitän Turner war wegen des verzögerten Auslaufens in Ungeduld geraten. Man hätte ihn nur mit Mühe davon überzeugen können, daß sein Schiff ein Tummelplatz für deutsche Geheimagenten in New York war, die entweder an Bord Bomben legen oder schlüssig beweisen wollten, daß es bewaffnet war. Die Welt der Spionage war Turner fremd. Endlich ertönte der Gong, der allen Nichtpassagieren das Zeichen zum Verlassen des Schiffes gab. Die Abschiednehmenden umarmten und küßten einander, und manch einer flüsterte: «Wenn ich doch nur mitfahren könnte», ehe er von Bord ging. Die Ladeluken wurden dicht gemacht. Glocken erklangen, als Offiziere mit Frachtbriefen und Konnossementen für Expreßgut die Gangways hochhasteten.

John Idwal Lewis, rangältester Dritter Offizier, der die Verladung der Post beaufsichtigte, trat als letzter von der Gangway aufs Deck, und Chefoffizier Piper gab den Befehl: «Gangway klar».

Turner vertauschte seine Melone mit der Kapitänsmütze und überschaute von der Brücke aus die Szene unter ihm. An Land schwenkten Menschen Hüte, Taschentücher und kleine US-Flaggen aus Papier. Passagiere winkten zurück, als Leute am Kai Konfetti in die Luft warfen. Signalwimpel flatterten in langen Reihen von den Masten und gaben dem Liner die festliche Atmosphäre eines Ausflugsschiffes. Turner ging auf der Brücke auf und ab und war froh, nach dreieinhalbstündiger Verspätung endlich wegzukommen.

Ein Schlepper auf dem Fluß ließ seine Sirene ertönen; er war bereit, den gewaltigen Liner von seinem Liegeplatz zu bugsieren und seinen messerscharfen Bug stromaufwärts zu richten. Die *Lusitania* antwortete mit drei kräftigen Stößen ihres tiefen Horns.

Der Bühnenbildner Oliver Bernard hatte den Kapitän beobachtet und war überrascht, daß der Mann, der sie auf dieser kritischen Atlantiküberfahrt führen sollte, nicht der erwartete stereotype Kommodore war, sondern ein alter Mann, der seine Uniform trug «wie einen Sonntagsanzug». Für Bernard hatte die Reise wegen der deutschen Warnung eine ganz ungewöhnliche Bedeutung angenommen, und er fragte sich, ob er dem Krieg jemals näher kommen würde als auf diesem Schiff. Er hatte gehört, wie ein Zeitungsreporter zu Charles Frohman sagte: «Na, wenn was passiert, haben wir ja wenigstens Ihr Bild.»

Andere Salonpassagiere taten die Warnung mit der Nonchalance gewohnheitsmäßiger Atlantikreisender ab. Manche waren bereits in ihre Suiten gegangen und machten sich nicht viel aus der Verspätung. Doch die weniger reiseerfahrenen Passagiere der Zweiten und Dritten Klasse, die von der Warnung wußten, waren besorgter.

Zu Frühlingsanfang hatte Margaret Cox von ihrem Arzt den Rat erhalten, ihr kränkliches Baby nicht der Sommerhitze Winnipegs auszusetzen. «Stammen Sie nicht aus der alten Heimat?» hatte er sie gefragt. «Dann bringen Sie ihn heim.» Sie und ihr Mann hatten die Möbel verkauft und ihre Wohnung weitervermietet. Cox hatte sich zur Fort-Garry-Kavallerie gemeldet und hoffte, in den Krieg geschickt zu werden. Margaret buchte für sich und ihr Baby eine Einzelkabine Zweiter Klasse auf der *Lusitania.* Als sie in New York eintraf, ging sie zur Cunard-Vertretung, um ihre Buchung bestätigen zu lassen.

«Haben Sie denn keine Angst?» hatte ein Angestellter gefragt.

«Wovor denn?»

«Vor den U-Booten natürlich!» Bei dieser Gelegenheit hörte sie zum ersten Mal von einer Warnung und wunderte sich, daß der Cunard-Angestellte sie erwähnte.

Julia Sullivan war den Tränen nahe. Ihr war plötzlich klar geworden, daß sie im Begriff war, das üppige Leben in Amerika mit den Entbehrungen auf einem abgelegenen Hof in Kerry zu vertauschen. Doch sie hatte Flor lieb und sagte sich, daß die Überfahrt ihre zweite Hochzeitsreise werden würde.

Ian Stoughton Holbourn hatte das Deck den ganzen Vormittag über nicht verlassen. Leben und Krieg betrachtete er mit Gleichmut und war auf alle Eventualitäten vorbereitet. Wenn er sich Sorgen machte, dann höchstens wegen der vielen Kinder an Bord. Mit Interesse schaute er den Vorbereitungen zur Abfahrt zu. Er sah, wie die letzten Trossen von den Pollern geworfen und rasch an Bord hochgewunden wurden. Die Kapelle stimmte «Gott mit euch bis zum Wiedersehn» an.

Das leise Stampfen der Maschinen wurde zu einem gedämpften Dröhnen, als die mächtigen Turbinen sich zu drehen begannen und die vier Schrauben das Wasser des Hudson zu schlammigem Schaum aufwühlten. Fast unmerklich löste sich die *Lusitania* von ihrem Liegeplatz und glitt hinaus auf den Fluß. Menschen wischten sich verstohlen die Augen.

Ein Mann an Bord blieb ungerührt: Inspektor William Pierpoint schlenderte unerkannt durch die Menge an Deck und studierte angestrengt die Gesichter der Passagiere. Falls sich irgendein deutscher Agent auf dem Schiff befand, so war er entschlossen, ihn zu erwischen.

Die Reise

1. – 7. Mai 1915

7 Jenseits von Sandy Hook

Samstag, 1. Mai

Die *Lusitania* glitt majestätisch den Hudson hinab. Aus ihren hohen schwarz-roten Schornsteinen quoll dicker Rauch. Die Hochrufe der Menge am Kai verklangen, aus den vielen Taschentüchern wurde ein ferner weißer Fleck, als Pier 54 den Blicken der Passagiere an der Reling allmählich entschwand.

Albert Bestic stand steif neben dem Kapitän und sah die Schlepper achtern zurückbleiben. Die vom scharfen Steven des Liners aufgeworfene Bugwelle rauschte unter ihm vorbei, um von den vier mächtigen Schrauben zu Schaum geschlagen zu werden. Ein Deck tiefer flanierten gutgekleidete Passagiere, teils aus privilegierten Gesellschaftskreisen, teils Künstler, denn die Passagierliste der *Lusitania* enthielt meistens einige prominente Namen. Albert war nicht neidisch; er akzeptierte, daß sich diese Leute in anderen Kreisen bewegten als ein Dritter Offizier. Eine seiner Aufgaben war, sicherzustellen, daß nichts aus ihrem mit der Aufschrift «Auf See nicht benötigt» versehenen Gepäck stibitzt wurde.

Die immer weiter zurückbleibenden Türme von Manhattan und die schrumpfende Freiheitsstatue erweckten in manchen Passagieren ein jähes Gefühl der Isolation. Furcht packte sie. Welche Zweifel sie auch hegen mochten, sie alle hatten nun keine Wahl mehr; sie mußten die Gefahren der Reise auf sich nehmen.

Oliver Bernard, gereizt über die lange Verzögerung der Abfahrt, ging nach dem Mittagessen auf dem Promenadendeck auf und ab. Wenn erst der Lotse bei Sandy Hook, dem letzten, sichelförmigen Landvorsprung des amerikanischen Festlands, von Bord gegangen war, würde die Trägerin des Transatlantikrekords bestimmt rasch Fahrt aufnehmen. Dies war seine zwölfte Atlantiküberquerung, die zweite auf der *Lusitania*, und sie schien sich langweilig anzulassen. Die meisten Passagiere kamen ihm weniger gesellig vor als üblich. Und beim Mittagessen im prächtigen Speisesaal der Ersten Klasse hatte er den Steward widerwärtig hochnäsig gefunden.

Stabskapitän Anderson, der an diesem Nachmittag seine Runden drehte, rechnete hingegen mit einer äußerst geselligen Zweiten Klasse. Die Stewards im Speisesaal hatten sich bereits organisiert, um die Mahlzeiten in zwei Schichten zu servieren, und hatten im Korridor zusätzliche Tische aufgestellt. Die Zweite Klasse war luxuriöser eingerichtet als auf jedem anderen Schiff – es gab einen Rauchsalon, eine Bibliothek und komfortable Aufenthaltsräume –, aber es waren 600 Passagiere in Unterkünfte gepfercht worden, die nur für 460 gedacht waren. Es herrschte eine drückende Enge, aber die Stimmung war gut.

In der Dritten Klasse, die Raum für 1186 Fahrgäste bot, waren nur 373 Plätze gebucht worden. Hier war die Unterkunft einigermaßen angenehm, wenngleich kaum luxuriös. Die Erste Klasse, die alle Annehmlichkeiten eines exklusiven Clubs bot, war für 552 Personen angelegt, aber an Bord befanden sich nur 291. Obwohl die Erste und Dritte Klasse stark unterbelegt waren, hatte die *Lusitania* die seit Kriegsbeginn längste Passagierliste aufzuweisen, und eine recht internationale dazu: 949 Briten, darunter Kanadier, Australier und Iren, 189 Amerikaner, 71 Russen, 15 Perser, einzelne Griechen, Belgier, Mexikaner, Kubaner, Franzosen, Dänen, Holländer, Spanier, Argentinier, Italiener, Schweizer, Finnen, Norweger und Inder.

Besorgte Eltern, die von U-Booten hatten reden hören, nahmen an diesem Nachmittag in ihren Kabinen die Schwimmwesten von der Wand und zogen sie zur Probe ihren Kindern an, die über die unförmigen Kleidungsstücke nur lachen mußten. Unter den 129 Kindern an Bord waren 39 Säuglinge: drei in der Ersten, 28 in der Zweiten, acht in der Dritten Klasse.

Und doch fühlten sich die meisten Fahrgäste auf diesem Liner, der den heftigsten Stürmen trotzen konnte, vor Gefahren sicher. Seit 1907 waren Zehntausende zuverlässig und komfortabel auf der *Lusitania* gereist.

U 20 war der *Lusitania* einen vollen Tag voraus.

Gischt fegte über sein schmales Deck und den Turm, als es an der Oberfläche durchs dunkle Wasser der Nordsee auf die Orkney-Inseln zulief. Die Feindfahrt sollte der Südküste Irlands entlang zur Merseymündung vor Liverpool führen – eine Gesamtstrecke von 3006 Meilen.

Um Punkt sieben Uhr früh am Vortag hatte es unter Kapitänleutnant Schwieger Emden verlassen. Das kleine graue U-Boot war leise an den Korkfendern seines Liegeplatzes vorbeigeglitten, hatte die tanzenden Bojen des Hafens hinter sich gelassen und sich der unruhigen Nordsee zugewandt, um schon bald die Sandbänke vor Borkum zu passieren.

U 20 hatte eine Kriegsbesatzung von 42 Mann und sieben Torpedos an Bord. Jede verfügbare Ecke des kleinen Gefährts war mit Proviant vollgestopft: Fleisch und Gemüse neben den Torpedos, Butterkisten unter den Kojen, Salz und Gewürze unter Schwiegers Schlafstelle. Innerhalb weniger Tage würden Fleisch und Gemüse aufgebraucht und die Männer auf Büchsenkost angewiesen sein. Und am Ende der Fahrt war das Essen regelmäßig ebenso unerträglich wie der Gestank in dem überfüllten Boot.

Schwieger wußte genau, wie gefährlich sein Auftrag war. Er hatte aus Berlin den Befehl erhalten, feindliche Schiffe zu versenken, mit oder ohne Warnung, und neutrale Schiffe, die er für getarnt hielt, ebenso. Die Versenkung von *HMS Pathfinder* durch *U 21* unter ihrem Kommandanten von Hersing vor Schottland im vergangenen September hatte zu einer Resivion der Handbücher über die Kriegführung unter Wasser Anlaß gegeben. Von Hersing war nach dem ersten U-Boot-Sieg des Krieges als Volksheld heimgekehrt. Im Januar versenkte Hersing vor der Merseymündung drei Dampfer, und im gleichen Monat fielen *U 20* unter Kapitänleutnant Dröscher im Ärmelkanal drei Handelsschiffe zum Opfer. In Berlin war man inzwischen überzeugt, daß das U-Boot die perfekte Waffe gegen die britische Flotte und die Blockade war, die Deutschland strangulierte. Mit dem U-Boot konnte man Englands Handelsverbindungen abschneiden und die von Süd- und Westengland auslaufenden Truppentransporter zerstören.

Den Oberbefehl über die U-Boot-Kampagne hatte Kommodore Hermann Bauer. Auf Anweisung aus Berlin beorderte er das aus *U 20*, *U 27* und *U 30* bestehende Rudel vor Dartmouth in den Ärmelkanal. Bauers schriftlicher Befehl lautete wie folgt:

> Große englische Truppentransporter aus Liverpool, Bristol (südlich von Liverpool), Dartmouth erwartet. Schnellstmöglich über Rundkurs Schottland in Stellung gehen. Aushalten, so lange Proviant reicht. Anzugreifen sind Truppentransporter, Handels- und Kriegsschiffe.

Der blonde, blauäugige Schwieger, der erst kürzlich seinen dreißigsten Geburtstag gefeiert hatte, stammte aus einer alten Berliner Familie. Er war mit achtzehn zur Marine gegangen und hatte mit siebenundzwanzig den Befehl über sein erstes U-Boot erhalten, das benzingetriebene *U 14*. Er interessierte sich nur für zwei Dinge: U-Boot-Krieg und klassische Musik. Im Dezember übernahm er von Dröscher *U 20*. Auf einer seiner ersten Feindfahrten feuerte er einen Torpedo auf ein britisches Hospitalschiff vor der französischen Küste ab, das er für einen Handelsdampfer gehalten hatte, verfehlte aber sein Ziel. Pannen waren häufig. Oft blieben Torpedos wegen defekter Auslöser im Rohr stecken; gelegentlich war der Sprengkopf ein Blindgänger, oder ein fehlerhafter Lenkmechanismus ließ den Torpedo einen unberechenbaren Kurs laufen. Über sechzig Prozent aller «Fische» arbeiteten nicht einwandfrei.

Schwiegers *U 20* war zwar primitiv, aber eine wirksame Kriegswaffe. Es war das zweite von vier dieselelektrischen U-Booten, die 1913 ihren Dienst aufgenommen hatten, und wurde von zwei Achtzylindern angetrieben. Es hatte vier Torpedorohre und ein 8,8-cm-Deckgeschütz. Unter Wasser lief es nur neun Knoten, an der Oberfläche aber fünfzehn. Schwieger störten diese Nachteile nicht. Er trat seine Fahrt mit Zuversicht an. Angst kannte er nicht.

Kurz vor zwölf Uhr mittags stand er auf der engen Brücke.

Der Frühnebel hatte sich gelichtet. Die Luft roch rein. Unter Deck erklang von einem quäkenden Trichtergrammophon «Wir fahren gegen Eng-gell-land...», und die Mannschaft sang den Refrain mit. Das Grammophon hatte ihm Dröscher vererbt, damit er sich die Zeit vertrieb, ebenso die Maskottchen des U-Boots, drei Dackel, die von einem portugiesischen Segler, den er versenkt hatte, gerettet worden waren. Hunde und Grammophon milderten die Spannung, die unerträglich werden konnte, wenn das Boot lange getaucht bleiben mußte.

Jedes Besatzungsmitglied war unentbehrlich, von dem jungen Funker Rikowsky bis zum erfahrenen «Kriegslotsen» Lanz. Wenn es ernst wurde, mußte er sich auf alle verlassen können. Obwohl Tauchboote schmutzig und kalt waren und auf langen Fahrten zu stinkenden Gefängnissen wurden, fehlte es nicht an Freiwilligen. Manch einer bat um Versetzung von der Flotte zu den U-Booten. Außerdem schickte die Marine eine Anzahl von Wehrpflichtigen aus dem aufmüpfigen Elsaß zum Dienst in den U-Booten. Schwiegers junger Steuermannsmaat Voegele war ein gelernter Elektriker aus Straßburg. Vermutlich war er nicht wegen seiner Fachkenntnisse den U-Booten zugeteilt worden, sondern weil die deutsche Kriegführung Elsässer grundsätzlich vom Heer fernhielt, wo sie nur Unruhe stiften mochten. Voegele war ein fähiges Besatzungsmitglied, aber Schwieger fand ihn verschlossener als seine anderen Untergebenen, manchmal sogar störrisch.

Seinem Torpedooffizier, dem jungen, schmächtigen Raimund Weisbach, vertraute er uneingeschränkt. Weisbach kam aus Breslau, hatte Frau und Kind und war zwei Jahre nach Schwieger zur Kriegsmarine gegangen. Er war gleich bei Kriegsbeginn auf *U 20* kommandiert worden und hatte mitgeholfen, es zu einem der gefürchtetsten U-Boote vor der irischen Küste zu machen. Da er auf engstem Raum mit Schwieger zusammenlebte, konnte er jede Entscheidung seines Kommandanten sozusagen vorausahnen. Er schätzte Schwieger, fand ihn sensibel, aber nicht schwach, vielleicht etwas überheblich, aber nicht rücksichtslos.

Charles Frohman saß im Hausrock im Arbeitszimmer seiner Suite und begann mit der Lektüre des ersten Stapels neuer Bühnenmanuskripte. Beim Lesen verspeiste er Süßigkeiten, die ihm sein Butler William Stainton brachte. Der Impresario naschte so gern, daß er nie ohne Leckereien auf Reisen ging; an manchen Abenden schloß er sich mit einem Freund ein, um eine «Dessert-Orgie» zu feiern. Frohmans Freundin, die Schauspielerin Maude Adams, hatte ihm einen Korb in Form eines Schiffes geschenkt, der Blumen, Früchte und Bonbons enthielt und nun auf einem Beistelltisch neben ihm stand. Er bedankte sich mit einer Karte, die der Lotse des Schiffes mit zurück nach New York nahm: «Dein kleines Schiff ist viel schöner als das große, das mich von Dir wegträgt.»

Der Champagnerkönig George Kessler ging an Deck auf und ab und hatte den Kopf voller Geschäftsideen. Er war zu rastlos, um sich dem allgemeinen Müßiggang hinzugeben. Kessler war noch die kürzeste Reise zu lang, und er konnte seine Ungeduld kaum zügeln. Nachts lag er stundenlang wach und ließ sich neue Methoden einfallen, um sein Vermögen zu vergrößern und den neugewonnenen Reichtum umzusetzen. Durch möglichst extravagante Festlichkeiten strebte er nach Popularität. Einmal engagierte er Londons beste Elektriker, Zimmerleute und Bühnenbildner, die den Innenhof des Savoy Hotels in eine Ecke von Venedig verwandeln sollten. Er ließ den Hof unter Wasser setzen und das Dinner in einer prächtigen weißen Gondel servieren. Es schwammen lebendige Schwäne herum, und den prachtvollen Kuchen trug ein leibhaftiger Zirkuselefant auf dem Rücken heran. Unter seinen Gästen waren Caruso und die große französische Schauspielerin Réjane.

Im Gegensatz zu Kessler interessierte sich Charles Lauriat sehr für die Reise. Der Buchhändler aus Boston war Hobbysegler und zum ersten Mal auf der *Lusitania*, obwohl er den Atlantik schon dreiundzwanzigmal überquert hatte. Gewöhnlich nahm er kleinere, langsamere Schiffe, hatte sich aber diesmal für den Cunard-Liner entschieden, weil er diese Geschäftsreise so kurz wie möglich halten wollte. Auch wenn sich die

Höchstgeschwindigkeit des Schiffes durch die Stillegung von sechs Kesseln von fünfundzwanzig auf einundzwanzig Knoten verringert hatte, war die *Lusitania* immer noch das schnellste Schiff auf dem Atlantik.

Gewisser Zweifel konnte er sich trotzdem nicht erwehren. Beim Lunch hatte er widerwillig seinem Bostoner Tischnachbarn Lothrop Withington zugestimmt, daß die *Lusitania* ein denkbares Ziel für einen Angriff darstellte, da sie einer kriegführenden Nation gehörte. Weshalb aber sollten die Deutschen die Feindseligkeiten zu solchen Extremen treiben?

Alfred Gwynne Vanderbilt hielt, wie es seine Gewohnheit war, ein Mittagsschläfchen, während sich Ronald Denyer, sein Butler, davon überzeugte, daß das umfangreiche Gepäck seines Herrn ordentlich im Laderaum verstaut worden war; eine große Überseekiste mit allen Kleidern, die der Millionär auf der Überfahrt benötigen würde, hielt er zurück.

Vanderbilt legte seinen seidenen Morgenmantel an und streckte sich auf dem bequemen Messingbett aus. Die «Königliche Suite» bestand aus Salon, Speisezimmer und Bad sowie einem angrenzenden Raum für den Butler. Doch er schenkte der Opulenz um ihn herum nur wenig Aufmerksamkeit. Die reichverzierte Kommode, das Brokatsofa, die Gobelins an den Wänden und die wie in einem Privathaus rechteckigen Fenster mit den schweren Vorhängen bemerkte er kaum.

Trotz des Krieges war er entschlossen, in London das Treffen der Internationalen Pferdeaussteller zu besuchen. Alljährlich stellte er seine Pferde zur Schau; einmal hatte er sechsundzwanzig Pferde, sechzehn Kutschen und einen ganzen Trupp von Stallknechten über den Atlantik geschafft.

In dem mit Satinholz ausgekleideten Musiksalon auf dem Bootsdeck saß David Thomas, der Napoleon des Weltkohlenhandels, und lauschte mit seiner Tochter Margaret den Orchesterklängen. Wie die meisten Waliser brauchte er Musik. Fast hatte er die deutsche Warnung vergessen, die am Morgen seine Gedanken beherrscht hatte.

Margaret riß ihn aus tiefer Versunkenheit. «Ich kann es einfach nicht verstehen, aber ich fühle mich so niedergeschlagen», bemerkte sie.

Er sah sie verblüfft an. «Wie kannst du so etwas sagen, Margaret? Du bist doch auf dem großartigsten Schiff der Welt!»

«Mach dir keinen Kummer, Vater», erwiderte sie und rang sich ein Lächeln ab. «Das liegt nur an mir selbst.»

Ihre Niedergeschlagenheit verwirrte sie. Warum konnte sie auf der *Lusitania* nicht glücklich werden? Die Wahrheit war vielleicht, daß sie in eine lieblose Ehe zurückkehrte, zu einem Mann, dem ihre Gesellschaft keine Freude mehr machte.

Beim Mittagessen hatten sie und ihr Vater sich mit ihren Tischgenossen, Dr. Howard Fisher und seiner Schwägerin Dorothy Conner, angefreundet. Die beiden waren nach Frankreich unterwegs, um dort ein Feldlazarett zu gründen. Trotz ihrer ernsten Mission waren sie umgänglich und amüsant, und Margaret freute sich schon, sie beim Abendessen wiederzusehen. Sie sah sich im Musiksalon um und beneidete die anderen Passagiere um ihre offensichtliche Gelassenheit. Sie wußte, wie sehr sich ihr Vater nach dem Tag sehnte, an dem er vor seinem geliebten Haus vorfahren konnte; andererseits schien er das gesellige Leben auf dem Schiff in vollen Zügen zu genießen.

Nicht weit von David Thomas und seiner Tochter saßen die Hubbards. Elbert, kerzengerade in seinem Armsessel, glich einem alttestamentarischen Propheten. Hin und wieder zog er ein kleines Notizbuch hervor und begann zur Erheiterung der Umsitzenden ungestüm zu kritzeln. Seit seiner Zeit als ehrgeiziger Jungreporter in Chicago konnte er das Notizenmachen nicht mehr lassen.

Er und seine Frau Alice hatten Gefallen an Ernest Cowper gefunden, einem jungen Journalisten aus Toronto, der ebenfalls unterwegs nach Europa war, um über den Krieg zu berichten. Cowper reiste zwar Zweiter Klasse, war aber in die Räume der Ersten gekommen, um bemerkenswerte Passagiere zu interviewen. Hubbard erzählte ihm von seinem Plan, in seiner Zeitschrift *The Philistine* über die Reise zu berichten. Zur Erbauung von Millionen von Lesern würde er sein *Lusitania*-Tagebuch von London aus hinübertelegrafieren.

Außer Ernest Cowper überschritten auch noch andere Passagiere die Demarkationslinie zwischen Erster und Zweiter Klasse. Hilda Ellis und Sarah Smith machten mit Avis Dolphin einen Rundgang auf dem Liner. Als sie durch die Salons der Ersten Klasse schlenderten, die mit schweren Sesseln, teuren Gemälden, marmornen Kaminen, Flügeln und schweren Vorhängen ausgestattet waren, wagte es Avis, die dunkle Brille abzusetzen, die sie wegen der Masern, die sie kürzlich gehabt hatte, tragen mußte. Sie wollte diese Pracht deutlich sehen können, denn für ein neugieriges Kleinstadtmädchen war die *Lusitania* ein Wunderland.

Sie schritt an der Hand ihrer Beschützerinnen über riesige Flächen kostbarer Teppiche und konnte nicht wissen, daß zu den Mahlzeiten eine scharfe Trennung zwischen den Passagieren der verschiedenen Klassen herrschte. Der Speisesaal für die Salonpassagiere war von dem für die Zweite Klasse auf dem D-Deck durch einen Wirrwarr von Küchen und Anrichten getrennt. Avis war mit ihren zwölf Jahren zu jung, um am Abend zusammen mit ihren Begleiterinnen essen zu dürfen. Um acht Uhr wurde sie ins Bett gesteckt.

Der Passagier der Dritten Klasse George Hook und seine Kinder Frank und Elsie lernten rasch, daß ihnen der Zutritt zur Ersten und Zweiten Klasse offiziell nicht gestattet war. Hook hatte eigentlich vorgehabt, Zweiter Klasse zu reisen, doch als Mrs. Marsh, die Haushälterin der Familie, beschloß, mit ihrem Mann und ihrem elf Monate alten Baby Dritter Klasse nach England zurückzukehren, hatte er erklärt: «Wir lassen uns nicht trennen – reisen wir doch alle zusammen» und buchte Dritte Klasse.

An diesem Abend aßen sie gemeinsam im Speisesaal der Dritten Klasse, der so groß war wie eine Turnhalle und in dem die Tische in langen Querreihen aufgestellt waren, durch einen Mittelgang getrennt. Hier ging es äußerst gesellig zu. Die Hooks freundeten sich mit einem anderen Heimkehrer an, Jack Walsh aus New York. Walsh seinerseits bat Gerda Nielson, ein Mädchen, das er am Vormittag an Deck kennengelernt hatte, an den Tisch. Er hatte sie vor dem Auslaufen allein an der Reling stehen gesehen und angesprochen. Es war der Anfang einer Liebesgeschichte.

Captain Reginald Hall, Direktor des Nachrichtendienstes der Admiralität, hatte den Kriegsstab der Regierung in Whitehall informiert, daß deutsche U-Boote unterwegs zur irischen Südküste waren. Am Freitag, als *U 20* sein Funkgerät mit einem kurzen Spruch an die Empfangsstationen in Borkum und Kap Arkona geprüft hatte, war die Nachricht von einer britischen Abhörstation aufgefangen worden. Hall wußte, daß *U 20* und *U 27* innerhalb weniger Tage vor Fastnet operieren würden. Diese Nachricht bereitete ihm Sorgen. Am selben Freitag waren an der irischen Südküste ein britischer und ein russischer Dampfer torpediert worden.

Am Nachmittag erhielt Hall weitere beunruhigende Nachrichten. Bei den der Nordwestspitze Cornwalls vorgelagerten Scilly-Inseln war der amerikanische Tanker *Gulflight* von einem U-Boot angegriffen worden. Der Kapitän und zwei Besatzungsmitglieder waren dem Vernehmen nach umgekommen. Zum zweiten Mal waren Amerikaner Opfer einer deutschen U-Boot-Attacke geworden. Und Hall wußte, daß binnen weniger Tage die *Lusitania* durch eben diese Gewässer fahren würde . . .

Um vier Uhr hatte sich ein dichter Nebel herabgesenkt, und da sich *U 20* auf der Dampferroute zum Firth of Forth befand, ließ Kapitänleutnant Schwieger auf 22 m abtauchen. In dem nach Maschinenöl riechenden Kontrollraum stand Schwieger gebückt und besorgt am Marschperiskop. Vor einigen Monaten, als sie vor Schottland getaucht gefahren waren, hatte er zwei Bojen gesichtet. Dann hatte er ein lautes Geräusch gehört, als würden schwere Ketten am Rumpf des Bootes entlanggeschleift; gleichzeitig hatten die Männer an den Tiefrudern gemeldet, die Vorrichtung könne nicht mehr bedient werden. Ein Blick auf die Instrumente sagte ihm, daß sie an Fahrt verloren hatten und daß *U 20* rasch sank. Das U-Boot trudelte steuerlos, bis es in dreißig Meter Tiefe geräuschvoll auf Grund kam. Nun wurde Schwieger klar, daß zwischen den beiden Bojen ein Netz gespannt war, in dem *U 20* nun gefangen war. Die Männer um ihn herum schwiegen. «Volle Kraft zurück», hatte er befohlen. Nur rückwärts konnte er sich aus dieser Falle befreien. Mit Zerren und Reißen kam das U-Boot langsam wieder los. Die Besatzung lächelte erleichtert. Schwieger wußte, daß sie nur wenige Minuten vom Tod entfernt gewesen waren. Über diesen Zwischenfall wollte er nie wieder sprechen.

Nun blieb er trotz der schlechten Sichtverhältnisse am Periskop, preßte seine Stirn gegen die feuchte Gummimuschel des Sehrohrs. Nach einer Stunde lichtete sich der Nebel, so daß er beruhigt die Tanks ausblasen lassen und auftauchen konnte.

Um 17.15 Uhr wurden die Luken geöffnet. Frische Seeluft drang in den übelriechenden Rumpf. Die Ausgucke in Ölzeug und Südwestern kletterten an Deck, und Schwieger nahm mit zugeknöpfter Jacke auf der Brücke Aufstellung. Der Wind frischte auf, der Himmel war klar. Schwieger befahl, Kurs nach Norden zu nehmen, auf die zwischen den Orkney- und den Shetlandinseln gelegene Fair Isle zu.

Während die Stewards an Suiten- und Kabinentüren klopften, um nachzusehen, daß gemäß den Verdunkelungsvorschriften alle Vorhänge zugezogen waren, machten sich die Passagiere der Ersten Klasse fürs Abendessen fertig. Die Frauen strengten sich ganz besonders an, denn ihre Abendkleider sollten der Eleganz von Cunards Einrichtung in nichts nachstehen. Bald versammelte man sich zum ersten prunkvollen gesellschaftlichen Ereignis der Reise.

Über das Treppenhaus mittschiffs und die breite, teppichbelegte Treppe von der großen Vorhalle her schritten die Salonpassagiere in ihrem Putz zum Speisesaal, der auf drei Ebenen angelegt war. Die meisten wählten das Hauptrestaurant auf dem D-Deck, wo ein Tagesmenü serviert wurde; andere zogen es vor, im oberen Salon auf dem C-Deck à la carte zu speisen. Von der hohen Kuppel lächelten Cherubinen auf die

Gäste herab, die zwischen korinthischen Marmorsäulen zu runden Tischen schritten, auf deren glänzend weißem Linnen Silber funkelte. Mittelpunkt dieses Salons war eine großartige, blattgoldverzierte Anrichte aus Mahagoni. Auf der ganzen Welt gab es nur wenige Restaurants, die prunkvoller eingerichtet waren als das der *Lusitania.*

In Küchen, Speisekammern, Bäckereien und Konditoreien bereitete eine ganze Armee von Köchen, Metzgern, Bäckern und Küchenjungen das erste umfangreiche Mahl der Reise zu, das von fünfundfünfzig Kellnern serviert wurde. Einige schleppten Stöße von Tellern, andere schoben Servierwagen mit üppigen Hors d'œuvres aus der Küche in den Speisesalon.

Vom Balkon, wo das Orchester saß, erklang ein Strauß-Walzer, als die Gäste Platz nahmen. David Thomas gesellte sich mit seiner Tochter und seinem Sekretär zu Howard Fisher und Dorothy Conner. Margaret sah in ihrem blaßblauen langen Kleid sehr anmutig aus. Auch Charles Frohman erschien, schwer auf seinen Stock gestützt. In respektvollem Abstand folgten ihm Charles Klein, Justus Miles Forman, die Schauspielerinnen Josephine Brandell und Rita Jolivet sowie Ritas Schwager George Vernon. Sie unterhielten sich lautstark, wie es Theaterleute oft tun.

George Kessler marschierte großspurig durch den Salon und setzte sich zu dem New Yorker Finanzier Dr. Fred Pearson und seiner Gattin. Pearson inszenierte zwar selbst verschwenderische Feste, hätte aber gezögert zu behaupten, daß sie so extravagant wie Kesslers waren. Er gab sein Vermögen aus, indem er in der Welt herumreiste und zwanghaft Kirchenorgeln kaufte.

Die Kellner huschten geschickt von Tisch zu Tisch, als weitere Gäste den reichverzierten Salon betraten. Es erschienen die Schiffsbauer Fred Gauntlett, Albert Lloyd Hopkins und Samuel Knox und unterhielten sich gedämpft; sie waren im Auftrag des amerikanischen Marineministers unterwegs nach England, um über den Erwerb eines britischen U-Boot-Patents zu verhandeln. Charles Frederick Fowles, ein New Yorker Kunsthändler, und seine Frau kamen mit dem gebrechlichen

Sir Hugh Lane, der seinen üblichen Tweedanzug mit feinem schwarzem Tuch vertauscht hatte. Charles Lauriat schwatzte mit Lothrop Withington. Marie de Page war in ein ernstes Gespräch mit Dr. James Houghton vertieft, der ihren Mann in seinem Lazarett in La Panne unterstützen sollte; zu ihnen gesellte sich Theodate Pope, die ältliche Tochter eines Autofabrikanten aus Connecticut. Theodate war unterwegs nach England, um einen bekannten Spiritualisten aufzusuchen. Begleitet wurde sie von ihrem Dienstmädchen und ihrem Seelenfreund Edwin Friend, fünfzehn Jahre jünger als sie und ebenfalls an Parapsychologie interessiert.

Auch die untere Ebene füllte sich bald mit Gästen, darunter Charles Bowring aus England, der eine Filiale der Familienfirma in New York leitete; Isaac Lehmann, der Waren aus US-Beständen aufkaufte; James Brooks, leitender Angestellter einer New Yorker Kettenfabrik; und Georgina Morell, eine reiche Witwe aus Toronto, mit ihren sechsundsiebzig Jahren die älteste der Passagiere Erster Klasse.

Manche verdrehten diskret die Hälse, als Lady Allan, hochgewachsen und würdevoll in einem dunklen Kleid, mit ihren heranwachsenden Töchtern Gwen und Anna zum Tisch schritt; sie war die Gattin von Sir Montagu Allan, dem letzten männlichen Sproß der kanadischen Reederdynastie. Auch Virginia Loneys Auftritt blieb nicht unbeachtet. Für ihre fünfzehn Jahre war sie erstaunlich reif und wahrscheinlich die schönste Frau an Bord. Sie war mit ihren reichen Eltern aus Baltimore unterwegs nach Schottland, um dort Urlaub zu machen. Fast zur gleichen Zeit marschierte ein junger Mann mit militärischer Haltung hinter seinem Vater an einen anderen Tisch im Salon. William McMillan Adams, der attraktive Erbe einer Bostoner Familie, diente bei der britischen Armee und kehrte von seinem ersten Heimaturlaub zurück. Sein Vater, Arthur Henry Adams, hatte beschlossen, mit ihm nach England zu reisen.

Einer der jüngsten Gäste war William Robert Holt, der fünfzehnjährige Sohn des schwerreichen kanadischen Bankiers Sir Robert Holt. Seine Eltern hatten ihn während der ersten

Kriegsmonate aus Angst vor einer deutschen Invasion Englands in Kanada behalten. Nun glaubten sie, daß die Gefahr nicht mehr so akut war, und schickten William mit zwei gleichaltrigen Freunden ins Marlborough-College in Wiltshire.

Elbert Hubbard, dem eine schlotterige Seidenkrawatte über die Hemdbrust floß, geleitete seine Gattin an einen Tisch unter dem Orchester. Die beiden schienen sich in Abendkleidung nicht sehr wohl zu fühlen.

Als Oliver Bernard in den Speisesaal kam, entdeckte er, daß der hochnäsige Steward seinen Tisch einem anderen Passagier gegeben hatte. Bernards Koboldsgesicht wurde rot. Die Art und Weise, wie das Personal der Transatlantikliner die Passagiere je nach gesellschaftlichem Rang unterschiedlich behandelte, brachte ihn zur Weißglut. Doch der Steward blieb unbeugsam und wies ihm einen anderen Tisch zu.

Der Bühnenbildner nahm wütend seinen Platz ein. Ihm gegenüber saßen der Engländer Stewart Mason und seine junge Frau Lesley, aber das Paar schien ihn zu ignorieren. Als er sah, daß Vanderbilt zum Kapitänstisch geleitet wurde, wuchs sein Groll noch. Er konnte Millionäre nicht ausstehen, die zu Kriegszeiten nichts Besseres zu tun hatten, als wegen irgendwelcher Pferdegeschichten dreitausend Meilen weit zu reisen. Und dann würde der Krieg sie auch noch reicher denn je machen, vermutete er. Er wandte sich verächtlich ab und griff nach der Speisekarte.

Die geprägte Karte mit dem Cunard-Liner im goldenen Kranz bot Austern in der Schale oder Hors d'œuvres und nachher Suppe. Bei den Fischen reichte die Auswahl von *Suprême de Barbue Florentine* bis zu Sprotten in scharfer Soße. Zu den Hauptgerichten zählten Hühnerbrust sautiert, geschmorte Junggans und Hammelkeule. Bernard langte kräftig zu.

Wer zum ersten Mal auf der *Lusitania* fuhr, dem mußte die Dinnerzeremonie unvergeßlich bleiben; selbst für erfahrene Weltreisende behielt sie ihren Reiz. Nach dem Abendessen gingen manche Passagiere in den Musiksalon oder die Bibliothek; andere zogen den Rauchsalon vor oder spielten Poker; die meisten aber zogen sich nach dem langen Tag ermüdet in ihre Suiten zurück.

Um Mitternacht schritt der Zweite Offizier Hefford mit Albert Bestic die langen Korridore des Schiffes ab. Es waren nur noch wenige Passagiere zu sehen. Die Offiziere überprüften die Feuerlöschgeräte, die ordentlich in Glasvitrinen untergebracht waren. Dann kehrten sie in ihre Unterkünfte hinter dem Ruderhaus zurück.

Charles Hill, Londoner Direktor einer anglo-amerikanischen Tabaksgesellschaft, lag wach in seiner Suite. Ihm machte ein seltsamer Zwischenfall dieses Tages zu schaffen, den er seinen Tischgenossen vorenthalten hatte.

Während der nach dem Auslaufen üblichen Suche nach blinden Passagieren hatte ein Schiffsprofos in einer Wäschekammer nahe der Eingangshalle drei Männer überrascht. Hill hatte sich gerade mit Anderson unterhalten, als ein Mann mit dieser Nachricht übers Deck geeilt kam. Stabskapitän Anderson stellte sie zur Rede, doch sie verweigerten jede Auskunft. Da er sie im Verdacht hatte, Deutsche zu sein, ließ er Inspektor William Pierpoint und den Dolmetscher Adolph Pederson kommen. Pierpoint nahm die Männer formgerecht fest, und Anderson beschloß, sie in Liverpool den Behörden zu übergeben. Nachdem Pederson bestätigt hatte, daß es sich um Deutsche handelte, wurden sie in Arrestzellen gesperrt. Pierpoint vernahm sie später noch einmal, konnte aber nicht in Erfahrung bringen, ob ein Sprengstoffanschlag geplant gewesen war.

Charles Hill hatte sich später beim Stabskapitän erkundigt, was denn genau geschehen sei. «Wir haben drei deutsche Verdächtige festgenommen», antwortete Anderson wahrheitsgemäß, «und sie eingesperrt.»

Kapitän Turner war nicht überrascht über den Vorfall. In seinen fünfundvierzig Jahren auf See hatte er gelernt, blinde Passagiere als typische Plage an Bord hinzunehmen.

8 Durch den Nebel

Sonntag, 2. Mai

Der Sonntag begann mit dichtem Nebel, so daß das kraftvolle Nebelhorn der *Lusitania* seine Warnung laut über die undurchdringliche Weite des Ozeans schickte.

Kapitän Turner erklomm mit verkniffenem Mund besorgt die Brücke. Er wurde grundsätzlich geholt, wenn Nebel herrschte. Mit hochgezogenen Schultern stand er in einer Ecke, die Mütze tief in die Stirn gezogen. Seine Augen suchten nach den dunklen Schemen eines anderen Schiffes, das plötzlich aus der weißen Suppe auftauchen konnte. Aufmerksam lauschte er in die Stille, um das verräterische Klagen eines anderen Nebelhorns rechtzeitig zu hören.

Die Geschwindigkeit des Dampfers war verringert worden. Im Bauch standen die Ingenieure unter der Aufsicht des erfahrenen Bryce angespannt an den Bedienungshebeln und behielten die Anzeigegeräte des Maschinentelegraphen scharf im Auge. Auf der Brücke standen junge Matrosen bereit, die Hebel auf «volle Kraft rückwärts» herumzureißen, falls der Kapitän den Befehl geben sollte. Die Crewmitglieder lösten sich auf wie Gespenster, wenn sie nach vorne zum Bug gingen. Wäre nicht das Rauschen und Stampfen der Bugwelle gewesen, hätte Turner sich leicht einbilden können, das Schiff schwebe in der Luft; es war, als hätte die Nebeldecke die *Lusitania* jäh zum Halten gebracht.

Plötzlich begann sich der wirbelnde Nebel zu lichten, und die *Lusitania* glitt in die helle Morgensonne. Die Anspannung auf der Brücke ließ nach. «Das Schlimmste haben wir hinter uns», verkündete Turner erleichtert. Er ließ die Geschwindigkeit erhöhen, machte kehrt und ging nach unten in seine Kajüte.

Drei Decks tiefer beugte sich der Matrose Leslie Morton

über seine Koje, um durchs Bullauge zu schauen. Als die *Lusitania* mehr Fahrt machte und stetig durch den Atlantik pflügte, betrachtete er fasziniert das sonnenhelle Wasser, das unter ihm vorbeirauschte. Seine düstere Unterkunft glich dem Schlafsaal in einem Arbeitshaus, aber er hatte wenigstens ein Bullauge neben seiner Koje.

Da er erst am Freitag angeheuert hatte, kam ihm die gewaltige Größe der *Lusitania* verwirrend vor. Zu viele Passagiere, zuviel Lärm. Dennoch war er bereit, kräftig zuzupacken und zu tun, was man ihn hieß, Anstriche auszubessern und Decks zu schrubben. Er hatte gehört, das Schiff könnte das Ziel eines deutschen Torpedos sein. Seine Kumpane spotteten über solche Gerüchte; die *Lusitania*, wandten sie ein, sei für U-Boote viel zu schnell. Leslie teilte ihre Zuversicht nicht ganz. Kein Schiff war unsinkbar.

Jedes Besatzungsmitglied lebte in einer begrenzten Welt. George Wynnes Welt umfaßte die heißen, lauten Küchen für die Erste Klasse, wo eine spezielle Kameraderie herrschte. Der junge Wynne flitzte pfeifend zwischen seinen Kollegen umher und half bei der Zubereitung des Frühstücks. Das Menü war umfangreich: Obst oder Obstsäfte, dann Rosinen mit Nüssen, Haferflocken, Maisbrei oder Malzmilch; Räucherhering, Seezunge, Steinbutt oder Yarmouth-Bückling; Eier nach Wunsch oder gebackene Kalbsleber; Cumberland-Lamm oder Wiltshire-Bacon mit Pfannkuchen und Ahornsirup oder Bratäpfeln. Die Passagiere konnten sogar Steak, Hammelkoteletts oder Huhn vom Grill bestellen. An kaltem Fleisch gab es Rind, geräucherte Ochsenzunge, gekochten Schinken oder Kapaun. Zu Tee, Kaffee oder Kakao wurden verschiedene Brötchen und Backwaren serviert.

George, der kaum eine Ahnung hatte, was anderswo auf dem Schiff vor sich ging, verbrachte seine Zeit zufrieden in der Küche. Es freute ihn, daß sich sein Vater an die niedere Arbeit als Küchenhilfe gewöhnt hatte, obwohl er über Heimweh klagte. Der Junge versuchte ihn aufzumuntern, indem er mit ihm über Fußball redete und ihn erinnerte, daß es nur noch sechs Tage bis Liverpool waren.

Als George seinen Dienst in der Küche begann, ging John O'Connells Wache zu Ende. Nachdem er vier Stunden lang Kohlen in die Feuerungen geschaufelt hatte, war das Gesicht des Jungen geschwärzt, und seine Augen waren rotgerändert und brannten. Während der letzten Stunde, nachdem die Ingenieure mehr Fahrt befohlen hatten, war den Heizern und Schürern ein harter Einsatz abverlangt worden. In der sengenden Hitze aus der Feuerung begann John das lange Schüreisen unter die brennenden Kohlen zu stoßen, hob sie an, um die Verbrennung zu fördern, drückte die Spitze des Eisens hoch, indem er sich auf den Griff lehnte, bis seine Bauchmuskeln schmerzten. Nun war er froh, daß er abgelöst wurde. Er fuhr sich mit dem Lappen, den er um den Hals trug, übers Gesicht. Seine Lippen und Nasenlöcher waren mit Schweiß und Kohlenstaub verkrustet. Er war so erschöpft, daß er beschloß, erst nach der nächsten Wache zu duschen.

In seinem abgewetzten Overall und den schweren Stiefeln erklomm er die Leiter, die zum Aufenthaltsraum der Heizer führte. Er holte sich Teller, Messer und Becher und setzte sich auf die Bank an dem langen, am Boden verschraubten Tisch, um gemeinsam mit den Männern seiner Schicht zu frühstükken. Er aß schweigend und beteiligte sich nicht an den zotigen Gesprächen der Männer, in deren Gesellschaft er sich ziemlich fehl am Platz fühlte. Vor vielen hatte er Angst und mußte trotzdem vorgeben, genauso hartgesotten zu sein wie sie. Man hatte ihn gewarnt, sich vor sexuellen Annäherungsversuchen in acht zu nehmen, nicht nur von Heizern und Trimmern, sondern auch von Ingenieuren. Er war dauernd auf der Hut. Dieses harte, schmutzige Leben nahm er in Kauf, weil er dankbar war, überhaupt Arbeit zu haben.

Wenn er sich die Kommentare der Männer über die neuesten Kriegsnachrichten anhörte, mußte er ihre Geringschätzung der deutschen U-Boot-Gefahr bewundern. Nie hatte er jemanden die Möglichkeit erwähnen gehört, die *Lusitania* könnte torpediert werden, und dabei wären gerade in der heißen Unterwelt der Heizkessel die Überlebenschancen besonders gering. Die Männer scherten sich keinen Deut darum. Tag und Nacht schufteten sie, aßen, spielten Karten, prügelten sich und schliefen. Die meisten gingen nie an Deck, viele bekamen während der Überfahrt noch nicht einmal Tageslicht zu sehen. Sie rissen Witze und stritten sich über Frauen, Fußball und Pubs.

Oberleutnant Weisbach, Wachoffizier auf der Brücke von *U 20*, hatte die herannahende feindliche Flottille um 4.20 Uhr MEZ ausgemacht, kurz vor dem Morgengrauen. Er rief den beiden Ausgucken eine Warnung zu, und die drei Männer sprangen in die Turmluke, suchten mit Händen und Füßen verzweifelt Halt auf der Stahlleiter.

Weisbachs Ruf: «Zerstörer!» und das heisere Blöken des Alarms weckten alle auf. Die Mannschaft wurde sofort aktiv, und jeder Mann erledigte seine Aufgabe mit Geschick – das Ergebnis zahlloser harter Drills.

Weisbach warf die obere Luke zu und dichtete sie rasch mit zwei Hebeln. Der letzte Ausguck, der noch an der Leiter hing, schloß und sicherte die untere Luke. Nachdem der Kommandant «Tauchen!» befohlen hatte, sprang die Mannschaft an die Ventilhebel. Tauchventile wurden geöffnet, Wasser flutete in die Tanks, und *U 20* tauchte über den Bug rasch auf zehn, dann zwanzig Meter ab.

Nachdem sich das Boot auf ebenen Kiel eingependelt hatte, befahl Kapitänleutnant Schwieger: «Auf Sehrohrtiefe gehen!»

Das Marschperiskop wurde ausgefahren. Schwieger suchte den Horizont ab und sah mindestens sechs Schiffe, die rund dreißig Meilen vor der schottischen Hafenstadt Peterhead in breiter Suchformation südwärts liefen; feindliche Zerstörer, dachte er, die die Flotte in Scapa Flow bei den Orkneyinseln schützten. Sie liefen direkt auf *U 20* zu, das sich auf einem Nordkurs zum offenen Meer jenseits der Orkneyinseln befand.

Sie waren die ganze Nacht über an der Oberfläche gefahren, und durch die offenen Luken war kalte Luft gedrungen und hatte das Boot gründlich ausgekühlt. Trotz ihrer Lederanzüge, wollenen Unterwäsche, dicken Pullover und schweren Stiefel fror die Mannschaft erbärmlich. Dazu war es feucht, denn innen tropfte das Kondenswasser von den Wänden. Jene, die zurück in ihre Kojen durften, wickelten sich in drei oder vier Decken, um sich ein wenig aufzuwärmen. Erst um 6.25 Uhr blies *U 20* die Tanks aus und fuhr an der Oberfläche weiter. Drei Stunden später sichtete Schwieger Fair Isle und mußte zehn Minuten später wieder tauchen, um den Steven und Geschützen der Zerstörer auf Patrouillenfahrt zu entgehen.

Kurz nach ein Uhr mittags machte er zwischen Ronaldsay und Fair Isle weitere sechs Zerstörer aus. Er versuchte an der Oberfläche zu fahren, was aber angesichts der plötzlich unruhigen See unmöglich war. Wieder tauchte er, um an den Zerstörern vorbeizukommen.

Kapitän Turner war versucht, seine Melone aufzusetzen, griff dann aber nach der Kapitänsmütze und schritt übers Bootsdeck zu einem der Salons der Ersten Klasse. In seiner besten goldbetreßten Uniform nahm er vor der kleinen Gemeinde, die sich dort versammelt hatte, Aufstellung und begann in barschem Ton einen Gottesdienst abzuhalten. Nach alter Sitte bat er den Herrn um seinen Segen für die Königsfamilie und alle Menschen auf See.

Nach dem Gottesdienst unterhielt sich Turner kurz mit der Gemeinde, ließ sich aber nur zu freundlichen Allgemeinplätzen herab und schien es eilig zu haben, wieder zurück auf die Brücke zu kommen. Jene Passagiere, die ihn zum ersten Mal persönlich erlebten, fanden ihn selbstsicher und ein bißchen altmodisch. Er schien das Urbild eines Transatlantikkapitäns zu sein, zweifellos Herr der Lage, aber ohne Arroganz. Den meisten wurde klar, daß ihre Chancen, an seinen Tisch gebeten zu werden, gering waren. Für den Rest der Reise würde der Kapitän eine unerreichbare und rätselhafte Gestalt bleiben, die auf der Brücke auf- und abging.

Leser der *New York Tribune,* Turners Lieblingsblatt, erfuhren an diesem Sonntagmorgen, daß es den Deutschen mit ihrer

Torpedo-Warnung «nicht gelungen war, die Passagierliste der *Lusitania* nennenswert zu verkürzen». Laut *Tribune* hatten viele Reisende über die Bekanntmachung nur gelacht. Kurz vor dem Auslaufen hätten sogar noch zehn Passagiere Fahrkarten für die Erste Klasse erstanden.

Die Zeitung erwähnte Gerüchte, denen zufolge prominente Passagiere Telegramme mit der Aufforderung erhalten hätten, unbedingt auf die Reise zu verzichten. Berichte dieser Art seien von Cunard-Angestellten als unwahr gebrandmarkt worden. Die Leser der *Tribune* erfuhren nicht, daß Charles Sumner, Leiter des New Yorker Cunard-Büros, am späten Samstagabend dem Kapitän der *Lusitania* folgenden Funkspruch hatte übermitteln lassen: VANDERBILT, FROHMAN, KLEIN BEFRAGEN, OB IM BESITZ VON WARN- ODER DROHTELEGRAMMEN BETREFFS REISE. WENN JA BESCHAFFEN UND AN UNS UEBERMITTELN.

Turner hatte prompt geantwortet: NIEMAND ERHIELT TELEGRAMM DER ERWAEHNTEN ART. Vermutlich hatte Sumner den Funkspruch nur übermittelt, um seine sonderbare Entscheidung, die Telegramme an Vanderbilt und andere Salonpassagiere verschwinden zu lassen, zu vertuschen. Er wußte genau, daß die Antwort des Kapitäns negativ ausfallen würde, schließlich hatte Turner die Telegramme nie zu Gesicht bekommen.

Als sich der Washingtoner Korrespondent der *Tribune* bei der deutschen Botschaft nach der Warnung erkundigte, bekam er zur Antwort: Die Bekanntmachung ist «gänzlich ein Akt der Freundschaft und eine Warnung an Reisende, die nach wie vor willens sind, die hohen Kosten und andere, ernsthaftere Einschränkungen auf Vergnügungsreisen nach Europa in Kauf zu nehmen». Die Botschaft sah an der Veröffentlichung des Hinweises nichts Ungewöhnliches, und das US-Außenministerium beschloß, keinerlei Maßnahmen zu treffen.

In Liverpool, wo man der New Yorker Zeit um fünf Stunden voraus war, war es Spätnachmittag. Alfred Booth, Cunards unermüdlicher Präsident, hatte einen unruhigen Tag. In der Zeitung hatte er von der deutschen Warnung an Passagiere britischer Schiffe und von den mysteriösen Telegrammen gelesen und war überrascht, daß sein New Yorker Büro es nicht für nötig gehalten hatte, ihm diese Nachrichten über den Atlantik zu kabeln.

Er erwog, sich mit Kapitän Turner in Verbindung zu setzen und ihn zu ganz besonderer Vorsicht zu ermahnen. Es schien jedoch am zweiten Tag der Überfahrt, an dem die *Lusitania* noch zweitausend Meilen von der Gefahrenzone entfernt war, ein wenig verfrüht, sich wegen eines U-Boot-Angriffs Sorgen zu machen. Er vertraute seinem langgedienten Kommodore uneingeschränkt und war überzeugt, daß der erfahrene Turner mit jedem Notfall fertig wurde. Dennoch konnte er sich der nagenden Befürchtung nicht erwehren, daß die *Lusitania* einer Gefahr entgegenlief.

Er beschloß, sich mit seinem Vetter George und am nächsten Morgen mit der Admiralität in Verbindung zu setzen. George war häufig in New York gewesen und hatte zusammen mit Captain Guy Gaunt Material fürs Kriegsministerium beschafft. Alfred, der sich in Liverpool um die Reederei kümmerte, wußte den Rat seines Vetters zu schätzen. Wenn auch er der Ansicht war, daß die *Lusitania* in echter Gefahr schwebte, würde Alfred sofort handeln.

Oliver Bernard trat aus dem Salonaufgang, um sich nach dem Mittagessen auf dem Promenadendeck die Füße zu vertreten, und hörte ein Hornsignal, das Besatzungsmitglieder zu einer Übung an den Rettungsbooten rief. Er blieb stehen und sah zu, wie zwölf Matrosen und ein Bootsmann backbords vor Rettungsboot Nr. 14 Aufstellung nahmen, gleich hinter dem dritten Schornstein. Auf den Befehl eines Offiziers hin kletterten die Matrosen an den Davits hoch in die Boote, wo sie kurz stehen blieben und die Riemen präsentierten, ehe sie sich setzten. Anscheinend zufriedengestellt, beorderte der Offizier die Männer aus dem Boot und zurück auf ihre Posten.

Seltsam, dachte Bernard. Das Boot war nicht abgefiert worden, noch nicht einmal bis aufs Deck; dabei war dies im Notfall die schwierigste Operation. Er erinnerte sich an seine eigene Zeit als junger Seemann und fragte sich, was wohl geschehen würde, wenn alle Boote abgefiert werden müßten, vollbesetzt mit Menschen.

Die Übung stellte für die anderen Passagiere, die an diesem Nachmittag auf dem Deck spazierengingen, eine willkommene Abwechslung dar. Niemand wurde gebeten, an ihr teilzunehmen. Frank und Elsie Hook schauten in ihrem Sonntagsstaat den Matrosen und dem Hornisten fasziniert zu. Nach der Übung wollte der unternehmungslustige Frank bei den Bordspielen mitmachen, aber Elsie war zu schüchtern und hielt sich zurück.

Die Passagiere der Dritten Klasse wurden auf der *Lusitania* recht demokratisch behandelt im Vergleich zur Frühzeit der Transatlantikschiffahrt, als es nicht selten vorgekommen war, daß ein Schiff auf der Hinfahrt im Zwischendeck Passagiere beförderte und auf der Rückreise in denselben Räumen Rinder. Auf Fahrten nach Amerika war es allerdings immer noch vorgeschrieben, die Passagiere Dritter Klasse mittels verschlossener Gittertüren vom Rest des Schiffes zu trennen, um zu verhindern, daß Auswanderer ansteckende Krankheiten verbreiteten. Auf dieser Überfahrt nach Osten jedoch durften Kinder wie Frank und Elsie ungehindert auf dem Schiff herummarschieren. Der Hauptnachteil der Dritten Klasse war der Mangel an Einrichtungen für Kleinkinder, was bedeutete, daß die Mütter nur wenig Ruhe fanden. Im Gegensatz dazu stand den Kindern der Ersten Klasse ein Spielzimmer auf dem C-Deck und ein eigener Speisesaal zur Verfügung. In der Zweiten Klasse gab es eine Kinderkrippe, in der eine Stewardeß die Aufsicht führte.

Einige Mütter hatten sich von der Dritten in die Zweite Klasse verlegen lassen, als sie erfuhren, daß Cunard den Fahrpreis für diese Klasse von fünfundsiebzig auf fünfzig Dollar herabgesetzt hatte. Doch Margaret Cox, die sich um ihren siebzehn Monate alten Sohn Desmond kümmern mußte, fand die Reise auch in der Zweiten Klasse ermüdend.

Avis Dolphin litt in ihrer Kabine der Zweiten Klasse heftig unter Seekrankheit, für sie eine neue und erschreckende Erfahrung. Sie lag auf ihrer Koje und fühlte sich miserabel. Hilda

Ellis und Sarah Smith brachten ihr die Mahlzeiten auf einem Tablett aus dem Speisesaal, aber Avis konnte noch nicht einmal den Anblick von Essen vertragen und wies sogar den Tee zurück. Außerdem wurde sie von Heimweh geplagt.

Auch Charles Frohman hatte sich an diesem Nachmittag in seine Suite zurückgezogen. Obwohl das Wetter klar und sonnig war, verspürte er keine Lust, sich zu seinen Freunden auf Deck zu gesellen. Er fühlte sich nicht wohl und hatte starke Knieschmerzen.

Zahlmeister James McCubbin hielt das Versprechen, das er den Zweite-Klasse-Passagieren Flor und Julia Sullivan gegeben hatte. Er besorgte ihnen eine Endkabine über dem Promenadendeck der Ersten Klasse und brachte sie an einem Tisch neben seinem eigenen unter.

«Ihr braucht nicht zu verhungern», witzelte er. «Wir haben sechzigtausend Eier auf Lager.»

«Wirklich?» rief Julia aus. «Denken Sie doch mal an die zehntausend Hennen, die sie alle legen mußten!»

«Vergessen Sie nicht, wir haben fast zweitausend Leute an Bord», erklärte McCubbin. «Und jedem stehen für den Rest der Woche vier Mahlzeiten pro Tag zu.»

Inzwischen hatte man sich in der Ersten Klasse eingelebt, und McCubbin führte die Sullivans in den großen Salon mit der Kuppel und den marmornen Kaminen. Er zeigte ihnen eine abgeschiedene Ecke, wo sie unbemerkt hinter Blumenkästen sitzen konnten, wenn ein Konzert oder ein Ball stattfand.

Julia war entzückt, daß es auf der *Lusitania* ein Schwimmbecken gab. In ihrem Badekostüm aus Florida schritt sie an diesem Nachmittag stolz zum Beckenrand. Sie senkte den Kopf, streckte die Arme aus und hechtete selbstsicher ins Wasser. Nach dem Auftauchen kraulte sie elegant durch den Pool. Amüsiert stellte sie fest, daß sie eine bessere Schwimmerin war als die reichen Frauen und in ihrem schenkellangen Badekostüm außerdem noch sehr viel hübscher aussah.

An diesem Abend waren die Batterien von *U 20* so gut wie entladen. Schwieger wußte, daß er nicht mehr lange getaucht fahren konnte. Sein Boot würde an Fahrt verlieren; außerdem konnten die gefährlichen Strömungen bei den Orkneyinseln es vom Kurs abtreiben. Er ließ *U 20* bis auf Periskoptiefe auftauchen.

Die See war noch immer unruhig. Es war nicht einfach, das Boot auf dem rechten Niveau zu halten, doch Wogen und Gischt verbargen wenigstens das auf- und abtanzende Marschperiskop. Er konnte keine Spur von den Zerstörern entdecken, bis er weit achteraus ihren Rauch sah. Erleichtert ließ er die Tanks leeren und auftauchen und dirigierte das Boot weg von der Patrouille.

Nun blieb das U-Boot ein paar Stunden lang über Wasser und lud seine Batterien auf. Bis 22.30 Uhr hatte sich der Wind gelegt und die See etwas beruhigt. Nach dem Umrunden der Orkneyinseln befahl Schwieger eine Kursänderung, die sie westlich der Hebriden und zum Ausgangspunkt der langen Fahrt entlang der schottischen Küste in Richtung Irland brachte. Ehe er schlafen ging, trug er in sein Tagebuch ein: «Wind NW 5. See NW, Stärke 3. Sehr klar.» Er hoffte, die Hebriden bei ruhigem Wetter zu passieren. Dann fügte er hinzu: «Wenn die Art der Blockade, wie wir sie auf der Linie Fair Isle - Ronaldsay antrafen, kein Zufall, sondern vom Feind beabsichtigt war, ist es nicht ratsam, sie bei Tageslicht unter guten Sichtverhältnissen zu passieren.»

U 20 begann die lange Nachtfahrt an der Oberfläche. Wer nicht gerade Wache hatte, legte sich in Kojen oder Hängematten und fiel beim monotonen Rhythmus der Dieselmaschinen in einen erschöpften Schlaf.

9 Befehl zum Zickzackkurs

Montag, 3. Mai

Der Zweite Offizier Hefford setzte sein Fernglas an und stellte es kurz auf ein Schiff am fernen Horizont ein. Die Sonne schien aus wolkenlosem Himmel, als die *Lusitania* südlich von St. John's, Neufundland, passierte. Er wandte sich an Albert Bestic, der neben ihm auf der Brücke stand, und bemerkte: «Kennen Sie schon die neueste Masche der Admiralität? Es ist eine Bekanntmachung herausgekommen, die besagt, daß ein Schiff bessere Chancen hat, einem U-Boot zu entkommen, wenn es im Zickzack fährt.»

«Was soll denn das bedeuten?» fragte Bestic.

«Gelegentliche und wahllose Kursänderungen», erklärte Hefford. «Man glaubt anscheinend, daß ein U-Boot so größere Schwierigkeiten hat, in eine Angriffsposition zu kommen und einen Torpedo loszulassen.»

«Dampfer sollen also aufkreuzen wie die ollen Windjammer?»

«Vermutlich. Um ganz ehrlich zu sein, mir ist das Ganze selbst noch etwas schleierhaft. Für die Navy mag das ja noch angehen, die haben jede Menge Zeit. Aber was wird man bei Cunard sagen, wenn die Kohlenrechnungen anziehen? Und wie sollte sich der Kapitän herausreden? ‹Tja, ich bin halt im Zickzack gelaufen, Mr. Booth.› Man wird ihm bald empfehlen, doch mit dem Schiff einer anderen Reederei sein Zickzackspiel zu treiben.»

Hefford war ungewöhnlich gesprächig. Sonst war der Zweite Offizier eher schweigsam; nur ab und zu drängte es ihn, Bestic zu berichten, was in der Tageskajüte des Kapitäns besprochen worden war. Albert fand diese Geschichten faszinierend und ließ sich von Hefford immer gern auf dem laufenden halten.

«Hat Kapitän Turner diese Bekanntmachung ebenfalls erhalten?» fragte er.

«Bei ihm habe ich zum ersten Mal davon gehört – in seinem Allerheiligsten.»

Die Aufforderung zum Zickzackkurs widersprach grundsätzlich der Maxime, daß Zeit Geld war. Jedem Offizier war eingeschärft worden, möglichst rasche Überfahrten bei minimalem Kohleverbrauch anzustreben.

Was Hefford leichthin als «Masche» der Admiralität bezeichnet hatte, war in Wirklichkeit ein vertrauliches Memorandum an alle Kapitäne der Handelsmarine, das im wesentlichen besagte:

> Kriegserfahrungen haben gezeigt, daß schnelle Dampfer die Gefahr eines Überraschungsangriffs durch U-Boote beträchtlich verringern können, indem sie ihren Kurs in kurzen, unregelmäßigen Intervallen von zehn Minuten bis zu einer halben Stunde ändern. Kriegsschiffe ergreifen grundsätzlich diese Maßnahme, wenn sie in von U-Booten verseuchten Gewässern kreuzen. Da die Geschwindigkeit getauchter U-Boote sehr gering ist, können sie nur schwer in eine Angriffsposition kommen, es sei denn, der Kurs des anzugreifenden Schiffes kann beobachtet und vorausbestimmt werden. Ein Zickzackkurs sollte immer dann gefahren werden, wenn U-Boote vermutet werden, vorausgesetzt, es befinden sich nicht so viele andere Schiffe in der näheren Umgebung, daß durch häufige Kursänderungen eine Kollisionsgefahr heraufbeschworen wird.
>
> Nützlich ist ein Zickzackkurs nur unmittelbar vor einem Angriff und wenn das U-Boot getaucht ist. Ein Schiff, das von einem aufgetauchten U-Boot verfolgt wird, sollte nicht zickzacken, sondern mit voller Kraft vorauslaufen und seinen Kurs nur ändern, um das U-Boot achtern zu halten.
>
> Es wird angenommen, daß die zur Zeit operierenden deutschen U-Boote nicht mit seitlichen Torpedorohren ausgerüstet sind; daraus folgt, daß ihr Bug praktisch auf die Breitseite des Zieles gerichtet sein muß, ehe ein Torpedo ab-

gefeuert werden kann. Dieser Hinweis könnte Schiffsführern nützlich werden, die durch Manövrieren einem Angriff auszuweichen versuchen. Unter Wasser erreichen selbst die neuesten U-Boote kaum eine Geschwindigkeit von mehr als neun oder zehn Knoten.

Kapitän Turner sah erstaunt auf, als George Kessler in seine Tageskajüte hereinplatzte. Der extrovertierte Weinhändler streckte ihm die Hand entgegen und verkündete laut: «Kessler.»

Turner zögerte, griff dann aber nach der Hand. «Was kann ich für Sie tun, Mr. Kessler?»

«Sie wissen bestimmt, Käpt'n, daß die Leute Angst vor einem Torpedoangriff haben», begann Kessler.

«Mir ist bewußt, daß über U-Boote geredet worden ist», gestand Turner gelassen zu.

«Dann will ich Ihnen einen Vorschlag machen», sprach der Weinhändler. «Ich fände es eine großartige Idee, wenn jeder Passagier eine Karte mit der Nummer des Rettungsbootes bekäme, bei dem er sich einfinden soll, für den Fall – Sie wissen schon, für den Fall, daß ein Unglück geschieht.»

Turner wurde ungeduldig. «Die Gesellschaft hat einen solchen Vorschlag bereits geprüft, Mr. Kessler», erklärte er fest. «Er wurde ihr nach der *Titanic*-Katastrophe unterbreitet, aber man hielt ihn für nicht sehr nützlich.»

Kessler war von der Reaktion des Kapitäns enttäuscht und sagte ihm das auch.

«Ich bitte Sie, Mr. Kessler», meinte Turner, «Sie müssen doch verstehen, daß ich ohne Ermächtigung unmöglich auf Ihren Vorschlag eingehen kann.»

Kessler sorgte sich hauptsächlich um seine eigene Sicherheit. Er hatte zwei Millionen Dollar in Aktien und Pfandbriefen bei sich – eine ungewöhnlich hohe Summe zu Kriegszeiten auf einem Schiff, aber er war der Auffassung, man solle seine Besitztümer nicht aus den Augen lassen.

Ian Stoughton Holbourn, eine Kapazität auf dem Gebiet der klassischen Literatur, wurde nach der Übung an den Booten ebenfalls von bösen Ahnungen geplagt. Er ging jedoch nicht zum Kapitän, sondern sprach auf Deck einzelne Passagiere an und riet ihnen, ihre Schwimmwesten anzuprobieren. Die meisten mochten sich von diesem schottischen Gelehrten, einer auffälligen Gestalt in Tweed und schwarzem Zylinder, keine Vorschriften machen lassen. Niemand wollte an Gefahren erinnert werden.

Holbourn kehrte von seiner dritten Vortragsreise in den Vereinigten Staaten zurück, und die Atlantiküberfahrt bot ihm eine ideale Gelegenheit zur Arbeit an seinem fast vollendeten Buch. Das umfangreiche Manuskript war die Frucht zwanzigjähriger Nachforschungen zu einer grundlegenden Theorie der Schönheit.

Charles Lauriat, der an der Reling des Promenadendecks stand und wie üblich die Geschwindigkeit des Schiffes abzuschätzen versuchte, scherte sich weder um Holbourns Philosophie noch um Kesslers Pläne. Der Buchhändler wollte lediglich rechtzeitig nach Liverpool kommen. Im Lauf der ersten vierundzwanzig Stunden hatte der Liner 501 Meilen zurückgelegt, was darauf schließen ließ, daß er planmäßig vorankam. Leider war seitdem das Tempo gefallen. Die Streckenlänge für die zweite Etappe betrug weniger als fünfhundert Meilen, und im Rauchsalon der Ersten Klasse wurden eifrig Wetten über die Länge der nächsten Etappe abgeschlossen. Lauriat genoß die zwanglose Atmosphäre bei der Versteigerung der Nummern, obwohl er selbst keine Wette abschloß.

Der Journalist Ernest Cowper, offensichtlich erleichtert, dem Gedränge in der Zweiten Klasse zu entkommen, begab sich erneut in die Salonklasse, diesmal, um mit seinem Verleger zu sprechen. Als er anschließend auf Elbert Hubbard stieß, erkundigte er sich bei ihm, ob Passagiere der Ersten Klasse Angst vor U-Booten geäußert hätten.

Hubbard lächelte ihn milde an. «Aber, aber, Sie wissen doch, daß die Deutschen die *Lusitania* niemals torpedieren würden.»

«Wie können Sie da so sicher sein?» hakte Cowper nach.

«Das kann ich Ihnen verraten. Die Deutschen haben sich seit Kriegsausbruch zwar allerhand zuschulden kommen lassen, aber ich kann einfach nicht glauben, daß sie so teuflisch sind.»

«Und die Warnung in den Zeitungen?»

Hubbard spielte mit seiner wallenden Samtschleife und lächelte weiter. «Wenn ich vorhätte, Ihnen an der Ecke mit einem Knüppel aufzulauern, würde ich es dann vorher in die Zeitung setzen?»

Ein redseligerer Passagier als Hubbard war Cowper bisher nicht untergekommen; er hatte bereits ganze Seiten in seinem Notizbuch mit dessen Kommentaren gefüllt.

Auf dem Rückweg in seine Kabine schenkte er dem kleinen Mädchen mit dem blauen Band im Haar, das auf der Bootsdeckhälfte für die Zweite Klasse mit anderen Kindern spielte, keinerlei Beachtung, aber ihre Wege sollten sich bald kreuzen. Die sechsjährige Helen Smith war mit ihren Eltern und ihrem sechs Monate alten Bruder auf dem Weg zurück nach Wales. Ihr Vater war vor fünf Jahren ausgewandert, um in Pennsylvania als Elektriker zu arbeiten. Da ihre Mutter von dem Leben in Amerika enttäuscht war, beschloß das Ehepaar, in die Heimat zurückzukehren. Zu der Familiengruppe auf der *Lusitania* gehörte auch die Schwägerin ihrer Mutter mit ihren beiden heranwachsenden Söhnen.

Julia Sullivan vergnügte sich am Swimming-pool. Die anderen Badegäste fand sie, abgesehen von der reichen Dicken aus dem Mittleren Westen, recht umgänglich. Dieser Schlachtkreuzer nahm kaum Notiz von seiner Umgebung, denn sie war viel zu beschäftigt, den Anstandswauwau für ihre Tochter zu spielen, die sie auf der Suche nach einem standesgemäßen Ehekandidaten mit nach England nahm. Ihre Fettröllchen wabbelten, als sie zum Beckenrand schritt. Sie erinnerte Julia an die Meerschweine, die dem Schiff folgten. Wenn wir torpediert werden, dachte sie, geht die bestimmt nicht unter. Später auf Deck sah sie, wie sich die Frau neben ihrer Tochter in einen Liegestuhl pflanzte, um junge Männer ohne Adelsprädikat zu verscheuchen. Julia gab dem häßlichen jungen Entlein nur geringe Chancen, sich einen Peer zu angeln.

Während Julia ihre Zeit am Schwimmbecken verbrachte, hatte ihr Mann Flor einen irischen Mitpassagier kennengelernt, Pat Callan, einen rundlichen, blonden jungen Mann aus Chicago, der nach Irland zurückkehrte, um das Geschäft seines Vaters zu übernehmen. Die Sullivans stellten ihn ihrem Freund, dem Zahlmeister McCubbin, vor, der dafür sorgte, daß er sich auf dem Schiff frei bewegen konnte. Die drei aßen gemeinsam zu Abend und begaben sich dann zu einem der Rauchsalons der Ersten Klasse. Pat, der die Schlachthöfe in Chicago mit Rindern beliefert und dabei ein kleines Vermögen gemacht hatte, brannte darauf, mit den Reichen Poker zu spielen.

Das Licht von Sule Skerry westlich der Orkneyinseln wies *U 20* den Weg in einen Morgen, der vielversprechend heranbrach. Vier Stunden später lag der Butt of Lewis, die nördlichste Spitze der Hebriden, an Steuerbord. Bald hatten sie Cape Wrath erreicht, die Nordzufahrt zu der als «The Minch» bekannten Meerenge zwischen dem schottischen Festland und den Hebriden. Schwieger ließ auf Westkurs gehen, um die Hebriden auf dem Weg zur Nordwestspitze Irlands zu umfahren.

Am frühen Abend sichtete er einen herankommenden Dampfer. Lotse Lanz identifizierte ihn als britisches Schiff von rund 2000 Bruttoregistertonnen, mit Heimathafen Leith, das die dänische Flagge am Heck führte. Schwieger entschied, sich auf kein Risiko einzulassen und das Schiff nicht erst anzuhalten, um es zu durchsuchen. Britische Kapitäne hatten Anweisung, neutrale Flagge zu führen, und Schwieger schoß im Zweifelsfall lieber gleich.

Es hätte ein glatter Bugschuß über 300 Meter werden sollen. Doch wie so oft schnappte der Auslöser nicht zurück, der Verschluß klemmte, und der Torpedo blieb im Rohr stecken. Schwieger verfluchte sein Pech. Bei näherer Untersuchung stellte seine Mannschaft fest, daß der Anzeiger auf «Offen» stand, obwohl das Rohr noch teilweise geschlossen war.

Um 20.45 Uhr bereitete Schwieger einen Angriff auf einen zweiten, viel kleineren Dampfer vor, diesmal über elf Meter. Als er das Schiff jedoch im Fadenkreuz hatte, fand er, daß ein Torpedo an einem so kleinen Objekt vergeudet war. Bei Dämmerung durch das Periskop betrachtet, konnte ein Ziel stark täuschen. Um 21.00 Uhr tauchte er auf und beschloß, sich ins Bett zu legen. Die Hunde jaulten, und er hörte den jungen Rikowsky aus der Hängematte steigen, um sie zu füttern. Es war ein enttäuschender Tag gewesen. Er schloß sein Tagebuch mit dem üblichen Kommentar der U-Boot-Fahrer: «Fahrt geht weiter.»

Die Bordzeitschrift der *Lusitania*, das *Cunard Daily Bulletin,* wurde an alle Passagiere verteilt und enthielt Agenturberichte von den Dardanellen und der Westfront. Die Deutschen experimentierten in Frankreich mit neuen chemischen Waffen, äthergefüllten Glasbomben und Brandgranaten; außerdem zogen sie über Sechzigjährige zum Wehrdienst ein.

Unter der Überschrift: «Deutsches U-Boot torpediert US-Schiff» berichtete das *Bulletin,* daß der amerikanische Öltanker *Gulflight* vor den Scilly-Inseln torpediert worden war. Den Kapitän hatte der Schock das Leben gekostet, zwei Besatzungsmitglieder waren über Bord gesprungen und ertrunken. Der beschädigte Tanker war von britischen Patrouillenschiffen in einen nahe gelegenen Hafen geschleppt worden. Weitere Einzelheiten wurden nicht angeführt; die deutsche Attacke war allen ein Rätsel. Beim Lesen des Berichts fiel Ian Stoughton Holbourn auf, daß der Angriff vor der Südwestspitze Cornwalls stattgefunden hatte, nicht weit vom Südeingang des St.-Georgs-Kanals. Und genau auf diese gefährlichen Gewässer lief die *Lusitania* zu.

In den Vereinigten Staaten herrschte an diesem Abend wachsende Besorgnis. Präsident Woodrow Wilson, der inoffiziell angedeutet hatte, er wolle sich im kommenden Jahr zur

Wiederwahl stellen, erörterte im Weißen Haus den *Gulflight*-Zwischenfall mit Außenminister Bryan. Sie kamen überein, weitere Nachrichten abzuwarten, ehe sie irgendwelche Beschlüsse über die zukünftige US-Politik faßten. Das Außenministerium hatte bereits Nachrichten an die Botschafter Gerard in Berlin und Page in London gesandt und um weitere Einzelheiten ersucht. Zeitungsredakteure, die an diesem Abend Agenturberichte für die Frühausgaben sichteten, kamen ohne Zögern zu dem Schluß, daß die Torpedierung der *Gulflight* im Außenministerium höchste Bestürzung ausgelöst hatte. In der Wall Street waren zudem zum ersten Mal seit Monaten die Kurse gefallen. Im Leitartikel der *New York Tribune* hieß es:

> Die *Lusitania*, die vergangenen Samstag New York verließ, wird innerhalb von sechzig Stunden die Kriegszone erreichen und nur wenige Meilen von der Stelle entfernt, an der die *Gulflight* torpediert wurde, passieren. Unter ihren Passagieren befinden sich viele Amerikaner, und was die Administration nun mehr fürchtet als alle die vereinzelten Angriffe auf amerikanischen Besitz, mit zufälligen Menschenopfern, sind die Auswirkungen, die der Tod amerikanischer Passagiere bei einem schweren, kriegsbedingten Seeunglück in der amerikanischen Öffentlichkeit haben muß. Es muß klar gesagt werden, daß es den Vereinigten Staaten überaus schwerfallen würde, eine solche Affäre über einen Austausch diplomatischer Noten zu bereinigen.

Die *Tribune* betonte die zunehmende Besorgnis in Washington über den Angriff auf die *Gulflight*, aus Gründen, die über den eigentlichen Zwischenfall hinausgingen. Man befürchtete, der Angriff sei «nur der Anfang einer aktiveren und gewagteren deutschen U-Boot-Kriegführung als je zuvor».

Die *Tribune* hielt diese Befürchtungen für so begründet, daß sie ihren Londoner Korrespondenten Vance Pitney nach Queenstown beorderte, den Transatlantikhafen in Südirland, um dort die Ankunft der *Lusitania* zu erwarten.

10 Trügerische Sicherheit

Dienstag, 4. Mai

Rudergänger Hugh Johnston hielt das Ruder fest gepackt und warf Kapitän Turner, der auf der Steuerbordnock der Brücke auf- und abging, einen Seitenblick zu. Johnston war ein drahtiger junger Mann aus der Werftstadt Bootle bei Liverpool, der seebegeistert aufgewachsen war. Sein Jungentraum erfüllte sich, als er auf der *Lusitania* anheuern durfte. Nun freute er sich auf seine zweistündige Wache am Ruder. Als Turner mit langen Schritten ins Ruderhaus kam, richtete er seine übliche Frage an ihn: «Alles klar, Junge?»

«Jawoll, Sir», erwiderte Johnston fröhlich. Er hatte nie bezweifelt, daß der Käpt'n das Schiff fest in der Hand hatte. Turner war ein strenger Vorgesetzter, bei dem alles tipptopp sein mußte. Der Rudergänger beneidete ihn um seine kühle, unerschütterliche Haltung. Manchmal aber spürte Johnston, daß den Kapitän etwas bedrückte, besonders, wenn auf der Brücke langes Schweigen herrschte. Er räumte ein, daß der Kapitän oft einfach verdrossen war, aber dies war mehr als nur schlechte Laune.

Eines Tages hatte Turner zu ihm gesagt: «Dieser Krieg ist entsetzlich.» Johnston ahnte, daß der Kapitän an seine beiden Söhne dachte, die in Frankreich kämpften. Von seiner Frau hatte er ihn nie sprechen hören und mutmaßte daher, daß Turners Ehe zerrüttet war und er nicht davon reden wollte. Johnston hatte Mitleid mit Turner. Er kam ihm sehr einsam vor.

Die See funkelte an diesem Nachmittag unschuldig, harmlos. Die Geräumigkeit und der Luxus der *Lusitania*, das monoton rauschende Wasser hatten die meisten Passagiere und Besatzungsmitglieder in Sicherheit gewiegt. Erst drei Tage waren verstrichen, seit die Deutschen ihre Warnung in amerikanischen Zeitungen veröffentlicht und ihre Agenten an die Gangways geschickt hatten, um dort Flugblätter zu verteilen, und schon begann die Wirkung zu verblassen.

William Holton, der Briefe zwischen den Salonpassagieren hin- und hertrug, wunderte sich über die allgemeine Gleichgültigkeit. Er dachte besorgt an die verringerte Geschwindigkeit des Liners. Im vergangenen November hatte er auf dem Promenadendeck zwei junge Ingenieure angesprochen, die gerade dienstfrei hatten. «Mir kommt es so vor, als führen wir nicht so schnell wie sonst», hatte er bemerkt. «Sparmaßnahmen», hatte einer der beiden lakonisch erklärt. «Wir mußten auf Befehl von oben den Kohleverbrauch drosseln.»

Von diesem Tag an begann Holton über die Fahrten Buch zu führen. Nach seinen Berechnungen hatte die *Lusitania* bis November 1914 für die Hin- und Rückfahrt sechzehn Tage gebraucht, davon je fünfeinhalb Tage auf See. Nun nahm die Reise Liverpool – New York – Liverpool einundzwanzig Tage in Anspruch, davon sechseinhalb Tage für jede Überfahrt. Manche Besatzungsmitglieder fürchteten, daß mit der Herabsetzung der Geschwindigkeit aus Spargründen eine Tragödie geradezu herausgefordert wurde. Holton teilte diese Sorge. Er erinnerte sich auch, daß Kapitän Dow bei der letzten Fahrt nach Osten mit der amerikanischen Flagge durch die Gefahrenzone gedampft war. Ein zweites Mal würden sich die Deutschen nicht täuschen lassen.

Seit man ihn mit dem Anstreichen der Rettungsboote beschäftigt hatte, war Leslie Morton munterer. Seine finstere Unterkunft hatte er vergessen. Er lag auf dem Rücken, pfiff vor sich hin, tauchte einen Pinsel in einen Topf mit grauer Farbe, die «Krabbenfett» hieß, und strich die Unterseite eines Bootes. Wenigstens ist bei diesem guten Wetter die Farbe schnell trokken, dachte er, falls die Boote gebraucht werden. Plötzlich hörte er rasche Schritte. Er lugte unter dem Rumpf hervor und sah zwei kleine Mädchen übers Deck rennen, denen eine Frau folgte, die er für ihr Kindermädchen hielt.

Was für reizende Kinder, dachte er, als sie ihn erreicht hatten. Sie blieben lächelnd und atemlos vor ihm stehen, und die eine, die einen plissierten weißen Rock und ein Matrosenhemd anhatte, fragte ihn: «Was machen Sie denn da?»

«Ich streiche ein Rettungsboot an», gab er zurück. «Und wer seid ihr?»

«Ich heiße Anna, und das ist Gwen.» Sie waren Lady Allans Töchter und fuhren zu ihrem Vater nach England.

«Dürfen wir helfen?» fragte Anna.

«Danke, lieber nicht», erwiderte Morton fest. «Das ist doch keine Mädchenarbeit.»

Sie ließ sich aber nicht abweisen, griff nach dem nassen Pinsel, schmierte Farbe erst ans Boot und dann über ihre blütenweißen Kleider. Morton sah sie entsetzt an. Er hörte schwere Schritte und sah Bootsmann John Davies heraneilen. Das Mädchen ließ den Pinsel fallen und rannte mit ihrer Schwester fort. Morton schlüpfte durch die Reling, ließ sich aufs nächsttiefere Deck fallen und flüchtete zur Back. Er wollte es weder mit dem Bootsmann noch mit dem Kindermädchen zu tun bekommen.

Albert Bestic hatte auf der *Lusitania* vielfältigere Aufgaben als auf allen kleineren Schiffen, mit denen er bisher gefahren war. Abgesehen von den Brückenwachen und den mitternächtlichen Inspektionsgängen mit Hefford füllte er Wetterformulare aus, führte das Logbuch und hatte sich unweigerlich Tag für Tag im Gepäckraum einzufinden. An diesem Nachmittag hatte er sich gerade ermüdet zu seinem Mittagsschläfchen hingelegt, als Gepäckmeister John Crank an seine Tür klopfte.

«Entschuldigung, Sir», hörte Albert ihn rufen, «aber wir müssen wieder mal einen Koffer aus dem Gepäckraum holen.»

Der Dritte Offizier verdrehte die Augen und stöhnte innerlich. Jeden Nachmittag bekam er die gleiche Bitte zu hören. Der Gepäckraum war ein riesiges, widerwärtiges, staubiges Revier tief im Bauch des Schiffes, das man mit einem elektrischen Aufzug erreichte. Es gab zwar eine Treppe, aber Albert hatte sie nie jemanden benutzen gesehen. Alles Gepäck, das mit der Aufschrift «Auf See nicht benötigt» versehen war, wurde hier aufbewahrt, doch jeden Tag verlangten ein paar Erste-Klasse-Passagiere bestimmte Gepäckstücke.

Albert zog eine alte Uniform an und fuhr mit dem Gepäckmeister im Aufzug nach unten. Auf der *Lusitania* galt die strikte Vorschrift, daß Mannschaftsmitglieder den Gepäckraum nur im Beisein eines Offiziers betreten durften. Albert mußte über eine Stunde warten, während ein ganzer Trupp unter Hunderten von Gepäckstücken eine bestimmte Seekiste heraussuchte. Er fragte sich, weshalb er jeden Tag Stunden in diesem finsteren Loch vergeuden mußte.

Am Spätnachmittag bekam Schwieger zum ersten Mal die Nordwestspitze Irlands zu Gesicht. An Steuerbord tauchte am dunstigen Horizont der Leuchtturm von Blackrock auf.

Zweimal hatte er versucht, Dampfer zu versenken. Den ersten Versuch brach er ab, weil die See zu grob war, den zweiten, weil ihm der Dampfer zu nahe kam, als er in Position ging, um einen Bronzetorpedo abzufeuern. Vor Einbruch der Dunkelheit fuhr *U 20* wieder an der Oberfläche. Gischt fegte über Deck und Turm, und die Ausgucke froren trotz des Ölzeugs über dicken Pullovern und wollener Unterwäsche jämmerlich. Dennoch zogen sie die scharfe Abendbrise dem Gestank unter Deck vor.

Die Fahrt um Schottland herum und an der Westküste Irlands entlang verlängerte die Reise um 1200 Meilen und reduzierte somit die Zeit, die das U-Boot auf Patrouille verbringen konnte. Zwei Wochen lang wurde die Mannschaft in ihrer Stahlkapsel herumgeschleudert, dem Feuer des Feindes und seinen Rammstößen ausgesetzt.

Es wurde neblig und stockdunkel, als Schwieger unter Deck ging. Fast hatte er sich an die abstumpfende Kälte gewöhnt, an den Geruch der Gase, die aus den Batterien aufstiegen, wenn sie geladen wurden, an üblen Atem, die engen Kojen, das gespenstische Licht der roten Glühbirnen im Kommandantenraum, die tägliche Waschwasserration von nur fünf Litern, selbst an die Toiletten, die mit Ventilen arbeiteten, deren Bedienung so kompliziert war, daß einem beim geringsten Fehler die ganze Bescherung ins Gesicht flog. Ein weiteres Problem war die unvermeidliche Verstopfung.

Er wies Weisbach an, ihn zu wecken, sobald ein Schiff in Sicht kam. Dann legte er sich schlafen.

Inzwischen hatten Einzelheiten über den *Gulflight*-Zwischenfall Washington erreicht. Offenbar hatten zwei Küstenwachboote den Tanker, der von Texas nach Rouen unterwegs war, gestoppt und zu einem Hafen auf den Scilly-Inseln eskortiert. Ein deutsches U-Boot hatte den kleinen Geleitzug ausgemacht, die *Gulflight* für ein britisches Schiff gehalten und sie mit zwei Torpedos belegt, ehe der Kommandant das Sternenbanner an ihrem Heck entdeckte. Das U-Boot hatte den Angriff bereits abgebrochen, als zwei Besatzungsmitglieder der *Gulflight* in Panik geraten und über Bord gesprungen waren. Während der beschädigte Tanker zum Hafen geschleppt wurde, war der Kapitän einem Herzanfall erlegen.

Im Weißen Haus fiel der Entschluß, eine deutsche Entschuldigung, zusammen mit der Erklärung, es sei ein Irrtum unterlaufen, denn der Kommandant des U-Boots habe die Flagge wegen Nebels nicht rechtzeitig erkannt, zu akzeptieren. Eine Londoner Zeitung schrieb, die Amerikaner «fürchteten wohl, in den europäischen Strudel hineingerissen zu werden». Präsident Wilson und Außenminister Bryan, der noch am 10. Februar gedroht hatte, Deutschland werde für solche Akte «strikt zur Rechenschaft gezogen», wußten, daß der Kapitän der *Gulflight* den bewaffneten britischen Begleitschutz, der ihn deutschen Angriffen aussetzte, nicht hätte annehmen sollen. Bryan war von der Behauptung seines Stellvertreters Robert Lansing, Deutschland unternehme «entschiedene Anstrengungen, die Vereinigten Staaten herauszufordern», peinlich berührt.

Es mögen Lansings Worte gewesen sein, die einen Korrespondenten anregten, an diesem Tag nach London zu kabeln: «In Washingtons offiziellen Kreisen überwiegt die Auffassung, der ernsteste Aspekt des *Gulflight*-Zwischenfalls sei der Verdacht, daß die Reichsregierung systematisch versuche, die Vereinigten Staaten zu reizen und ihrem Unwillen über die Waffen- und Munitionstransporte Ausdruck zu geben.»

Charles Frohman lag im Schlafrock auf seinem Bett und rauchte eine Zigarre. Er hatte fast den ganzen Tag über Schmerzen gehabt und Stainton bitten müssen, Dr. McDermott zu holen, als sie immer schlimmer wurden. Der junge Arzt vertrat Dr. Poynton, Schiffsarzt der *Lusitania*, der indisponiert war. Frohman zwang sich zu einem Lächeln und sagte zu dem Doktor: «Nicht gerade einer meiner besten Tage.»

Sein Verstand jedoch war mit Theaterplänen voll beschäftigt, die ihn von den Schmerzen ablenkten. Er sehnte das Ende der Reise herbei, weil er sich von einer Luftveränderung Besserung erhoffte und sich auf die Aufführung eines seiner Stücke freute.

Charles Klein war wie Frohman ein nervöser, rastloser Mann, der es kaum erwarten konnte, die Londoner Theatersaison zu erleben. Er stammte aus London, hatte sich vor zwanzig Jahren in New York niedergelassen und beim Theater Arbeit gefunden. Anfangs redigierte er für Frohman Manuskripte, später begann er selbst, erfolgreiche Komödien zu schreiben. Auf der Überfahrt hatte er ein neues Stück begonnen und brachte an diesem Abend die ersten Seiten zu Frohman in die Suite, um sich sein Urteil anzuhören. Er wollte den Impresario überreden, doch gemeinsam mit seinen Theaterfreunden zu Abend zu essen, aber Frohman schüttelte den Kopf. Er hatte zu starke Schmerzen.

Sir Hugh Lane fühlte sich zwar krank und abgeschlagen, beschloß jedoch, trotzdem nach unten zum Dinner zu gehen. Anschließend spielte er mit Lady Allan und Dr. Fred Pearson und dessen Frau im Rauchsalon eine Partie Bridge. Er war überzeugt, daß seine schwache Gesundheit, die ihn schon als Kind geplagt hatte, ihn bald umbringen würde, und es hatte aller Überredungskünste seiner Freunde bedurft, bis er sich bereit erklärte, nach New York zu reisen, um dort bei einem Zivilprozeß als Zeuge aufzutreten.

Sir Hughs bisher unerfüllter Wunsch, in Dublin ein Museum für moderne Kunst zu errichten, ließ ihm keine Ruhe. Es sollte seine wertvolle Sammlung von Werken zeitgenössischer Künstler aus Frankreich, Italien und England aufnehmen, doch die Stadt hatte seinen Plan abgelehnt. Er war über die abschlägige Antwort der Dubliner Stadtverwaltung so erbost, daß er die Sammlung der Nationalgalerie in London als Leihgabe überließ. In der Zwischenzeit hatte seine Berufung zum Direktor der Nationalgalerie Dublin einen Meinungswandel bewirkt. Ehe er Amerika verließ, schrieb er einen Zusatz zu seinem Testament nieder, laut dem er seine Gemälde der Stadt Dublin vermachte, vorausgesetzt, daß innerhalb von fünf Jahren ein angemessenes Gebäude für sie gefunden wurde. Er hatte den Bogen versiegelt und in die oberste Schreibtischschublade gelegt. Beim Bridgespiel auf der *Lusitania,* auf dem Weg zurück in die Heimat, war ihm noch immer nicht aufgefallen, daß er es versäumt hatte, den Testamentszusatz von einem Zeugen mitunterschreiben zu lassen. Und das passierte ausgerechnet einem Mann, der sonst im Abfallhaufen eines Kunsthändlers ein Meisterwerk entdecken konnte.

Der Abend war ereignislos verlaufen. Als die Sonne hinterm Horizont versank und den Himmel rotgolden aufleuchten ließ, gingen viele Passagiere tanzen. Im Rauchsalon der Ersten Klasse schauten die Sullivans den Pokerspielern zu, und ihr Freund Pat Callan hielt bei ein paar Runden mit. Auf dem Rückweg in ihre Kabine entdeckte Julia Paare, die heimlich auf dem Bootsdeck schmusten. Zu ihrer Erheiterung machte sie die Tochter der dicken reichen Frau aus, die sich mit einem jungen Mann im Schatten eines Rettungsboots zu verstecken suchte. Julia war sicher, daß das kein Adelssproß war.

Kurz vor Mitternacht standen Bestic und Hefford noch auf der Brücke und warteten, bis sie vom Ersten Offizier Jones und dem Dritten Offizier Lewis abgelöst wurden, ehe sie sich auf den langen Marsch durch die teppichbelegten Korridore machten.

Für Kapitän Turner, der gerade zu Bett gegangen war, hatte alles seine Ordnung. Morgen würde die *Lusitania* die imaginäre Linie, die den halben Weg markierte, kreuzen. Hätte er gewußt, welche Sorgen der Admiralität die U-Boot-Aktivität in der Gefahrenzone bereitete, hätte er kaum so gut geschlafen. Doch es hatten ihn keinerlei Nachrichten erreicht – ein sonderbares Versehen der Admiralität.

11 Gefahr vor der Südküste Irlands

Mittwoch, 5. Mai

Um neun Uhr schritt Kapitän Turner auf die Brücke und erwiderte Albert Bestics Gruß mit einem knappen Nicken. Albert bewunderte seinen Kapitän, der zwar kurz angebunden war, aber doch nicht zuviel Distanz zu seinen Offizieren und Matrosen hielt. Wie an klaren Tagen üblich, peilte Turner die Sonne an. Dann schritt er beide Brückennocke ab, ehe er sich in seine Kajüte zurückzog.

Albert hatte auf einer früheren Atlantiküberfahrt an Turner einen exzentrischen Charakterzug entdeckt: er schlang für sein Leben gern komplizierte Knoten. Damals hatte er aus einem dünnen Tauende einen kniffligen Knoten geknüpft, auf den er sehr stolz war. Nun hätte er ihn gerne jemandem gezeigt, doch da er zögerte, bei seinen Offizieren um Bewunderung zu buhlen, rief er statt dessen seinen Botenjungen und drückte ihm das verknotete Tau in die Hand.

«Den Offizieren in der Messe meine besten Empfehlungen», sagte er, «und richte ihnen aus, daß ich einen zweiten Türkenkopf haben will, genau wie diesen hier.»

Ein paar Offiziere, darunter Albert, vergnügten sich gerade bei einer raschen Partie Bridge, als der verwirrte Bote an die Tür klopfte. «Was gibt's, Junge?» fauchte Chefoffizier Piper ihn an. Er ärgerte sich über die Störung, weil er gerade ein gutes Blatt in der Hand hatte.

«Schönen Gruß vom Kapitän», stammelte der Junge. «Und er will noch so ein Dingsbums haben – ich hab' vergessen, wie man es nennt. So wie das hier, Sir.» Er hielt das verknotete Tau hoch. Piper nahm es ihm ab, stierte es an, schleuderte es zu Boden und seine Bridgekarten hinterher. «Zum ersten Mal heute abend hab' ich ein gutes Blatt», tobte er, «und was passiert? Der Alte will einen ausgefallenen Knoten haben, den seit Nelson kein Mensch mehr hingekriegt hat. Was soll das überhaupt für einer sein?»

Bestic hob ihn vom Boden der Messe auf. «Sieht aus wie ein viersträngiger Türkenkopf, Sir», bemerkte er. «Diente auf alten Segelschiffen zur Dekoration.»

Piper grunzte. «Viersträngiger Türkenkopf? Hab' ich seit zwanzig Jahren nicht gehört. Spinnt der Alte?»

«Sollten wir ihn nicht besser bei Laune halten, da er uns das Ding nun einmal geschickt hat, Sir?»

«Ich weiß genau, warum er es geschickt hat», sagte Piper zu den anderen Offizieren. «Weil er meint, keiner von uns bringe das fertig.» Er wandte sich an Albert. «Wie wär's mit Ihnen, Bestic? Ist doch nicht so lange her, daß Sie auf einem Windjammer fuhren.»

«Ich will's versuchen, Sir.»

Bestic ging in seine Kabine und nahm ein kleines Handbuch der Seemannsknoten vom Regal. Es war in der Tat ein schwieriger Knoten. Er las die Anleitung durch, probierte und probierte, bis es ihm endlich gelang, ein Duplikat herzustellen. Dann wurden der Knoten des Kapitäns und das Gegenstück mit den besten Empfehlungen der Messe auf die Brücke geschickt.

Kaum war der Kapitän in seiner Tageskajüte, wurde ihm gemeldet, ein Passagier namens Holbourn wolle ihn sprechen. Als Holbourn vorgelassen worden war, beschwerte er sich ruhig, aber entschieden, daß keine Rettungsübungen für die Passagiere veranstaltet wurden. Am Tag zuvor war eine Abordnung männlicher Fahrgäste an ihn herangetreten und hatte ihn gebeten, nicht weiter darauf zu beharren, daß die Passagiere ihre Schwimmwesten anprobierten. «Damit machen Sie nur den Frauen Angst, Sir», hatten sie gewarnt. Holbourn entschied, daß es an der Zeit war, ein Wort mit dem Kapitän zu wechseln.

Turner, der für Gelehrte ebensowenig übrig hatte wie für Millionäre, hörte sich Holbourns Klage an. «Ich verstehe,

Mr. Holbourn», meinte er. «Ich werde das mit dem Chefoffizier besprechen.» Holbourn spürte, wie Turner sich über seine Einmischung ärgerte, und kam zu dem Schluß, daß der Kapitän ein eigensinniger Mann war. Und was die Passagiere anbelangte, die sich bei ihm beschwert hatten – die nannte er insgeheim den «Vogel-Strauß-Club».

Cunards nachlässige Haltung gegenüber Rettungsübungen für Mannschaft und Passagiere konnte er einfach nicht hinnehmen. Ihm war aufgefallen, daß gewöhnlich einmal am Tag an nur einem Boot geübt wurde, entweder Nr. 13 steuerbords oder Nr. 14 backbords, je nach Windrichtung. Die übrigen zweiundzwanzig Boote ignorierte man. Anscheinend waren keine weiteren Übungen vorgeschrieben, und der Kapitän war offensichtlich nicht bereit, die Bitten der Passagiere um Extradrills zu erfüllen. Glaubte er, daß sie sich unnütze Sorgen machten? Oder konnte er sich nicht auf die veränderten Bedingungen in Kriegszeiten umstellen?

Turner war nach Holbourns Besuch verdrossen. Erst der Besuch seines Freundes, Chefingenieur Bryce, heiterte ihn auf. Er und Archie Bryce sprachen die gleiche Sprache.

«Alles in Ordnung, Will», versicherte der Chefingenieur.

Der Liner machte durchschnittlich 21 Knoten Fahrt, so daß Turner mit Zuversicht seinen Kurs bis zur Barre von Liverpool berechnen konnte, die er am Samstag früh um 4.30 Uhr zu erreichen hoffte. Zur Zeit herrschte stellenweise Nebel, der sich hoffentlich auflösen würde, denn wenn er Bryce beim Heranfahren an die irische Küste eine Geschwindigkeitsverringerung befehlen mußte, drohte ihnen Gefahr von deutschen U-Booten. Die Gefahrenzone würden sie am nächsten Tag erreichen. Der Dampfer befand sich auf Kurs zum Fastnet Rock vor der Südwestküste Irlands.

Die Unterseeaktivitäten vor der Südküste Irlands konnten an diesem Morgen Winston Churchills sprunghaften Geist nicht ausschließlich beschäftigt haben. Es lag Dringlicheres an. Seit dem Angriff auf die Dardanellen im Februar hatte die Stimmung des Ersten Lords der Admiralität zwischen Euphorie und Selbstzweifeln geschwankt. Als Anstifter der Kampagne gegen die Türkei war er anfangs überzeugt, daß ein Erfolg nur mit einem kombinierten Angriff durch Marine und Bodentruppen zu erreichen war. Später setzte er auf einen raschen Sieg der Flotte allein. Am 18. März wurde ihm sein Irrtum in aller Deutlichkeit bewußt, als der britische und französische Flottenangriff in einem tückischen Minenfeld scheiterte. «Nur mit Schiffen», hatte er vor Vizemarschall Carden geprahlt, und diese Phrase fiel nun bitter auf ihn zurück.

Er hatte sich auf den Angriff gegen die türkischen Truppen auf der Halbinsel Gallipoli festgelegt, die die Dardanellen, Zufahrt zu Marmarameer und Schwarzem Meer, schützten. Sobald die Navy die Durchfahrt erzwungen hätte, nahm er an, könnte die türkische Hauptstadt Konstantinopel besetzt werden. Doch dann erhoben die Admirale Einspruch: «Kein Stoß ohne die Armee», und am 25. April gingen die ersten 30.000 Soldaten unter Sir Ian Hamilton an Land.

Am 5. Mai war die Schlacht um die Halbinsel noch immer nicht entschieden, und das Versagen der Navy hatte Churchills Stolz einen schweren Schlag versetzt. Im Augenblick aber war er vollauf mit seinem bevorstehenden Besuch in Paris beschäftigt, wo er ein neues Marineabkommen mit Italien zu unterzeichnen hoffte, ehe er Feldmarschall Sir John French, Oberkommandeur des britischen Expeditionskorps in Frankreich, in seinem Hauptquartier an der Westfront aufsuchte. Was die Ansichten der Vereinigten Staaten zum Krieg in Europa anging, war Churchill der Auffassung, daß schon der kleinste Fehler bei der Handhabung der heiklen anglo-amerikanischen Beziehungen eine ernste Krise auslösen konnte. Andererseits hatte es den Anschein, als wäre durch den deutschen U-Boot-Krieg und den Angriff auf die *Gulflight* am vergangenen Wochenende die britische Haltung glaubwürdiger geworden.

Churchill sollte später den April 1915 als einen Monat «quälender und zermürbender Ungewißheit» bezeichnen. Sein Ruf war angeschlagen, und es stach ihn der Vorwurf des alten Ersten Seelords, Lord Fisher, der unverblümt geäußert hatte: «Sie haben sich in den Dardanellen schlicht verrannt.»

Er hatte «Jacky» Fisher zurück in die Admiralität geholt, nachdem Kritiker gewarnt hatten, das Vertrauen der Öffentlichkeit in die Navy lasse nach, besonders da es ihr nicht gelungen war, die deutsche Hochseeflotte zu einer entscheidenden Seeschlacht zu stellen. Der Erste Lord hoffte, Fisher könne dieses Vertrauen wiederherstellen helfen, und empfand außerdem eine gewisse Loyalität ihm gegenüber. Fisher war überaus beliebt. Er galt als «genialer technischer Erneuerer» und hatte Churchill ermutigt, Lebensbedingungen und Löhnung der niederen Dienstgrade in der Marine zu verbessern. Er war vierundsiebzig, als Churchill seine Rückberufung empfahl, und hatte fünf Jahre als Pensionär verbracht. Unseligerweise kam er mit Politikern nicht zurecht. Kaum war er wieder in der Admiralität, gerieten die beiden Männer wegen der Dardanellen aneinander.

Fisher warnte Premier Asquith vor dem «verfehlten Plan der Navy, die Arbeit allein tun zu wollen» und der «unvermeidlichen Schwächung der Grand Fleet». Es war vorhersehbar, daß Churchills Feldzug scheitern mußte. Seine politische Karriere war bedroht, und die Tories, die ihm den Wechsel zu den Liberalen nie verzeihen konnten, hatten ihren Sündenbock gefunden. Fisher schrieb ihm am 25. April: «Aufrichtig gesagt, würden mich nicht die Dardanellen zwingen, mit Ihnen durch dick und dünn zu gehen, hätte ich gestern die Admiralität verlassen, und zwar für immer.»

Churchill war mit nur geringen Kenntnissen über Marineangelegenheiten in die Admiralität gekommen. Seine Ausbildung in Sandhurst und seine Kriegserfahrungen als junger Mann, die ein Kommentator als «ruhmreiches Leben in einer Atmosphäre von Schlacht, Mord und jähem Tod auf drei Kontinenten» beschrieben hatte, prägten ihn eher zum Mann des Militärs. Nun traf ihn die volle Wucht der Kritik am Versagen der Marine in den Dardanellen. Als sie immer heftiger wurde, erwog der hitzköpfige Erste Lord sogar den Rücktritt.

Am Morgen des 5. Mai ging er mit Fisher und Admiral Sir Henry Oliver hinunter in den Kartenraum der Admiralität.

Dort stießen Captain Reginald Hall und sein Kollege Commander Joseph Kenworthy zu ihnen. Die fünf Männer studierten die zehn Meter breite Weltkarte, die eine ganze Wand des Raums einnahm. Sie zeigte die vermuteten Positionen deutscher und alliierter Schiffe; zwei rote Quadrate gaben an, wo sich *U 20* und *U 30* befanden.

Während Churchill und seine Kollegen in Whitehall die Karte studierten, stand Vizeadmiral Sir Charles Henry Coke, der den Befehl über die als Abschnitt 21 bekannte Südküste Irlands hatte, auf dem verschnörkelten Balkon im ersten Stock des Admiralitätsgebäudes in Queenstown. Von seinem imposanten Aussichtspunkt konnte er über die Stadt hinweg die Werften, die Inseln und die weit entfernten Zufahrten zum Hafen sehen. Er runzelte besorgt die Stirn, denn er wußte, daß dort draußen deutsche U-Boote lauerten.

Queenstown war eine Ansammlung von Häusern, die sich wie Stöße von Spielkarten am Südhang von Great Island hochzogen, gekrönt von dem emporstrebenden neuen Turm der neogotischen St.-Colman-Kathedrale. Von seinem Hauptquartier in dieser gemütlichen Stadt aus kontrollierte Coke den 285 Meilen langen Abschnitt der irischen Südküste von Dingle bis Carnsore. Obwohl er es ungern eingestand, war ihm überdeutlich klar, daß seine aus vier Torpedobooten, vier bewaffneten Yachten, sechzehn bewaffneten Trawlern und vier Motorbooten bestehende Hilfspatrouille, deren schnellste Schiffe über elf Knoten nicht hinauskamen, dieses Gebiet nur unzulänglich verteidigen konnten.

Dem ranghöchsten Offizier an der Küste Irlands machten die Nachrichten von der zunehmenden U-Boot-Bedrohung Kummer. Seine kleine Flotte war zu träge, um U-Boote jagen zu können, und es wurmte ihn, daß ein fünfzehn Knoten schnelles U-Boot einfach frech außer Reichweite der Geschütze seiner Schiffe fahren konnte. Geschwindigkeit war in solchen Situationen ausschlaggebend. Er hatte zwar die Admiralität angefleht, ihm ein Dutzend Zerstörer zu schicken, doch diese einzigen zu einem Angriff auf U-Boote fähigen Schiffe waren in Milford Haven in Wales stationiert, am anderen Ufer des St.-Georgs-Kanals.

Auf Patrouillenfahrt war an diesem Nachmittag vorm Fastnet Rock die *Juno* unter Vizeadmiral Sir Horace Hood, das Flaggschiff der irischen Küstenpatrouille, das die vom Atlantik hereinkommenden alliierten Schiffe zu schützen hatte. Sie war mit sieben Elfzöllern bestückt und konnte ein U-Boot rammen, war aber ein veralteter Kreuzer und nicht mehr in der Lage, ihre frühere Höchstgeschwindigkeit von 19,5 Knoten zu erreichen. Zum Schutz eines schnellen Liners wie der *Lusitania* war sie ungeeignet.

Obwohl einmal geprahlt worden war, im Hafen von Queenstown sei genug Platz für die gesamte britische Flotte, glänzten die mächtigen Schlachtschiffe im Mai 1915 durch Abwesenheit. Die besten Schiffe der Royal Navy erlitten in den Dardanellen Niederlagen, bewachten den Marinestützpunkt Scapa Flow oder warteten in der Nordsee, daß sich die deutsche Hochseeflotte herauswagte. In Queenstown pendelten zwar nach wie vor die Fähren zwischen dem Kai der Stadt und der Werft auf der Insel Haulbowline hin und her, aber die Werftanlagen waren verlassen und der Hafen fast leer.

Da die britische Flotte nördlich von Schottland stationiert war, glaubte die Admiralität, daß kein feindliches Schiff zum Atlantik vorstoßen konnte. Bisher durfte die Auffassung von Churchill, Fisher und den anderen Chefs der Admiralität, daß der Südküste Irlands keine große strategische Bedeutung zuzuschreiben sei, als realistisch gelten. Den Warnungen vor U-Booten in diesem Gebiet zum Trotz, hatten sie Coke die dringend angeforderten Zerstörer verweigert. Nun war es zu spät, um noch etwas zu unternehmen.

Es war zwei Uhr früh mitteleuropäischer Zeit und im Nordatlantik stockdunkel, als die Ausgucke auf *U 20* riefen: «Lichter an Backbord voraus!»

Oberleutnant Weisbach, der Wachoffizier, wiederholte den Ruf, und Schwieger kam auf die Brücke geeilt. Durchs Fernglas konnte der Kommandant die Positionslichter zweier herannahender Schiffe ausmachen. «Klar zum Gefecht», befahl er den Geschützbedienungen. Dann aber, als er die Wasserlinie vom Himmel zu unterscheiden begann, erkannte er die Schiffe als Trawler auf Patrouillenfahrt. Durchs Sprachrohr befahl er dem Rudergänger, hart abzudrehen.

Bei Tagesanbruch herrschte dichter Nebel. Sie hatten nun das Gebiet erreicht, in dem die Atlantikroute für große Dampfer vor Südwestirland endete. Schwieger kam zu dem Schluß, daß sich ein Ausweichmanöver schwierig gestalten könnte, und gab den Befehl zum Tauchen.

U 20 ging auf 22 Meter. Am frühen Nachmittag kam es wieder an die Oberfläche. Nach wie vor lag dichter Nebel über dem Wasser. Fastnet Rock war nach Ansicht des Navigators an Backbord dwars, aber nicht zu sehen. Als der Nachmittag verging und das Wetter aufklarte, war Schwieger überrascht, daß sie keinen einzigen Dampfer gesichtet hatten, obwohl sie sich auf einem der wichtigsten Atlantikschiffahrtswege befanden.

Kurz vor sechs Uhr abends, als es wieder dunstig wurde, entdeckte der Ausguck am Horizont ein Schiff, das wie ein vollgetakelter Segler aussah. Schwieger richtete sein Fernglas auf das herannahende Fahrzeug und sah, daß es sich um einen kleinen, dreimastigen Schoner handelte, dessen viereckige Segel sich im Wind blähten. Kaum einen Torpedo wert, sagte er sich.

«Keine Gefahr», rief er und befahl dem Ingenieur, das U-Boot näher heranzubringen.

U 20 steigerte die Geschwindigkeit auf zwölf Knoten und änderte leicht den Kurs, bis der Schoner direkt voraus lag. Der Bug des U-Boots hob sich aus dem Wasser, weißer Schaum strömte an seinen Flanken entlang, als es auf das Ziel zuhielt und die Geschützbedienungen das Deckgeschütz luden. Nachdem sie das Kielwasser des Schoners erreicht hatten, griff Schwieger nach dem Megaphon. «*What ship?*» brüllte er.

«*Earl of Lathom!* Liverpool!» kam die Antwort von dem Schoner, der beigedreht hatte und sich in der Dünung wiegte.

«Gehen Sie von Bord! Bringen Sie Flagge und Papiere längsseits.»

Der Kapitän und vier Matrosen kletterten über die Reling und ruderten hinüber zu *U 20*. Schwieger sah sich die Papiere an. Die breite, schwerfällige *Earl of Lathom* kam aus Limerick und hatte Speck und Kartoffeln für Liverpool an Bord.

Während die fünf Männer sich in die Riemen legten und auf die Küste zuhielten, befahl Schwieger seinen Geschützbedienungen, das Feuer auf den aufgegebenen Schoner zu eröffnen. Zwölf Granaten fetzten in seine alte hölzerne Bordwand, ehe er schließlich kenterte, langsam sank und seine durchnäßten Topsegel mit in die Tiefe riß.

In der Abenddämmerung, als sie an der Oberfläche fuhren, senkte sich erneut der Nebel herab. Kurz nach 20.30 Uhr wären sie um ein Haar mit einem Dampfer kollidiert, der plötzlich aus dem wirbelnden Dunst auftauchte. Schwieger war völlig unvorbereitet und entschied sich für einen Überwasserangriff. Vorerst war er an der Oberfläche sicher genug, sagte er sich.

Der Dampfer hatte die Fahrt verringert und suchte vermutlich im Trüben nach dem U-Boot. Nichts hätte Schwieger mehr freuen können. «Torpedorohre bereit!» befahl er.

U 20 war in Angriffsposition. Schwieger schrie: «Rohr eins – Feuer!» Er plante einen kurzen, sauberen Schuß über dreihundert Meter. Als der Torpedo aus dem Rohr glitt, war Schwieger sicher, daß er sein Ziel auf jeden Fall treffen würde. Der Kapitän des Dampfers mußte jedoch das Kielwasser des Torpedos entdeckt haben, denn das Schiff nahm plötzlich Fahrt auf. Der Torpedo rauschte unter seinem Heck vorbei.

Schwieger, der erwartungsvoll durchs Fernglas sah, fluchte. Der Torpedo hatte anscheinend kurz vorm Ziel an Schwung verloren.

Als der Dampfer näher kam, identifizierte ihn der Lotse als Norweger, ein neutrales Schiff also. Schwieger fluchte noch einmal und ließ hart abdrehen, da er nicht beschossen werden wollte. Außerdem zweifelte er zunehmend an der Wirksamkeit seiner Torpedos und entschied sich deshalb gegen einen zweiten Angriff.

«Fertig machen zum Tauchen.» Auf Schwiegers Kommando kletterten alle wieder hinab in die enge Welt der dumpfen Gerüche nach Menschen und Hunden.

An diesem Nachmittag ging in New York N. L. Mead, ein Vertreter der Firma Wood, Niebuhr & Co., der Zollagenten von Cunard, zum Zollamt und reichte ein Ergänzungsmanifest für die *Lusitania* nach. Am vergangenen Freitag nachmittag, einen Tag vor dem Auslaufen der *Lusitania*, hatte Kapitän Turner das Originalmanifest vorgelegt, und sein Schiff war ausklariert worden.

Das Quarantäneamt der Stadt schrieb vor, daß nach Auslaufen eines Schiffes ein Ergänzungsmanifest eingereicht werden mußte, falls noch in letzter Minute Güter oder Proviant an Bord genommen worden waren. Die *Lusitania* hatte wegen der späten Verlegung der Passagiere von der *Cameronia* zusätzlichen Proviant geladen.

Turners Manifest hatte nur zwei Seiten umfaßt, Meads aber war volle vierundzwanzig Seiten lang. Unter anderem waren 1250 Kisten Schrapnelladungen von der Bethlehem Steel Company und 269 Ballen und 33 Kisten ungegerbte Felle aufgeführt. Die Felle hatte ein gewisser Alfred Fraser verschifft, der sich früher offenbar mit dem Versuch, dem Kriegsministerium in London 100.000 Schaffellmäntel zu übersetztem Preis zu verkaufen, unbeliebt gemacht hatte. Captain Guy Gaunt, Militärattaché der britischen Botschaft, nahm Frasers Dienste auf Kommissionsbasis dennoch weiterhin in Anspruch, um seinen Namen zu benutzen, wie manche meinten. Die «Felle» auf der *Lusitania* waren für eine Firma in Liverpool bestimmt, die Schießbaumwolle herstellte und mit dem Kürschnerhandwerk ganz und gar nichts zu tun hatte.

Ferner figurierten auf der Liste 240 Kisten Schrotpatronen für Remington-Sportwaffen, bestimmt für das königliche Arsenal; eine Sendung von Markt & Hammacher, die aus einer Kiste Luftgewehre und siebzehn Kisten Metallwaren bestand; und 189 Kisten Uniformen, die George Booth bei seinem letzten Besuch in den Staaten für Lord Kitcheners Freiwilligenarmee geordert hatte.

Alle Positionen auf dem Ergänzungsmanifest wurden an diesem Nachmittag im Zollamt geprüft und abgehakt; die Freigabe wurde nicht von Dudley Field Malone, dem Amtsleiter, sondern von einem seiner Stellvertreter abgezeichnet.

Stabskapitän Anderson hatte zu entscheiden, wo diese Ladung untergebracht wurde. Die Kisten mit den Schrapnellladungen ließ er ganz nach unten schaffen, neben Kesselraum 1, zusammen mit 3000 Kisten Käse und 700 Fässern Butter. Die Patronen plazierte er über den Kesselräumen, und zwei Decks höher, wo sich auch einige Dritte-Klasse-Kabinen und der Gepäckraum befanden, ließ Anderson Patronen und Pelze stapeln.

Diese späte Ladung, aufgeführt auf einem Manifest, das Kapitän Turner nicht zu sehen bekommen hatte, mußte zwangsläufig Mißtrauen erwecken. Jene, die Großbritannien beschuldigten, auf seinen Passagierschiffen Konterbande zu transportieren, würden einwenden, Cunard hätte den Großteil dieser Ladung vor dem Auslaufen deklarieren müssen. Dudley Field Malones Beamte jedoch hießen solche Manifeste fast lässig gut.

Avis Dolphin ließ sich von ihrem Kindermädchen Hilda Ellis überreden, ihre Kabine zu verlassen, in der sie seit Tagen Trübsal geblasen hatte. Auf Hildas Drängen hin legte sie sich im Salon der Zweiten Klasse auf eine Couch und starrte teilnahmslos vor sich hin, während die anderen Passagiere sich unterhielten, lasen oder einfach nur dösten. Ein Mann, der in ihrer Nähe gesessen hatte, kam auf sie zu. «Hast du es auch schön bequem, mein Kind?» fragte er.

«Danke, ja», antwortete sie höflich und war verwundert, daß sich auf diesem Riesenschiff jemand um ihr Wohlergehen sorgte.

«Das kann ich dir aber nicht ganz glauben», sagte er, entfernte sich und kam kurz darauf mit einem Kissen zurück.

«So, das ist besser», meinte er und schob es hinter ihren Kopf. «Hast du Lust auf Obst oder Tee?» Avis lehnte dankend ab; der Gedanke an Essen war ihr noch immer unerträglich. Der Mann setzte sich neben sie, und in diesem Augenblick kam Hilda Ellis vorbei und erkundigte sich, ob Avis etwas brauche.

«Ich hab' überhaupt keinen Hunger», erklärte die Kleine.

«Vielleicht wäre es besser, wenn die junge Dame draußen in der frischen Luft säße», schlug der Mann vor.

«Ganz meine Meinung», stimmte Hilda zu.

Der Mann führte Avis hinaus und brachte sie in einem Liegestuhl unter. Dann setzte er sich zu ihr und stellte sich als Mr. Holbourn vor, erzählte ihr, er sei unterwegs nach Edinburgh, wo er eine Frau und drei Söhne habe. «Ich habe auch eine Insel vor der schottischen Nordküste», sprach er weiter. «Dort bin ich der König.» Er zog seinen Mantel um sich.

«Sind Sie wirklich ein echter König?» staunte Avis.

«Na, genau gesagt, eigentlich nicht», gestand er mit einem Lächeln. «In Schottland nennt man einen Mann wie mich den *laird.* Ich bin der *laird* von Foula, einer Insel, die seit undenklichen Zeiten dem Clan der Holbourn gehört.»

Sie lachte mit ihm und war plötzlich aus ihrem Tagtraum aufgewacht.

«Foula», erklärte er, «ist mein Sommersitz, und meine Shetland-Insel ist natürlich nur fünf Quadratmeilen groß. Aber auf ihr leben meine hundertfünfzig treuen Untertanen, fast alles Bauern und Fischer. Und dich mache ich zur Ehrenbürgerin, das verspreche ich dir. Du darfst nach Foula kommen und auf den Shetlandponys reiten und dir die braunen Schafe ansehen.»

Von braunen Schafen hatte Avis noch nie gehört, und die Aussicht auf einen Ponyritt faszinierte sie. Zum ersten Mal seit Sonntag waren Seekrankheit und Einsamkeit vergessen.

«Hast du vielleicht Lust auf eine Tasse Tee mit Keksen, Avis?» fragte der Mann im langen Mantel.

Die Unterhaltung hatte Avis aufgemuntert. Als sie ihren Tee schlürfte, fühlte sie sich schon viel besser. Am nächsten Tag, versprach Holbourn, würde er ihr eine Geschichte vorlesen und sie auf dem Schiff herumführen.

12 U-Boote auf der Jagd

Donnerstag, 6. Mai

Die *Lusitania* pflügte stetig durch die lange Nacht. Als überm düsteren Wasser des Atlantiks der Morgen dämmerte, war sie noch 500 Meilen von der irischen Küste entfernt.

In Queenstown wurde Vizeadmiral Sir Charles Coke von Stunde zu Stunde unruhiger. Die Nachricht von der Versenkung der *Earl of Lathom* hatte ihn sehr erschüttert. Er ging in seinem Dienstzimmer auf und ab, blieb immer wieder am Fenster stehen und schaute besorgt über das weite Hafenbecken. Nun hatte er die U-Boote schon vor der Tür.

Ihre lauernde Anwesenheit ließ ihm keine Ruhe. Warum hatte ihm die Admiralität keine Zerstörer gegeben? Seit er vergangene Nacht per Telegramm den Verlust der *Earl of Lathom* gemeldet hatte, waren keine speziellen Anweisungen eingegangen. Die Admirale in Whitehall sandten nur widerwillig Nachrichten nach Queenstown, weil sie anscheinend befürchteten, die Deutschen könnten ihren Code entschlüsseln und ganze Rudel von U-Booten auf britische Schiffe loslassen.

Winston Churchill, der Erste Lord, war noch nicht von der Versenkung der *Earl of Lathom* unterrichtet worden. Er befand sich in diesem Augenblick in Paris und frühstückte herzhaft im Ritz. Nach der Arbeit an dem Marineabkommen, dessen Höhepunkt, wie er hoffte, Italiens Kriegseintritt auf seiten der Alliierten sein würde, plante er, Sir John French in seinem Hauptquartier an der Front aufzusuchen.

Lord Fisher, der alte Erste Seelord, mußte fast den ganzen Mittwoch über ruhen. Die Last seines Amtes und die Meinungsverschiedenheiten mit Churchill wegen der Dardanellen hatten ihn an den Rand eines Zusammenbruchs getrieben. Bis er und Churchill wieder in Whitehall auf dem Posten waren, blieb es den Admiralen überlassen, Maßnahmen gegen die

U-Boot-Gefahr vor der irischen Südküste zu ergreifen. Und Churchill wurde erst in drei Tagen zurückerwartet.

Auf der *Lusitania* wurde eine Reihe von Passagieren jäh von eigenartigen dumpfen Schlägen geweckt. Die Rettungsboote wurden an knarrenden Davits ausgefiert und schlugen teilweise geräuschvoll gegen die Bordwand. Dieser unheilverkündende Lärm jagte vielen Passagieren einen gehörigen Schrekken ein. Erfahrene Weltreisende erkannten bald, daß es sich um eine normale Sicherheitsvorkehrung handelte, denn das Schrillen der Alarmglocken und Bootsmannspfeifen blieb aus, und die Stewards hämmerten auch nicht an die Kabinentüren.

Von elf Booten wurden die Persennings entfernt; sie hingen nun mit dem Kiel über den Relings des Promenadendecks. Die unter den Rettungsbooten verstauten hölzernen Faltboote blieben an ihrem Platz. Jedes schwere Rettungsboot konnte sechzig Personen aufnehmen. Auf der *Lusitania* gab es Rettungseinrichtungen für 2065 Menschen, und es waren weniger als 2000 an Bord, die Mannschaft eingeschlossen.

Der Zweite Offizier Hefford stand reglos auf der Brücke und starrte hinaus aufs Meer. Langsam wandte er sich zu Albert Bestic um. «Ich höre, daß vor dem Fastnet Rock U-Boote geortet worden sind. Die Admiralität hält unseren Funker ganz schön beschäftigt. Er empfängt laufend Mahnungen an den Alten, Häfen mit Volldampf zu passieren, Landvorsprünge zu meiden und sich in der Mitte des Kanals zu halten.» Hefford bezog sich auf das von der Admiralität an alle Schiffsführer gesandte Memorandum, das zum ersten Mal am 10. Februar hinausgegangen war.

Albert warf einen Seitenblick zur Brückentreppe. Er wollte sicher sein, daß Turner nicht in der Nähe war, denn der Käpt'n konnte es nicht vertragen, wenn seine jüngeren Offiziere auf der Brücke schwatzten. «Klingt mir ziemlich konfus», bemerkte er. «An Häfen rauschen wir doch sowieso vorbei, wenn wir nicht gerade einlaufen, und Landvorsprünge lassen sich leicht meiden, vorausgesetzt, man sichtet sie erst einmal. Ich kann mir nicht vorstellen, daß der Alte mit Volldampf die Irische See hochtobt, ehe er einen Landvorsprung angepeilt hat und weiß, wo er überhaupt ist. Was meint er selbst eigentlich dazu?»

Hefford schwieg, machte einen Schritt zur Seite, sah auf den Kompaß und dann wieder aufs Meer. Nach einer Weile sagte er: «Niemand weiß, was in Turner vorgeht. Er hat mit Anderson und Bryce gesprochen, aber ich habe nichts mitbekommen. Sie können auf jeden Fall sicher sein, daß er alle Vorsicht walten läßt.»

Albert war neugierig geworden. «Wie sollen wir überhaupt merken, daß ein U-Boot in der Nähe ist?»

Hefford antwortete seinem jüngeren Kollegen wie ein kenntnisreicher Lehrer. «Das einzige Erkennungszeichen ist sein Periskop. Schaumbildung am Rohr bedeutet, daß das U-Boot in Angriffsposition geht; fehlender Schaum steht für noch größere Gefahr, weil es dann wahrscheinlich bereits in der Lage ist, einen Torpedo loszulassen. Wenn Sie irgend etwas Verdächtiges entdecken, Bestic, brüllen Sie sofort los!»

Albert war zuversichtlich, daß der Kapitän alle Vorsichtsmaßnahmen getroffen hatte. Die Rettungsboote waren ausgefiert, die Ausgucke verdoppelt worden, die Schotten der wasserdichten Kammern nach Möglichkeit geschlossen. Was hätte man sonst noch unternehmen können? fragte er sich.

Turner selbst war anscheinend noch nicht ganz zufrieden. Er ließ Chefingenieur Bryce rufen und befahl höhere Maschinenleistung. Bryce ging zurück in den Maschinenraum und wies seine Ingenieure an, die Ventile zu öffnen, bis die Instrumente höhere Drehzahlen anzeigten. Er ging nervös im Kesselraum auf und ab, während die Trimmer Kohlenkarren über dicke Bohlen zogen und ihren Inhalt auf eiserne Plattformen kippten, damit die Heizer die hungrigen Feuerungen beschicken konnten. Die wachhabenden Ingenieure eilten im Kesselraum hin und her und lasen die Manometer über den Feuerungen ab, deren Zeiger auf das rote Überdruckfeld zukrochen. Als Bryce in Turners Kajüte zurückkam, meldete er, daß in den Kesseln fast Maximaldruck herrschte und die Dampferzeuger knapp unter Vollast standen. Sofern das Wetter hielt, mochte der Liner gerade 21 Knoten erreichen, aber weiter konnte die Geschwindigkeit unter den gegenwärtigen Bedingungen nicht gesteigert werden.

Turner beschloß, sein Mittagessen auf der Brücke einzunehmen. Er fand es ärgerlich, daß das Tempo wegen der stillgelegten Kessel reduziert war. Wenn seine *Lusitania* mit ihrer Höchstgeschwindigkeit von 25 Knoten laufen könnte, würde ihr von keinem U-Boot Gefahr drohen.

Kurz nach zwölf Uhr mittags betrat Charles Lauriat den Rauchsalon der Ersten Klasse, um nachzusehen, ob die während der letzten Etappe zurückgelegte Strecke bereits am Schwarzen Brett ausgehängt worden war. Während der letzten fünf Tage hatte «Lauriat-Wetter» geherrscht, wie er sich bei seinen Freunden ausdrückte: schwacher Wind, ruhige See, kaum Nebel. Die neueste Tagesleistung war tatsächlich schon angegeben: in den letzten vierundzwanzig Stunden bis zwölf Uhr hatte die *Lusitania* 484 Meilen zurückgelegt. Nach der ersten, 501 Meilen langen Etappe war die Fünfhundert-Meilen-Grenze nie wieder überschritten worden, obwohl die Durchschnittsgeschwindigkeit 20 Knoten betrug. Wieder eine kurze Etappe, dachte er etwas enttäuscht.

Am Vormittag war ihm bei einem Deckspaziergang aufgefallen, daß man die Rettungsboote aufgedeckt und weggefiert hatte. Wenigstens ist der Kapitän auf einen Notfall vorbereitet, stellte Lauriat befriedigt fest.

Als Zahlmeister McCubbin an diesem Morgen die Sullivans traf, berichtete er, Kapitän Turner habe von der Admiralität Anweisung erhalten, den Nordkurs einzuschlagen und scharf auf U-Boote zu achten. Weder Flor noch Julia glaubten, daß deutsche U-Boote die *Lusitania* angreifen würden, bei so vielen Amerikanern an Bord. Julia war ziemlich niedergeschmettert, als sie erfuhr, daß der Liner aufgrund der Kursänderung Queenstown nicht anlaufen würde. Die Sullivans beschlossen aber, ein wachsames Auge auf U-Boote zu haben, sobald die irische Küste in Sicht kam.

Dicker Nebel hing über dem Wasser vor Irlands Südostküste. Seit Mitternacht war *U 20* fast die ganze Zeit über getaucht gefahren. Um 8.40 Uhr MEZ ließ Kapitänleutnant Schwieger auftauchen. Der Nebel war noch immer dicht, hatte sich aber so weit gehoben, daß *U 20* mit gefluteten Auftriebstanks an der Oberfläche bleiben konnte. Schwieger war gerade auf die Brücke gekommen, als er an Steuerbord voraus den schattenhaften Umriß eines großen Dampfers auf sich zukommen sah. Bei diesem schlechten Wetter bestand kaum Gefahr, daß der Dampfer sein U-Boot rammte oder erfolgreich unter Feuer nahm. Ohne Zögern entschied er sich für eine Überwasserattacke. «Volle Kraft voraus!» schrie er ins Sprachrohr.

Gischt fegte über den schlanken Rumpf des U-Boots, und seine Schrauben wühlten die schwarze See auf, daß das Kielwasser weiß schäumte. Der Dampfer drehte sofort ab, aber Schwieger war zum Feuern nahe genug. Diesem schemenhaften Feind wollte er keine Warnung gönnen.

Für die nervöse Mannschaft war die Zeit des Wartens endlich vorüber. In ihrer abgekapselten Untersee-Welt breitete sich gespannte Erwartung aus. Jeder Mann ahnte, woran sein Kamerad dachte; jeder Mann wußte, daß nur das Ziel zählte.

Fred Smyth, der junge Hilfskoch der *SS Candidate,* die mit einer Ladung Lebensmittel und Eisenwaren unterwegs in die Karibik war, spülte in der Kombüse das Frühstücksgeschirr, als der Kammersteward schrie: «Ein U-Boot!»

Smyth eilte nach achtern, um nachzusehen, als schon die erste Granate des *U 20* in den Schornstein der *Candidate* einschlug. Es folgte ein wildes Bombardement, Geschosse trafen Schornstein und Aufbauten, und Smyth rannte geduckt zurück zur Kombüse. Der Lärm versetzte die Heizer in Panik. Smyth hörte, wie sie ihre Schaufeln fallen ließen und hastig die Eisenleiter zum Deck hochkletterten, wo sie sich sicherer glaubten.

«Zurück! Zurück auf eure Posten!» brüllte Kapitän Sandiford, aber die Männer waren schon an den Rettungsbooten. Smyth ging auf die Suche nach dem Koch, um ihn zu warnen.

Er fand ihn am Eisschrank, wo er Fleisch fürs Abendessen auswählte. «Los, nichts wie raus!» rief er. «Wir werden von einem U-Boot beschossen! Die Heizer gehen schon in die Boote.»

Verwirrt rannte er in seine Unterkunft, schnappte sich seinen halbvollen Koffer und eilte zurück an Deck. Der Erste Offizier sah ihn und rief ihm zu: «Laß den liegen, Junge! Sei froh, wenn du mit dem nackten Leben davonkommst.»

Das U-Boot lag nun im wirbelnden Nebel dreihundert Meter entfernt breitseits und feuerte weiter auf den Frachter. Kapitän Sandiford befahl dem Rudergänger, das Heck der *Candidate* auf das U-Boot zuschwingen zu lassen, um einem Torpedoangriff auszuweichen. Erst als das U-Boot die Brücke unter Feuer zu nehmen begann, ließ er seinen Frachter anhalten und befahl der Mannschaft widerwillig, die Boote zu Wasser zu lassen.

Die Boote wurden ausgeschwenkt, das Feuer verstummte. «Na los schon!» rief jemand Fred Smyth zu, der zögernd an der Reling des Schiffes stand, auf dem er erst am Vortag in Liverpool angeheuert hatte. Als er in ein Rettungsboot kletterte, fiel ihm auf, daß das hölzerne Deck von Splittern durchsiebt war.

Von der Brücke des U-Boots aus sah Schwieger zu, wie die Rettungsboote des Frachters abgefiert wurden. Ein Boot schlug voll, sowie es das Wasser erreichte; die drei anderen kamen frei und wurden von dem havarierten Dampfer weggerudert. Er sah sie im Nebel verschwinden. Dann befahl er: «Fertig zum Angriff!»

Es war ein glatter Bugschuß. Der Bronzetorpedo bohrte sich mit laut hallendem Getöse in Höhe des Maschinenraums in die Flanke des Dampfers; die Explosion erschütterte das U-Boot. Schwieger war überrascht, daß der Schuß so wenig Wirkung zeigte, denn der Dampfer blieb trotzig an der Oberfläche. Durchs Sprachrohr befahl er dem Rudergänger, näher ans Ziel heranzufahren.

«Haltet auf die Wasserlinie!» wies er die Geschützbedienungen an, die die Läufe aufs Heck des Frachters richteten. Erst jetzt fiel dem U-Boot-Kapitän auf, daß der Name des Schiffes oberflächlich übermalt worden war. *Candidate, Liverpool,* konnte er trotzdem ohne größere Mühe entziffern.

Zweihundert Meter hinter dem aufgegebenen Frachter ließ die Besatzung die Riemen sinken, als die Deutschen ihre Granaten knapp über die Schrauben richteten, um den Untergang der *Candidate* zu beschleunigen. «Jetzt geben sie ihr den Rest!» rief ein junger Matrose bitter.

Plötzlich sah Fred Smyth einen Marinetrawler, der mit einem Geschütz bewaffnet war, zwischen den Rettungsbooten und dem U-Boot, das hinter der *Candidate* in Position gegangen war, hindurchgleiten. «Bleibt weg!» riefen die Besatzungsmitglieder im Rettungsboot. Sie wollten nicht noch einmal ins Feuer des U-Boots geraten.

Das kleine Geschütz des Trawlers hätte das starke U-Boot vermutlich nicht versenken können, doch Smyth war überzeugt, daß ein gut gezielter Schuß mindestens den Druckkörper des U-Boots leckschlagen und es so am Tauchen hindern konnte. Anschließend hätte es ein perfektes Ziel für einen Rammstoß geboten. Zu seiner Verblüffung aber machte der bewaffnete Trawler plötzlich kehrt und verzog sich. Verflucht! sagte er sich enttäuscht. Das kann doch wohl nicht wahr sein! Er sah dem flüchtenden Trawler nach und merkte sich den Namen am Heck, *Lawrenny Castle SA 52.* Das U-Boot drehte in eine andere Richtung ab. Dann hob die hilflose *Candidate* den Bug hoch aus dem Wasser und sank langsam.

Kapitän Sandiford schaute sich um. Auf dem stillen Meer schwammen nur die drei Rettungsboote mit seiner Mannschaft. Es war 10.50 Uhr vormittags. Er beschloß, auf das Feuerschiff von Coningbeg zuzuhalten, dem Rendezvouspunkt für U-Boot-Jäger. Erst aber erlaubte er seinen Männern, etwas Schiffszwieback zu essen, den einzigen Proviant an Bord. Einige Matrosen steckten sich Zigaretten an. Dann legten sie sich wieder in die Riemen.

Erst um drei Uhr nachmittags erreichte sie die *Lord Allen-*

dale, ein anderer leichtbewaffneter Marinetrawler, und nahm die Männer der *Candidate* an Bord. Als der Trawler mit den drei Rettungsbooten im Schlepptau weiterfuhr, wurde Smyth auf die Brücke gerufen und von Marineoffizier Lieutenant Stevens über die Versenkung der *Candidate* durch das U-Boot befragt.

«Was sagen Sie da? Der Marinetrawler ist feige geflohen?»

«Ja, Sir.»

«Konnten Sie seinen Namen erkennen?»

«Es war die *Lawrenny Castle,* Sir.»

«Stimmt, mein Sohn, die gehört zu meiner Patrouille», versetzte der Lieutenant. «Merken Sie sich diesen Namen gut.»

Innerhalb einer Stunde hatte die *Lord Allendale* das Feuerschiff von Coningbeg erreicht, und bald tauchte auch die *Lawrenny Castle* aus dem Nebel auf und warf Anker. Lieutenant Stevens ging an Bord, stellte ihren Kapitän unter Arrest und befahl ihm, sofort Rosslare, den nächsten irischen Hafen, anzulaufen.

Kapitänleutnant Schwieger, der den Kurs geändert hatte, um sein Boot außer Reichweite der *Lawrenny Castle* zu bringen, sichtete einen weiteren Dampfer an Backbord dwars. Um vor dem Neuankömmling Position zu beziehen, mußte er seinen Leuten im Maschinenraum volle Kraft voraus befehlen. Die beiden Diesel des *U 20* hämmerten, doch der Dampfer verschwand in einer Nebelbank.

Schwieger sprang wütend von der Brücke, seine Ausgucke hinterher, und ließ tauchen. Er lief mit Höchstgeschwindigkeit unter Wasser und erreichte eine Position vor dem Dampfer, von der aus ein Bugschuß möglich war. Das Schiff aber fuhr so rasch an Backbord dwars vorbei, daß ein günstiger Abfangwinkel nicht zu erreichen war und der Angriff aufgegeben werden mußte.

Wieder wurde der Nebel dicker, so daß *U 20* seine Fahrt unter Wasser fortsetzen mußte. Um 13.45 Uhr MEZ hatte es ein wenig aufgeklart. Schwieger machte durchs Periskop einen

Dampfer an Backbord voraus aus. Er war so ungeduldig, daß er gar nicht erst wartete, bis Lotse Lanz die Nationalität festgestellt hatte, sondern sofort einen Bugschuß mit einem G-Torpedo befahl.

Es war ein sauberer Schuß über dreihundert Meter; der Torpedo traf das Ziel dicht beim Vormast. Das Schiff leckte und begann über den Bug zu sinken. Als die Mannschaft über die Reling in kleine Boote stieg, stellte Lanz fest, daß das Schiff aus England kam und ungefähr 6000 BRT groß war. Sein Name war getilgt worden, und es führte keine Heckflagge.

Eine gute Stunde später, als Schwieger aufzutauchen beschloß, hielt sich der Dampfer noch immer an der Oberfläche. Zum zweiten Mal an diesem Tag befahl er: «Fertigmachen zum Angriff!» Der Befehl wurde an die Bedienungsmannschaft der Bugtorpedorohre weitergegeben und von ihr bestätigt.

«Torpedo klar!» bellte Schwieger ins Sprachrohr.

«Klar zum Angriff», meldete Oberleutnant Weisbach, der die Back des Dampfers im Fadenkreuz des Periskops hatte.

«Feuer!»

Der Bronzetorpedo traf das Vorschiff des Dampfers. Auf die Explosion folgte ein gedehntes Zischen. Schwieger wartete den Untergang des Schiffes nicht erst ab, sondern kletterte mit den anderen von der Brücke. Die Luken wurden zugeschlagen und verschraubt. Die Männer drängten in den Kommandantenraum, als das U-Boot auf 24 Meter Tiefe ging. Der Untergang des Dampfers, schrieb Schwieger später in sein Tagebuch, war «so gut wie sicher».

Der Nebel war unterdessen so dicht, daß die Sichtweite nur noch dreißig Meter betrug. Schwieger beschloß, unter Wasser zu bleiben und für die Nacht hinaus ins offene Meer zu fahren. Sein Boot war vom Summen angeregter Unterhaltungen und von Kochdünsten erfüllt. Er spürte, daß sich die Spannung seiner Mannschaft gelöst hatte.

An diesem Abend traf er eine Entscheidung, die den Gang der Weltgeschichte verändern sollte. Er beschloß nämlich, die Fahrt nach Liverpool abzubrechen. In seinem Tagebuch führte er fünf Gründe auf, weshalb er nicht in sein Operationsgebiet fuhr:

1. Mit einer Besserung des nebligen Wetters war erst nach Tagen zu rechnen.
2. Er würde den Zerstörern im St.-Georgs-Kanal und in der Irischen See über Wasser nicht entgehen können und deshalb zu lange getaucht fahren müssen.
3. In nebligen Nächten konnte er vor Liverpool nicht Ausschau nach auslaufenden Truppentransportern halten, ohne von den Geleitzerstörern entdeckt zu werden.
4. Er würde so viel Treibstoff verbrauchen, daß er nicht mehr auf dem Rundkurs um die Südküste Irlands nach Deutschland heimfahren könnte. Eine Rückkehr durch den Kanal, in dem *U 20* auf der letzten Fernfahrt auf Patrouillen gestoßen war, wollte er nach Möglichkeit vermeiden.
5. Er hatte nur noch drei Torpedos übrig. Laut Befehl mußte er zwei für die Rückfahrt aufheben. Vier hatte er bereits abgeschossen, einer hatte sein Ziel verfehlt. Nun blieb ihm nur noch einer übrig, den er auf ein Schiff loslassen konnte.

Schwieger beschloß, im Irischen Kanal zu kreuzen, südlich vor der Einfahrt zum Bristol Channel, bis ihm nur noch drei Fünftel seines Treibstoffs blieben. In diesem Gebiet würden sich mehr Angriffsmöglichkeiten bieten, und es gab auch bestimmt weniger feindliche Abwehrmaßnahmen.

Charles Frohman strahlte, als er in seiner Suite Mitpassagiere und Cunard-Personal bewirtete. Seine Schmerzen hatten offensichtlich nachgelassen, und nun, da das Ende der Reise in Sicht war, freute er sich auf den Theaterabend am Samstag. Im schwarzen Anzug mit schwarzer Seidenkrawatte unter dem Stehkragen spielte er den jovialen Gastgeber, und nur der napoleonische Ring an seinem kleinen Finger war eine Konzession an den flamboyanten Stil, der vom Theatervolk erwartet wurde. Er wollte die während der Reise einsam verbrachten Tage unbedingt wettmachen.

Auf den Beistelltischen standen Tabletts mit Canapés, und auf seinem Schreibtisch, den Stainton von Manuskripten befreit hatte, wurde Champagner eingeschenkt. Lachen und Stimmengewirr erfüllten den Salon. Unter den Gästen befanden sich Alfred Vanderbilt, Charles Klein, Justus Miles Forman und die Schauspielerinnnen Rita Jolivet und Josephine Brandell. Kapitän Turner und Stabskapitän Anderson kamen kurz herein. Frohman wies Stainton an, auch an die Schiffsbarbiere Champagner auszuschenken. Er hatte die Zeit, in der er für zehn Dollar die Woche Zeitungen gezählt hatte, nicht vergessen.

In einer anderen Suite verteilte George Kessler Cocktails an eine Runde, zu der die alte Dame Georgina Morell, Fred Gauntlett und die beiden anderen Schiffsbauer, Charles Lauriat, Theodate Pope und ihr Gefährte Edwin Friend, Isaac Lehmann und Kesslers neue Freunde, das Ehepaar Pearson, gehörten. Stabskapitän Anderson schaute herein und war fast so heiter wie Kessler selbst, der immer noch nicht verstehen konnte, weshalb es ihm nicht gelungen war, Kapitän Turner zu einer Rettungsübung für die Passagiere zu überreden.

«Haben Sie eine Erklärung dafür?» fragte er den Stabskapitän.

«Die Entscheidung liegt allein beim Käpt'n», gab Anderson zurück.

Kessler, der es eilig hatte, nach England zu kommen, wollte sich seinen gedrängten Terminplan auf keinen Fall von U-Booten verderben lassen.

Das aus einer Seite bestehende *Cunard Daily Bulletin* war an diesem Donnerstagmorgen voller Kriegsberichte gewesen, die alle so optimistisch klangen, als seien sie mit Absicht ausgewählt worden, um für gute Stimmung zu sorgen. Die Gäste beredeten lebhaft, was sie über die alliierten Geländegewinne an der Westfront und bei den Dardanellen gelesen hatten; auch die Aussicht auf Italiens Kriegseintritt erregte Aufsehen. Die ermutigenden Nachrichten heiterten Mrs. Morell auf, die sich um ihren Sohn und ihren Enkel, die beide bei den britischen Streitkräften dienten, und um ihre Tochter, die an der Front Rotkreuzschwester war, Sorgen machte.

Margaret Mackworth gehörte zu den wenigen Passagieren der Ersten Klasse, die sich auf der Reise langweilten. Als sie sich zum Abendessen umzog, das sie mit Howard Fisher und Dorothy Conner einnehmen wollte, dachte sie, wie ereignislos die Überfahrt doch gewesen war. Sie sagte das auch zu ihrem Vater, doch er schien gar nicht hinzuhören; er hatte sich auf der *Lusitania* gut amüsiert und freute sich schon auf das Wohltätigkeitskonzert zugunsten eines Seemannsheims nach dem Dinner.

Alice Lines, das Kindermädchen der Pearls, wollte ebenfalls ins Konzert und zu dem anschließenden Tanz gehen. Während die Pearls schon zum Aperitif vorgingen, fütterte sie die kleine Audrey. Ein Steward klopfte an die Kabinentür und bat, die Vorhänge vor den Bullaugen zuziehen zu dürfen. «Wir nähern uns Irland», erklärte er. «Alle Bullaugen müssen verdunkelt werden.» Nichts hatte Alice im Lauf der Überfahrt an Gefahr erinnert. Die Übung an den Rettungsbooten hatte sie nicht beunruhigt, und abgesehen von ihren Pflichten bei der Versorgung der Kinder kam sie sich fast verwöhnt vor. Das Essen war ausgezeichnet, und jeden Morgen brachte ihr der Steward den Tee ans Bett. Am Tag aß sie mit den Kindern in ihrem Speisesaal; abends durfte sie mit den Pearls im Salon am Tisch sitzen, während ihre Kollegin Greta oder eine Stewardeß auf die Kinder aufpaßte. Greta ging lieber mit den älteren Kindern zum Nachmittagstee, während Alice es vorzog, den Tee an Deck zu nehmen und den Klängen des Schiffsorchesters zu lauschen. Um sechs hatten die beiden Mädchen die Abendmahlzeit der Kinder überwacht und machten sich nun, da die Kleinen fest schliefen, für Dinner und Konzert zurecht.

Normalerweise fand das Wohltätigkeitskonzert am letzten Abend der Reise statt, doch da die *Lusitania* am Samstag sehr früh am Morgen in Liverpool einlaufen sollte, beschloß Anderson, es schon auf den Donnerstagabend anzusetzen.

Unter anderen lud er auch die Sullivans ein, etwas zu singen oder vorzutragen, doch das Ehepaar lehnte ab. Julia hatte erfahren, daß er das Schiff von oben bis unten nach Laienkünstlern durchkämmt hatte, die die reichen Passagiere unterhalten konnten, und am erfolgreichsten in der Dritten Klasse gewesen war.

Als Charles Lauriat noch einmal rasch in seine Kabine eilte, ehe er zum Abendessen ging, fiel ihm auf, daß seine Vorhänge zugezogen waren und daß sein Steward dem Mann vom Nachtdienst einen Zettel hinterlassen hatte, auf dem stand, welche Bullaugen offen gewesen waren, als seine Wache zu Ende ging.

Keiner der Passagiere, die sich nun für Abendessen und Konzert fertig machten, konnte wissen, daß zwar die Zeitungsredakteure auf beiden Seiten des Atlantiks die Reise der *Lusitania* mit Sorge verfolgten, das Schiff selbst aber seit einigen Tagen nicht wieder in den Nachrichtenspalten aufgetaucht war, abgesehen von einem kurzen Bericht, den der New Yorker Korrespondent der *Evening News* am Mittwoch nach London gekabelt hatte.

Kapitän Max Müller vom Norddeutschen Lloyd hatte in einem Interview behauptet, Deutschland bereite eine Seeoffensive von «noch nie dagewesener Härte» vor, um die Briten von den Meeren zu vertreiben. Derweil andere Nationen Schlachtschiffe bauten, arbeite Deutschland Tag und Nacht an der Vervollkommnung der U-Boote. Es möge Großbritannien zwar gelungen sein, Deutschlands Überseehandel vorübergehend lahmzulegen, erklärte Müller, doch das Reich sei nun zur Vergeltung bereit, und Amerikaner, die in der Kriegszone nichts verloren hätten, reisten auf eigene Gefahr.

«Und was die *Lusitania* angeht», warnte Müller, «die kriegen wir bestimmt.»

Kapitän Turner kehrte von Frohmans Party an seinen mit Papieren überladenen Schreibtisch zurück. Er wollte sich gerade setzen, als Page William Holton ihm eine Nachricht aus der Funkerkabine reichte: U-BOOTE VOR SUEDKUESTE IRLANDS AKTIV.

Turner kam diese Nachricht unvollständig vor. Es mußte doch weitere Einzelheiten geben. «Moment mal, Junge», rief er Holton nach, schrieb eine Frage auf seinen Notizblock, riß das Blatt ab und gab es dem Jungen, der damit in die Funkerkabine eilte. Turner betrat den Brückenaufgang. Er wunderte sich über die fünf Worte lange Warnung, die erste direkte Nachricht an die *Lusitania.* Innerhalb weniger Minuten händigte ihm Holton einen weiteren Funkspruch aus. Der Wortlaut war identisch. Turner beschloß, nicht am Dinner teilzunehmen. Anderson konnte seinen Platz am Kapitänstisch einnehmen. Er war die Umgänglichkeit in Person und eine unerschöpfliche Fundgrube für Anekdoten. Kein anderer Offizier war geeigneter, mit den «Affen» zu schnattern.

Bald würde es dunkel werden. Im Vorschiff sah er zwei Besatzungsmitglieder statt wie üblich nur einen Bugausguck. Auch im Krähennest standen zwei Männer. Die Rettungsboote waren aufgedeckt und ausgeschwenkt. Alle wichtigen Schotten waren geschlossen. Im Augenblick überzeugten sich die Stewards gerade davon, daß in den Passagierkabinen sämtliche Bullaugen verdunkelt waren. Er hatte alle erforderlichen Vorsichtsmaßnahmen getroffen.

Er konnte nicht wissen, daß der Funkspruch über die Radiostation in Valentia an der irischen Küste gegangen war und direkt von Vizeadmiral Coke in Queenstown stammte. Es war Cokes Entscheidung gewesen, die *Lusitania* direkt zu warnen. Turner stand nach 21.30 Uhr noch immer auf der Brücke, als ein Page die Wiederholung eines Funkspruchs brachte, den die Admiralität in der vergangenen Nacht kurz nach zwölf Uhr ein erstes Mal gesendet hatte: LANDSPITZEN MEIDEN. HAEFEN MIT HOECHSTFAHRT PASSIEREN. IN KANALMITTE HALTEN. U-BOOTE VOR FASTNET.

Wahrscheinlich würde die *Lusitania* Fastnet Rock noch vor Tagesanbruch umrunden. Turner hatte vor, einen weiten Bogen darum zu schlagen.

Nach dem Abendessen füllte sich der Salon der Ersten Klasse rasch mit Konzertbesuchern. Die Passagiere, die den Salon auf dem Bootsdeck mit den elektrischen Aufzügen oder über die große Treppe erreicht hatten, machten es sich auf den Sesseln und Sofas bequem, die Männer im Abendanzug, die Frauen in dekolletierten Kleidern. Charles Frohman, den jedes öffentliche Spektakel magisch anzog, kam mit seinem ganzen Gefolge; Lady Allan brachte ihre Töchter mit. Die Hubbards glichen eher Schauspielern in einem Kostümdrama als Zuschauern. D. A. Thomas hatte seine Tochter überredet, ihn zu begleiten, um sich den Waliserchor anzuhören. Rita Jolivet und Josephine Brandell, die nicht zusammen mit Amateuren auf die Bühne treten wollten, saßen neben Männern, die sie an Bord kennengelernt hatten. Einige junge weibliche Passagiere, die zum Programmverkauf engagiert worden waren, dessen Erlös dem Seemannshilfswerk zufließen sollte, gingen durch die Reihen. «Tut mir leid, aber ich habe schon ein Programm», sagte Alfred Gwynne Vanderbilt zu einer jungen Kanadierin, die vor ihm stehengeblieben war. Sie wollte sich gerade entschuldigen, als er seine schweinslederne Brieftasche zog und ihr einen Fünf-Dollar-Schein gab.

«Hier», meinte er, «das ist für Ihr hübsches Lächeln.»

Sie errötete. «Moment, ich muß erst Wechselgeld finden. Unsere Programme kosten nur zehn Cent.»

«Kommt nicht in Frage», erwiderte Vanderbilt fest.

Als alles Platz genommen hatte und der Waliserchor die erste Weise anstimmte, schlichen sich die Sullivans leise in den Salon und setzten sich hinter den Blumenkästen unter Palmen, die Julia an Florida erinnerten. Sie lauschte dem Chor und ließ ihren Blick über die reichverzierte Decke schweifen. Der Teppich war so dick, daß sie glaubte, ihre Schuhe würden darin versinken. «Flor», flüsterte sie ihrem Mann zu, «ist es hier nicht schöner als in einer Klosterkirche?»

Er nickte zustimmend. «Und es ist auch viel größer.»

Ein Pianist spielte die neuesten Schlager, und ein schottischer Komödiant erzählte Witze, die die Amerikaner nicht verstanden.

Passagiere, die regelmäßig den Atlantik überquerten, wußten, daß die übliche Abschiedsrede bevorstand, als Kapitän

Turner während der Pause durch den vollbesetzten Zuschauerraum zur Bühne ging. In bärbeißigem Ton sprach er allen seinen Dank aus und gab der Hoffnung Ausdruck, daß die Reise angenehm gewesen war. Er erwähnte die Warnung vor U-Booten in der Kriegszone. «Aber selbstverständlich», versicherte er, «besteht kein Anlaß zur Sorge. Wir laufen am frühen Samstagmorgen in Liverpool ein.»

Der Kommodore strahlte zwar Zuversicht aus, aber nur wenigen Passagieren war entgangen, daß man die Rettungsboote ausgeschwenkt, die Lichter an Deck gelöscht und die Bullaugen mit dicken Vorhängen verdunkelt hatte.

«Droht uns irgendwelche Gefahr, Käpt'n?» rief jemand.

«Im Krieg», versetzte Turner, «droht immer Gefahr. Ich muß aber wiederholen, daß kein Anlaß zur Sorge besteht.» Er wünschte allen einen angenehmen Abend und fügte hinzu: «Noch eine Bitte an die Gentlemen, die gerne Zigarren rauchen. Zünden Sie sie nicht an Deck an.»

Die meisten Zuhörer waren bereit, den beschwichtigenden Worten des Kapitäns zu glauben, und warteten unbeschwert auf den Rest des Programms. Ein junger Tenor aus dem Chor sang walisische Lieder und Opernarien. «Die Metropolitan Opera ist auch nicht besser», wisperte Julia Sullivan ihrem Mann zu. Zum Ende des Konzerts hin sang eine Frau den Schlager der Saison: «When I Leave This World Behind». Julia klatschte begeistert.

Nach dem Konzert beschloß Charles Lauriat, in der Schiffslotterie eine Zahl zu kaufen. Während der Reise hatte er nicht mitgewettet, war nun aber sicher, daß die *Lusitania* auf dem letzten Stück durch den Irischen Kanal nach Liverpool Extratempo zulegen würde. Für drei Pfund erstand er die höchste Nummer, 499.

Die Sullivans und Pat Callan begaben sich in den Rauchsalon der Ersten Klasse, um den Kartenspielern zuzusehen. Nach einer Weile traten sie an Deck und in eine kühle Mainacht. Julia sah junge Paare flanieren und in dunklen Ecken schmusen, als hätten sie das Ende der Reise am liebsten noch lange hinausgezögert. Auch die Tochter der dicken Reichen beobachtete sie wieder, wie sie im Windschatten eines Rettungsbootes mit ihrem jungen Mann flüsterte.

Jack Walsh und Gerda Nielson hatten im Speisesaal der Dritten Klasse ihre eigene Lieblingsecke gefunden, doch da der Raum zu groß und unpersönlich war, gingen sie nach Einbruch der Dunkelheit eng umschlungen an Deck spazieren. Der junge Ingenieur erzählte Gerda von seinen Abenteuern im Burenkrieg und wie er sich während der zehn Jahre in Amerika zweitausend Dollar zusammengespart hatte, die er nun heim nach Manchester brachte. Er war glücklich; beim Einschiffen in New York hatte er keinen Menschen gekannt, und jetzt war er eng mit George Hook und Familie befreundet und obendrein in Gerda verliebt. Er kam zu dem Entschluß, um ihre Hand anzuhalten.

Um Mitternacht lösten der Erste Offizier Jones und der Dritte Offizier Lewis Hefford und Bestic auf der Brücke ab. Noch sechsunddreißig Stunden, dann würden sie in Liverpool an Land gehen. «Geschafft?» würden Verwandte und Freunde zur Begrüßung fragen. Und die Antwort wäre: «Selbstverständlich haben wir es geschafft. Glaubt ihr vielleicht, die Deutschen könnten ein Schiff wie die *Lusitania* erwischen?» Dabei würden sie einen stolzen Blick zurück auf den majestätischen Liner werfen, der an dem Kai lag, an dem er seit sieben Jahren so pünktlich wie die Eisenbahn eingetroffen war.

13 In der Gefahrenzone

Freitag, 7. Mai

Kapitän Turner schritt bei Tagesanbruch auf die Brücke. Er hatte schlecht geschlafen. Die Gewißheit, daß sein Schiff noch vor dem Morgen die offizielle Gefahrenzone erreichen würde, ließ ihm keine Ruhe. Noch unruhiger wäre er gewesen, wenn er gewußt hätte, daß in diesen Gewässern seit Samstag dreiundzwanzig Handelsschiffe torpediert und erst gestern die *Candidate* und die *Centurion* vor der irischen Küste versenkt worden waren. Doch die Admiralität hatte ihn nicht über die Attacken informiert.

Man hatte ihn auf die Brücke gerufen, als es neblig wurde. Turner hatte eine Reduzierung der Geschwindigkeit auf 18 Knoten befohlen. Wenn er weiterhin mit 21 Knoten lief, würde sein Dreißigtausend-Tonnen-Liner vor Eintreten der Hochflut die Sandbänke vor Liverpool erreichen und müßte dann, den Angriffen des Feindes voll ausgesetzt, vor der Mündung des Mersey auf die Flut und den Lotsen warten. Bei geringerer Fahrt würde das Schiff die Barre von Liverpool wahrscheinlich bei Hochflut erreichen und um vier Uhr früh über die Untiefen hinweggetragen werden. Über ihm verschwand der Topp immer wieder im Nebel; Tau haftete in Myriaden weißer Perlen an den Flaggleinen. Alle zwei Minuten brüllte das von einem automatischen Schalter betätigte Nebelhorn seine Warnung in die wirbelnde Suppe. Turner fröstelte.

Der Erste Offizier Jones und der Dritte Offizier Lewis standen bei ihm auf der Brücke. Auch sie hatten von den letzten U-Boot-Warnungen gehört; und nun kam kurz vor dem Eintreffen des Dampfers in der Gefahrenzone als zusätzlicher Risikofaktor der Nebel hinzu.

Lewis und Jones blieben als Wache auf der Brücke, während Turner in seine Kajüte ging, um sein Lieblingsfrühstück,

Räucherhering mit gekochten Eiern, einzunehmen. Selbst in einer Krise verlor er seinen herzhaften Appetit nie. Er hatte acht Ausgucke aufgestellt, die alle zwei Stunden abgelöst wurden: zwei im Bug, zwei im Krähennest, zwei im Heck und je einen Steuermann auf den beiden Brückennocken. Obwohl sich seine Offiziere auf der Brücke den Hals verdrehten, um zu sehen, was vor ihnen lag, konnten sie im Nebel außer zwei undeutlichen Gestalten im Bug nichts erkennen.

Unter den Passagieren hatte sich am Donnerstagabend herumgesprochen, daß bald Land in Sicht kommen mußte. Julia Sullivan fand das so aufregend, daß sie ihren Mann und Pat Callan überredete, sich bei Tagesanbruch aufs Deck zu begeben, um einen ersten Blick auf die Hügel von Kerry zu erhaschen. Es war jedoch so finster, kalt und neblig, daß sie das Deck eilends wieder verließen und sich vornahmen, nach dem Frühstück zurückzukommen.

Albert Bestic lauschte dem erstickten Ton des Nebelhorns, als er vor Beginn seiner Wache am Frühstückstisch saß. Wie anders klang es doch hier im Salon im Vergleich zu dem Brüllen, das man in den Ohren hatte, wenn man auf der Brücke stand. Dennoch beschwerten sich die Passagiere regelmäßig über den Lärm.

David Thomas saß mit seiner Tochter und Dorothy Conner beim Frühstück und grummelte: «Dieses elende Nebelhorn verrät doch nur unsere Position.»

Margaret neckte ihn. «Wirklich? Ich habe gerade gehofft, daß es im Kanal ein bißchen Nervenkitzel gibt!»

Josephine Brandell war durch Kapitän Turners Bemerkung über U-Boote so sehr in Furcht versetzt worden, daß sie eine Mitreisende gebeten hatte, sie in ihrer Kabine schlafen zu lassen; die arme Frau hatte die Schauspielerin fast die ganze Nacht über beruhigen müssen. Auf dem Weg zum Frühstück fiel Josephine auf, daß manche Leute vor Angst nicht in ihren Suiten, sondern in den Salons geschlafen hatten.

Auch Harold Boulton traf im Salon auf Passagiere, die dort übernachtet hatten und gerade ihre Kissen und Decken einsammelten, um sich ankleiden zu gehen. Boulton war aus Gesundheitsgründen aus der Armee entlassen worden und kehrte nach einem Besuch in den Vereinigten Staaten nach Hause zurück. Er erkundigte sich bei einem Besatzungsmitglied, ob sie wegen des Nebels langsamer fuhren. «Nicht nur wegen des Nebels, Sir», antwortete der Mann. «Wir sparen Kohle und halten Druck in Reserve, damit wir rasch Fahrt zulegen können, wenn wir ein U-Boot ausmachen.»

James Brooks trank im Speisesaal der Ersten Klasse seinen Kaffee und fand, daß die Geschwindigkeit des Liners «deutlich spürbar» gefallen war, was ihm Sorgen bereitete. Er hatte die ausgeschwenkten Rettungsboote mit befestigten Steuerrudern gesehen und festgestellt, daß sie mit Ausnahme zweier Boote mittschiffs nicht einfach nur an den Taljen hingen, an denen sie zu Wasser gelassen wurden, sondern zusätzlich mit einer schweren Kette mit den Davits verbunden waren. Bedeutete es im Notfall nicht eine gefährliche Verzögerung, wenn man erst diese Ketten lösen mußte?

Charlotte Pye, die mit ihrer achtzehnmonatigen Tochter Marjorie in der Zweiten Klasse reiste, gewann den Eindruck, daß ihre Mitreisenden beim Frühstück verstört waren. Sie war von Edmonton unterwegs nach England zu ihrem Mann, der ihr die *Lusitania* empfohlen hatte, weil sie das schnellste Schiff war. Nach dem Frühstück traf sie an Deck H. L. Gwyer, einen jungen Geistlichen, der ebenfalls aus Edmonton kam und mit seiner jungen Frau reiste.

«Wußten Sie, daß wir in der Gefahrenzone sind?» fragte er.

Sie geriet plötzlich in Unruhe. «Sind wir denn auch sicher?»

«Hm, ich kann mir wohl vorstellen, daß etwas passiert, und habe mir deshalb vorgenommen, heute abend an Deck zu bleiben.»

Oliver Bernard war beim Frühstück gereizt; das Nebelhorn verdarb ihm den Appetit. Wenn die Passagiere nun, da die Gefahrenzone erreicht war, ohnehin Angst bekamen, konnte ihnen dieses dauernde Röhren schwerlich Mut machen; er verstand nicht, warum Kapitän Turner die Position seines Schiffes verkünden wollte, wo doch deutsche U-Boote die Gegend unsicher machten. Keiner der Offiziere ließ sich Besorgnis anmerken, und um ihn herum schien beim Frühstück Vorfreude zu herrschen, als warteten alle nur darauf, daß sich der Nebel lichtete und der Liner Tempo zulegte.

Der Nebel hing wie ein Leichentuch um Walter Schwieger. Seit Tagesanbruch war sein Boot aufgetaucht gefahren. Während die Batterien aufgeladen wurden, stand er auf der Brücke, die Hände fest auf der Reling und die Lederjacke bis zum Hals zugeknöpft. Das U-Boot kam langsam voran, da es nur von einem der zwei Dieselmotoren angetrieben wurde – der andere war von der Schraubenwelle abgekuppelt worden und lud über den Generator die Batterien. Noch immer grübelte Schwieger über seinen Plan, nach Deutschland zurückzukehren, anstatt sein Operationsgebiet vor Liverpool anzulaufen. Nach sieben Tagen auf See spürte er, wie die Anspannung der Männer zunahm. Obwohl die frische Morgenluft durch die Luken wehte, stank es unten erbärmlich, und die Männer lagen teilnahmslos in Hängematten oder ihren zwischen Bordwand und Torpedorohren eingezwängten Kojen. Das Grammophon stand still. Funker Otto Rikowsky hörte die Hunde winseln und gab ihnen etwas zu fressen; die armen Tiere sehnten sich nach frischem Futter.

Schwieger hatte Weisbach von seinem Vorhaben erzählt. Der Nebel dieses Morgens machte seinem Zögern ein Ende. Je länger er in diesem Wetter an der Oberfläche blieb, desto größer war die Gefahr, daß sein U-Boot gerammt wurde und seinen Auftrag, feindlichen Schiffen den Todesstoß zu versetzen, nicht mehr erfüllen konnte. Um Punkt 10.00 Uhr MEZ schrieb er in sein Tagebuch: «Da der Nebel noch immer dicht ist, habe ich beschlossen, nun die Heimfahrt anzutreten.» *U 20* war zu diesem Zeitpunkt weniger als 100 Meilen von der *Lusitania* entfernt, doch über diese Entfernung konnte das Unterwasser-Horchgerät das Schraubengeräusch des Liners nicht auffangen.

Kurz nach neun Uhr am Vormittag erfuhr Vizeadmiral Coke, daß am Donnerstag die *Centurion* versenkt worden war. Berichte über die Sichtung von U-Booten hatte er bereits an die Admiralität weitergegeben und sorgte sich sehr wegen der Gefahr, die sie vor dem Hafen darstellten. Er schaute aus dem Fenster seines Zimmers im ersten Stock des Admiralitätsgebäudes in Queenstown und konnte im Nebel noch nicht einmal die beiden Forts ausmachen, die die Hafeneinfahrt flankierten. Warum hatte die Admiralität einen vollen Tag gebraucht, um ihn über den Verlust der *Centurion* zu informieren? Er konnte nur annehmen, daß das mangelnde Echo auf seine Berichte auf persönliche Animositäten zwischen den Admiralen und die daraus folgende Uneinigkeit in Whitehall zurückzuführen war.

Churchill war an diesem Morgen in Frankreich unterwegs zu Sir John Frenchs Hauptquartier an der Front und plante, sich den Angriff, den die Franzosen für Sonntag im Morgengrauen vorhatten, selbst anzusehen. Er machte sich Sorgen, daß die alliierten Verbände das ihnen gesetzte Ziel nicht erreichen könnten.

Lord Fisher war über Churchills impulsive Planänderungen entsetzt. «Winston hat jede Initiative in der Admiralität derart monopolisiert und jagt so viele Aktennotizen los», schrieb er, «daß alle meine Kollegen nicht länger leitende Lords sind, sondern nur noch Statisten des Ersten Lords.»

Die beiden Männer hatten grundverschiedene Arbeitsgewohnheiten. Churchill arbeitete bis in die frühen Morgenstunden und schlief lange; Fisher hingegen war Frühaufsteher, ermüdete nachmittags rasch und ging um neun zu Bett. Churchill mißtraute hohen Marineoffizieren, die er nicht dominieren konnte, und machte aus seinem Ehrgeiz keinen Hehl, von Premier Asquith «uneingeschränkt den Militärbehörden zur Verfügung» gestellt zu werden. Viel lieber hätte er die Armee geleitet, anstatt in der Admiralität zu präsidieren. Den Ersten Seelord brachte er mit seiner Angewohnheit in Rage, ihn erst dann zu konsultieren, wenn die entsprechenden Signale an die Flotte schon abgegangen waren.

Am Morgen des 7. Mai war Fisher zu einer Entscheidung anscheinend unfähig, oder er begriff den Ernst der Krise vor Irlands Südküste einfach nicht. Die Lage erforderte unbedingt Churchills Anwesenheit, denn mit jeder Stunde, die verstrich, geriet die *Lusitania* in eine gefährlichere Position.

Vizeadmiral Coke störte sich an der Unzulänglichkeit seiner Patrouille. Laut Berichten der Beobachtungsstationen entlang dem Küstenstrich zwischen Waterford und Cape Clear war Abschnitt 21 von U-Booten verseucht. Nur fünfzehn seiner vierzig Schiffe, bei anderen Marinestellen abschätzig als «Operetten-Navy» bekannt, fuhren vor dem 180 Meilen langen Küstenabschnitt Patrouille; der Rest war entweder in Reparatur oder bunkerte Kohle. An diesem Vormittag lief der Kreuzer *Juno* nach einer durch den Nebel bedingten Verzögerung zurück nach Queenstown. Selbst dem Flaggschiff der irischen Küstenwache begann man sein Alter anzumerken. Seine müden Maschinen gaben nicht mehr als 18 Knoten her, und obwohl es tapfer seine elf Sechszöller zur Schau stellte, war es für U-Boote verwundbar. Ein wachsamer U-Boot-Kommandant konnte sich ohne Schwierigkeiten durch Tauchen in Sicherheit bringen, wenn die *Juno* einen Rammversuch unternahm.

Coke, der nervös zwischen dem Fenster und seinem Schreibtisch auf- und abging, sorgte sich um seine Schiffe ebensosehr wie um die herannahende *Lusitania.* Seine Kapitäne waren angewiesen worden, ihre Aufmerksamkeit auf jene Stellen zu konzentrieren, an denen Schiffahrtswege zusammenliefen, Brow Head oder das Feuerschiff vor Coningbeg zum Beispiel, und hatten den Befehl, Handelsschiffe zu warnen, damit sie Landspitzen mieden, sich in der Mitte des Kanals hielten und Häfen mit voller Fahrt passierten. Die Berichte, die er einmal wöchentlich erhielt, verrieten ihm, daß die Handelsschiffe diese Anweisungen ignorierten. Häufig mußte seine Patrouille die Signalflagge mit der Aufforderung: «Weiter draußen halten» hissen, um Dampfer und Segler aus Küstennähe zu vertreiben.

Von der Versenkung der *Candidate* hatte Coke kurz vor elf Uhr am Vormittag erfahren und wurde nun noch unruhiger.

Die *Lusitania*, das größte und schnellste Schiff in Abschnitt 21, mußte binnen weniger Stunden vor Queenstown eintreffen. Er beschloß, ihr eine weitere direkte Botschaft zu senden. Er begann mit einer verschlüsselten Frage, QUESTOR, mit der der Liner gebeten wurde, das Kennzeichen seines Codes zu senden.

Die *Lusitania* antwortete mit WESTRONA, was bedeutete, daß sie die erste Ausgabe des Handelsschiffahrtscodes benutzte. Coke sendete nun zwei Warnungen vor U-Booten an den Passagierdampfer. Er fragte sich sogar, ob es nicht klüger wäre, die *Lusitania* in den Hafen von Queenstown umzuleiten, um der stündlich wachsenden Gefahr besser zu begegnen. Vor wenigen Monaten waren die *Transylvania*, damals unter Kapitän Turner, und die *Ausonia* nach Queenstown gerufen worden, weil sie schwere Geschütze aus den Staaten an Bord hatten.

In Liverpool war Alfred Booth über die Nachricht von der Versenkung der *Candidate* und *Centurion* ebenso schockiert wie Coke. Anstatt eine Nachricht an Turner zu senden, wandte er sich direkt an Admiral Stileman, den ranghöchsten Marineoffizier in Liverpool, und bat ihn, den Liner über die Versenkung der beiden Handelsschiffe zu informieren. Alfred und George Booth stimmten überein, daß die *Lusitania* in einer äußerst heiklen Lage war. Beide nahmen an, daß sie aus Sicherheitsgründen nach Queenstown umgeleitet werden würde.

Seit Mitternacht hatte die *Lord Allendale* mit vierundvierzig Besatzungsmitgliedern der *Candidate* an Bord in einer Bucht vor Anker gelegen. Um zehn Uhr früh kam ein Marineschnellboot längsseits, und Kapitän Sandiford ging an Bord. Lieutenant Stevens, der in seiner goldbetreßten Uniform flott aussah, folgte ihm und forderte den Hilfskoch Fred Smyth auf: «Sie auch, junger Mann.» Rasch wurden sie von der *Lord Allendale* fort nach Queenstown gebracht.

Im Admiralitätsgebäude wurde Smyth von einem Offizier in Empfang genommen, der ihm nüchtern eine Reihe von Fragen über die Versenkung der *Candidate* und das feige Verhalten der *Lawrenny Castle* stellte. Dann mußte er warten, bis der Offizier mit der maschinenschriftlichen Ausfertigung seiner

Aussage zu den Vorkommnissen des 6. Mai zurückkam und ihn bat, das Original und zwei Durchschläge zu unterschreiben. Der junge Koch fragte neugierig, was denn nun mit seiner Aussage geschehe. «Eine Kopie geht an Mr. Churchill, den Ersten Lord», erhielt er zur Antwort.

Fred Smyth verließ das Dienstzimmer in der festen Überzeugung, daß die Admiralität aufgrund seiner Aussage etwas unternehmen würde.

Wie aus einem gigantischen Wattekokon dampfte die *Lusitania* aus der Nebelbank in die helle Morgensonne. Für Turner war das die Aufforderung, aus seiner Ecke auf der Brücke herauszukommen und neue Befehle zu geben. Augenblicklich verstummte das trotzige Trompeten des Nebelhorns. Die Maschinen begannen wieder ihren vertrauten Rhythmus zu pochen. Es war kurz nach elf.

Nun, da sich das Wetter gebessert hatte, hätte sich Turner eigentlich sicherer fühlen müssen, doch es trafen beharrlich Warnungen vor U-Booten über die Radiostation Valentia in der Funkerkabine der *Lusitania* ein. Um 11.52 Uhr erreichte ihn eine Nachricht der Admiralität an die Außenstelle Queenstown: U-BOOTE IM SUEDLICHEN IRISCHEN KANAL AKTIV. LETZTE ORTUNG ZWANZIG MEILEN SUEDLICH CONINGBEG FEUERSCHIFF.

Turner war überzeugt, daß in diesem Gebiet mehr als nur ein U-Boot operierte. Der Liner lief stetig 18 Knoten. Turner ließ den Rudergänger Tom Evans Schlangenlinien fahren; dies war seine Auslegung des Befehls der Admiralität zum Zickzakken.

Hefford und Bestic sahen die Passagiere aus Aufenthaltsräumen und Rauchsalons kommen, um auf dem Promenadendeck spazierenzugehen oder es sich im Liegestuhl bequem zu machen. Um die Mittagszeit hörten sie laute Stimmen und sahen Passagiere an der Backbordreling aufgeregt gestikulieren. Am Horizont war ein bleistiftdünner, unregelmäßiger Strich aufgetaucht: die langerwartete Küste Irlands.

Julia Sullivan wollte kaum ihren Augen trauen. Sie packte ihren Mann beim Arm. «Flor!» rief sie. «Ehe du dich versiehst, fahren wir an Piper's Hill vorbei!» Nach Jahren in der Fremde sehnte sie sich nach einem Blick auf die Landschaft, in der sie geboren worden war. Sie schnatterte wie ein Kind und war überzeugt, schon die gekalkten Häuser auf Cape Clear erkennen zu können. Flor schlug vor, Zahlmeister McCubbin um sein Fernglas zu bitten.

Sowie sich der Nebel hob, beschloß Charles Lauriat, aus dem Bett zu steigen. Er rasierte sich, kleidete sich an und ging in den Rauchsalon, um die Donnerstagsetappe abzulesen. Während der letzten vierundzwanzig Stunden hatten sie zu seiner Überraschung nur 462 Meilen zurückgelegt. Er trat an Deck, um vor dem Mittagessen einen Spaziergang zu machen und sich die ferne irische Küste anzusehen. Selbst jetzt hatte er den Eindruck, daß die *Lusitania* nicht mit Höchstgeschwindigkeit lief; sie schien ihm nur «so dahinzubummeln».

Oliver Bernard, der sich über die Reling des Promenadendecks lehnte, konnte beim Anblick der irischen Küste nicht soviel Begeisterung aufbringen wie die anderen Passagiere. Als der Liner aus dem Nebel in einen vielversprechend schönen Frühsommertag lief, kam er zu dem Schluß, daß das Schiff «enttäuschend langsam» war. Ob der Kommodore damit rechnet, daß etwas passiert? fragte er sich.

Vor Galley Head war *U 20*, das in 24 Meter Tiefe fuhr, um nicht gerammt zu werden, knapp vierzig Meilen von der *Lusitania* entfernt. Kurz nach zehn war Schwieger auf elf Meter gegangen und hatte festgestellt, daß sich der Nebel gelichtet hatte und Sonnenschein herrschte. Um dreizehn Uhr MEZ hörte er über sich lautes Schraubengeräusch.

Rikowsky mußte sich vor seinem Funkgerät festklammern, weil das Boot heftig zu schlingern begann. Schwieger ließ auftauchen und sah durchs Periskop einen alten Kreuzer mit zwei Masten und zwei Schornsteinen. «Schnell!» rief er seinem Lotsen zu. «Sehen Sie sich das mal an.»

Lanz schaute ins Sehrohr. «Britisches Kriegsschiff, Perolus-Klasse.»

«Donnerwetter, das wäre ein Fang gewesen», grollte Schwieger.

Selbst wenn *U 20* auf die höchste unter Wasser mögliche Geschwindigkeit ging, konnte es die *Juno* nicht mehr einholen, die nun im Zickzackkurs auf Queenstown zuhielt und rasch außer Sicht kam. Überflüssig, die Torpedorohre klarzumachen, entschied Schwieger. Den Kreuzer würden sie nie im Leben erwischen. In sein Tagebuch schrieb er: «Weiteres Warten vor Queenstown scheint sich nicht zu lohnen.» Es war an der Zeit, die lange Fahrt um Fastnet Rock und heim nach Deutschland anzutreten.

Für einen Veteranen, der den Atlantik viele Male überquert hatte, war William Turner seltsam verwirrt. Das Land, das in Sicht gekommen war, war vermutlich Brow Head, nicht weit vom Fastnet Rock, doch er konnte nicht verstehen, weshalb sie den Felsen nicht schon in der Nacht passiert hatten. Inzwischen sollten sie doch nahe Queenstown sein. Wenn die gesichtete Landzunge tatsächlich Brow Head war, mußte die nächste Galley Head sein. Er rätselte noch immer an seiner wirklichen Position herum, als ihm eine weitere Nachricht der Admiralität gereicht wurde: U-BOOTE FUENF MEILEN SUEDLICH CAPE CLEAR UM ZEHN UHR AUF WESTKURS GESICHTET.

Wenn diese U-Boote hinter ihm lagen, hatte der Nebel die *Lusitania* aus der Gefahr gerettet.

Hefford und Bestic hielten angestrengt nach Landmarken Ausschau. Bestic entdeckte durchs Fernglas einen verwaschenen weißen Fleck. Das konnte der Leuchtturm auf dem Old Head of Kinsale gewesen sein, der nächsten Landspitze nach Galley Head und Seven Heads, doch mit Sicherheit ließ sich das nicht sagen. Sie waren fünfhundert Meilen gefahren, ohne Land anpeilen zu können, und mußten nun versuchen, ihre Position exakt zu bestimmen. Die *Lusitania* war auf Südostkurs, als Kapitän Turner dem Rudergänger Evans plötzlich befahl, den Kurs um dreißig Grad in Richtung Land zu ändern. Der Dritte Offizier Lewis inspizierte die unteren Decks und sah nach, ob alle Bullaugen geschlossen waren. Chefingenieur Bryce hatte die Kessel für einen Spurt im Notfall auf Hochdruck gebracht. Turner war überzeugt, daß er sicher in die Irische See fahren konnte, wenn der gekalkte Leuchtturm mit den kontrastierenden schwarzen Querstreifen erst einmal eindeutig identifiziert worden war.

Theodore Naish aus Kansas City hatte den größten Teil der Reise in seiner Kabine verbracht. Seit das Schiff New York verlassen hatte, war er seekrank gewesen. Seine Frau Belle versicherte ihm immer wieder, das Meer sei ruhig, die Brise schwach und das Wetter herrlich warm. Doch mit Worten war der Seekrankheit ihres Mannes nicht beizukommen.

Belle hatte sich über die Rettungsübung am Donnerstag aufgeregt. Ihr kamen die Boote so winzig und die Passagiere so zahlreich vor, daß sie überzeugt war, im Notfall seien die Schwimmwesten ihre einzige Hoffnung. Ihr Mann bemühte sich nach Kräften, sie zu beruhigen.

Die Kinder aus der Ersten Klasse bekamen ihr Mittagessen als erste. Alice Lines und Greta Lorenson führten die drei älteren Pearl-Kinder in den Speisesaal und ließen das Baby schlafend in Alices Kabine zurück. Zur selben Zeit packten andere Passagiere ihre Koffer und machten sich fertig für die Ausschiffung am nächsten Morgen. Jane McFarquhar und ihre Tochter Grace legten in ihrer Zweite-Klasse-Kabine frische Kleider heraus, da sie beschlossen hatten, sich nach dem Abendessen umzuziehen und die Sachen, die sie auf der Überfahrt getragen hatten, wegzupacken. Dann gingen sie an Deck, um sich die Küste anzusehen. Als sie an der Reling standen und über das glatte, sonnenhelle Wasser nach Irland hinüberschauten, dachte Mrs. McFarquhar erleichtert: Nun hat die Reise ein Ende, und nirgends ein Anzeichen von Gefahr.

Als der Liner seinen Kurs jäh um dreißig Grad änderte, war Ian Stoughton Holbourn auf dem Promenadendeck und erklärte Avis Dolphin gerade, wie alles auf dem Schiff funktionierte. Allmählich hatte er die Kleine dazu gebracht, aus sich herauszugehen, indem er ihr von seiner Shetlandinsel, den Ponys und den Seevögeln erzählte. Avis hatte hingerissen gelauscht, als er dramatische Seegedichte rezitierte, und auf ihre Klage hin, Mädchenbücher seien immer so langweilig, hatte er versprochen, eigens für sie eine Geschichte zu schreiben, die genauso spannend wie ein Abenteuerbuch für Jungen war. Er gab sich die größte Mühe, sie mit anderen Kindern an Bord zusammenzubringen, und Avis freundete sich mit Ailsa Booth-Jones an, einer reizenden Achtjährigen, die mit ihren Eltern und einem vierjährigen Bruder reiste. Am Donnerstag hatte Avis ihrem väterlichen Freund Holbourn stolz die vier Preise gezeigt, die sie bei den Bordspielen gewonnen hatte. Für Holbourn machten die Kinder Leben und Reiz der Reise aus.

Der Heizer John O'Connell hatte den Vormittag in einer ganz anderen Welt verbracht. Nach Schichtende war er so schmutzig, daß er sich erst gründlich waschen, rasieren und frische Kleider anziehen mußte, ehe er sich an den Mittagstisch setzte. Beim Essen hörte er den Kollegen zu, die aus dem neuesten *Cunard Daily Bulletin* vorlasen. Die fette Schlagzeile auf der Titelseite lautete: «Deutsche Siegesmeldungen reiner Schwindel». Im Artikel wurde behauptet, Berlins Begeisterung sei einer bedrückten Stimmung gewichen, da die Franzosen trotz deutschen Giftgaseinsatzes Geländegewinne erzielt hätten. Von U-Booten stand kein Wort. Selbst in den britischen und amerikanischen Zeitungen dieses Morgens wurde die Versenkung der *Candidate* und der *Centurion* nicht erwähnt, obwohl die Zahl der von den Deutschen in der am 18. Februar erklärten Kriegszone versenkten Schiffe nun neunzig erreicht hatte. Die Londoner Zeitungen berichteten dafür ausführlich von heftigen Kämpfen und brillanten Vorstößen in den Dardanellen. Die *New York Tribune* erwähnte immerhin, daß in der Nordsee deutsche U-Boote operierten, überging aber die Südküste Irlands völlig. Die Presse hatte die *Lusitania* vergessen.

Schwiegers *U 20* fuhr um 14.00 Uhr MEZ an der Oberfläche, als Friedrich Sellmer, Obermechaniker des Maschinenraums, der gerade an Deck war, rief: «Schiff!»

Schwieger drehte sein Fernglas in die angezeigte Richtung und hatte plötzlich ein erstaunliches und völlig unerwartetes Bild vor sich. Von der Brücke aus konnte er die vier Schornsteine und zwei Masten eines Dampfers ausmachen, der von Südsüdwest näher kam und im rechten Winkel zum U-Boot auf Galley Head zuhielt.

Er schätzte, daß das Schiff noch ungefähr dreizehn Meilen entfernt war. Er befahl Lanz auf die Brücke, der rasch hochkam und Schwiegers ersten Eindruck bestätigte. Es handelte sich um einen großen Passagierdampfer.

«Tauchstation!» befahl Schwieger. Die Männer auf Deck und Brücke hasteten nach unten, schlugen die Luken zu und dichteten sie. Binnen weniger Minuten befand sich *U 20* in elf Meter Tiefe und mit seiner Höchstgeschwindigkeit von neun Knoten auf einem Kurs, der mit dem des Liners zusammenlaufen mußte.

Otto Rikowsky hörte Lanz bemerken, der Dampfer fahre einen leichten Zickzackkurs. Na, dann kommen wir wohl nicht an ihn heran, dachte er. Schwieger aber hoffte, das Schiff möge entgegen aller Wahrscheinlichkeit einen Steuerbordkurs einschlagen, damit er es angreifen konnte.

Um 13.35 Uhr – 14.35 Uhr MEZ – sah er, wie sich der Dampfer plötzlich nach Steuerbord wandte, genau, wie er es sich erhofft hatte. Ins Logbuch schrieb er: «Fahren mit Höchstgeschwindigkeit weiter, um Vorausposition zu erreichen.»

14 Land in Sicht

Margaret Mackworth schaute über den Mittagstisch. «Morgen sind wir daheim! Bist du nicht froh, Vater?»

David Thomas erwiderte das Lächeln seiner Tochter. «Noch froher wäre ich, wenn ich sicher sein könnte, daß dieses elende Nebelhorn unsere Position nicht verraten hat.»

Im Speisesaal der Ersten Klasse nahmen die Passagiere zum Lunch Platz. Man schwatzte entspannt über blütenweißes Linnen hinweg. Die Stimmung war gelöst; viele freuten sich schon auf den Abend und das feierliche Dinner auf See. Wenige waren bereit, das Thema U-Boote anzuschneiden; die meisten wollten lieber bereden, was sie in England erwartete. In dieser üppigen Umgebung schien jede Gefahr weit entfernt.

Oliver Bernard fiel auf, daß die Passagiere wie immer am letzten Tag der Reise freundlicher zueinander waren. Lebhaftes Stimmengewirr übertönte das Orchester. Die Atmosphäre im Speisesalon war noch nie so angeregt gewesen, seit sie in See gestochen waren. Selbst seine britischen Landsleute hatten ihre Zurückhaltung abgelegt.

Charles Frohman saß an einem Mitteltisch und hatte die Schmerzen in seinem rechten Knie offenbar vergessen, während er an einer dicken Zigarre zog und mit seinen Freunden in Theateranekdoten schwelgte.

Der kerzengerade junge Offizier William McMillan Adams geleitete seinen Vater an dessen Lieblingstisch. Theodate Pope saß mit James Houghton und Edwin Friend zusammen und redete unentwegt von übersinnlichen Phänomenen. Lady Allan lunchte mit ihren lebhaften Töchtern Gwen und Anna. Vanderbilt speiste am Kapitänstisch mit Stabskapitän Anderson, und Inspektor William Pierpoint saß wie so oft auf der Reise für sich allein.

Die Hubbards gingen an Deck auf und ab, als könnten sie sich nicht vom Anblick des Landes lösen. Flor und Julia Sullivan standen noch immer an der Reling des Promenadendecks und spähten durch Zahlmeister McCubbins Fernglas. Julias Hände begannen zu zittern, als sie ihren Geburtsort ausmachte, der langsam hinter dem Landvorsprung Seven Heads verschwand, als die *Lusitania* auf den Old Head of Kinsale zuhielt. Auch Sir Hugh Lane lehnte sich über die Reling und blickte wehmütig zu den Gestaden seiner Heimatgrafschaft Cork hinüber, ehe er sich abwandte und hinunter in den Speisesalon ging, wo Josephine Brandell ihre Mahlzeit unterbrochen hatte, um bei den Gästen fürs Orchester zu sammeln.

Oliver Bernard reichte Josephine eine Münze. Eine lästige Amerikanerin, die auf ihn einschnatterte, auf welches Rettungsboot ihre Wahl fallen würde, falls die *Lusitania* torpediert werden sollte, brachte er mit der Bemerkung: «Also, ich würde ja ein Floß vorziehen» zum Schweigen. Dann bezahlte er seine Weinrechnung, wünschte Theodate Pope und ihren Freunden im Vorbeigehen einen guten Tag und wandte sich zur Salontreppe. Als er die Backbordseite des Promenadendecks erreichte, gewann er den Eindruck, daß das Schiff fast zum Stillstand gekommen war. Über das unstete Vorankommen erbost, umrundete er die Brücke, erreichte die Steurbordseite und ging achterwärts zur «Palm Lounge», einem offenen Café. Ehe er das Café betrat, lehnte er sich an einen Windschutz und sah nachdenklich über den glatten Ozean. Die See lag absolut still da; sie glich indigoblauem poliertem Glas, ungestört von Segeln oder Schornsteinen eines anderen Schiffes.

Um 13.30 Uhr waren der Zweite Offizier Hefford und der Dritte Offizier Albert Bestic mit dem Mittagessen fertig und gingen auf die Brücke, um Jones und Lewis abzulösen. Die Kennung am Leuchtturm war nunmehr deutlich sichtbar, und sie identifizierten die Umrisse des Old Head of Kinsale.

Endlich wußte Kapitän Turner, wo er war. Er ließ Rudergänger Evans zurück auf den ursprünglichen Kurs ostwärts gehen. Als sich die *Lusitania* nach Steuerbord wandte, wies er

Albert an: «Bestimmen Sie die Position.» Nachdem die vierfache Peilung vorgenommen worden war, konnte ihre genaue Position zweifelsfrei festgestellt werden.

Die Entscheidung, die Turner nun traf, fiel vielleicht, weil er sich ohne den Geleitschutz eines bewaffneten Trawlers vor der irischen Küste fand. Obgleich er um die U-Boot-Gefahr wußte, war ihm doch nicht bekannt, daß seit Samstag in diesen Gewässern 23 Schiffe versenkt worden waren. Mit einer Geschwindigkeit, die drei Knoten unter dem Maximum lag, fuhr er auf einem stetigen Kurs zwölf Meilen vor der Küste entlang, dicht an Landspitzen vorbei, und hatte seine Schlangenlinien-Taktik aufgegeben. Entweder hatte er beschlossen, den Rat der Admiralität, einen Zickzackkurs zu fahren, sich in der Mitte des Kanals zu halten und Häfen mit voller Kraft zu passieren, zu ignorieren, oder diese Anweisungen, die er im Februar oder April erhalten hatte, lagen vergessen auf seinem Schreibtisch.

Er verließ die Brücke und ging nach unten in seine Tageskajüte. An diesem Morgen hatte er einen neuen komplizierten Knoten angefangen. Wenn er fertig war, wollte er ihn beim Nachmittagstee den Offizieren präsentieren.

Um 13.50 Uhr begann Bestic den Leuchtturm anzupeilen. Um 14.00 Uhr löste ihn der Dritte Offizier Lewis ab, und Albert machte sich über den Brückenaufgang auf zu seiner Kabine. Unterwegs traf er den Funker Robert Leith. «Na, gibt's wieder neue Räubergeschichten?» fragte er heiter.

«Wenn Sie U-Boote meinen», erwiderte Leith, «haben wir gehört, daß um zehn eins vor Cape Clear gesichtet worden ist.»

«Das liegt ja weit hinter uns.»

«Ein zweites wurde ein paar Meilen südlich vom Coningbeg-Feuerschiff ausgemacht. Das haben wir vor uns.»

Bestic schätzte, daß die Fahrzeit vom Old Head bis zum Feuerschiff vier Stunden betrug. Bis dahin war das U-Boot wahrscheinlich längst in den Bristol-Kanal weitergefahren. Diese U-Boote hielten sich nicht lange an einem Fleck auf. Außerdem sah er nirgends am Horizont britische Kriegsschiffe, die ihnen Ärger machen konnten. Er ging in seine Kabine und plante in Gedanken seinen Nachmittag. Bis acht Uhr wollte er schlafen, dann mit den anderen Offizieren in der Messe den Tee nehmen, ehe er seine Wache antrat. Erst aber mußte er das Logbuch auf den letzten Stand bringen. Er hatte gerade «*RMS Lusitania*, 7. Mai 1915» geschrieben, als er ein abruptes Klopfen an seiner Tür hörte. Das war bestimmt der unwillkommene Gepäckmeister, der seine Pläne einmal mehr durcheinanderbrachte.

«Tut mir leid, Sir.» Crank trat ein. «Aber wegen des guten Wetters haben wir Anweisung bekommen, einen Teil des Gepäcks schon jetzt an Deck zu schaffen, damit es morgen früh gleich an Land gehen kann. Die Leute warten auf Sie, Sir.» Albert seufzte. Nun mußte er wieder mindestens eine Stunde im düsteren Bauch des Schiffes zubringen.

Belle Naish ging auf Drängen ihres Mannes an Deck und war von der Nähe des Lands überrascht. Sie hatte das Gefühl, als brauchte sie nur die Hand auszustrecken, um die Bäume, die grünen Felder und den schwarz-weiß-gestreiften Leuchtturm anzufassen. Sie schaute hinunter aufs Wasser und dachte: Ich könnte ja schneller rennen, als wir vorankommen.

Die sechsjährige Helen Smith folgte ihren Eltern aus dem Speisesaal der Zweiten Klasse in die Kabine, wo ihre Mutter darauf bestand, daß sie sich Reisekleider anziehen ließ, damit sie die übrigen Sachen wegräumen konnte. Während ihre Eltern nach der siebentägigen Reise packten, marschierte Helen wie so oft allein an Deck herum.

Norah Bretherton und ihre beiden Kinder waren mit dem Mittagessen fertig. Norah trug Elizabeth zum Kindergarten der Zweiten Klasse auf dem B-Deck und vertraute sie einer Stewardeß an. Dann brachte sie den kleinen Paul in ihre Kabine auf dem C-Deck und steckte ihn zu seinem Mittagsschläfchen ins Bett. Charlotte Pye blieb mit ihrem Baby Marjorie noch ein wenig im Speisesaal sitzen. Nicht weit von ihr aß Margaret Cox ihren Lunch, den Säugling Desmond auf den Knien. Später traf Avis Dolphin mit ihren Begleiterinnen Hilda Ellis und Sarah Smith ein.

Mary Maycock, die in Amerika als Gesellschafterin gedient

hatte, war mit dem Packen fertig. In Seidenbluse, schwarzem Rock und hohen Schnürstiefeln saß sie an einem Tisch in der Bibliothek für die Zweite Klasse und schrieb einen Brief an ihre beiden Brüder in New York, in dem sie berichtete, daß gerade Land gesichtet worden war. In ihrem Koffer hatte sie nicht nur ihr Diplom als Friseuse und Kosmetikerin, sondern auch ihre Aussteuer, denn sie wollte in ihrer Heimat Yorkshire heiraten.

Der Journalist Ernest Cowper, dessen Notizbuch unterdessen fast voll war, machte sich auf die Suche nach Elbert Hubbard, um ihn ein letzes Mal zu interviewen.

In der Dritten Klasse stand Elsie Hook mit ihrem Vater und ihrem Bruder Frank am Zugang zur Zweiten und Ersten, als eine aufdringliche Mitreisende sie bat, einen Brief für sie aufzugeben. Elsie zögerte kurz und ging dann los, um ihn in den Briefkasten auf dem D-Deck zu werfen.

Jack Walsh, der Freund der Hooks, saß nach dem Mittagessen mit Gerda in einer Ecke des Aufenthaltsraums für die Dritte Klasse auf dem C-Deck. Die beiden hielten Händchen, und Jack gab Gerda einen zarten Kuß auf die Wange. Sie waren sehr ineinander verliebt. Am Abend zuvor hatte sie seinen Antrag angenommen, und sie waren übereingekommen, gleich nach dem Eintreffen in England zu heiraten.

Die in der Nachmittagssonne schimmernden Aufbauten des Liners füllten Schwiegers Gesichtsfeld im Periskop aus. Er konnte kaum glauben, was er da sah.

Er ließ den Steuermann das Boot ein wenig anheben, dann wieder senken, um in die richtige Angriffsposition zu kommen. Nachdem der Passagierdampfer auf Steuerbordkurs gegangen war – der Abstand zum U-Boot betrug nur noch rund siebenhundert Meter –, bot er ein perfektes Ziel. Vom Torpedoraum aus meldete Oberleutnant Weisbach seinem Kommandanten: «Rohre klar.»

Schwieger konzentrierte sich auf den Liner in seinem Periskop. Die Kugelschotten zwischen den einzelnen Kammern des schmalen Rumpfes waren zum Tauchen geschlossen worden. Die Atmosphäre im Boot war spannungsgeladen; denn inzwischen wußten alle Mann, daß sie sich an einen großen Passagierdampfer heranstahlen.

«Rohr eins bereit!» bellte Schwieger.

Und nun wurde Steuermannsmaat Charles Voegele plötzlich blaß. Er blieb regungslos in der engen Zentrale stehen, unfähig, den Befehl an die Torpedostation weiterzugeben. Schwieger war dem jungen Elsässer noch nie grün gewesen. «Rohr eins bereit!» wiederholte er scharf.

Voegele schenkte ihm keine Beachtung. Verkrampft und zitternd murmelte er: «Ich kann kein Schiff mit Frauen und Kindern an Bord angreifen.» Die anderen Männer starrten ihn ungläubig an. Befehlsverweigerung, das war unerhört. Nach der Rückkehr nach Deutschland würde Voegele bestimmt vor Kriegsgericht gestellt werden.

Schwieger wandte die Augen nicht vom Periskop. Wenn er Voegeles Worte gehört hatte, ließ er es sich mit keiner Miene anmerken. Ein anderer Mann nahm dem Steuermannsmaat das Telefon aus der Hand und gab den Befehl rasch an den Torpedoraum weiter. Sekunden waren verstrichen, doch Schwieger glaubte, daß die Beute noch immer in Reichweite war. Er packte die Griffe des Sehrohrs fester und behielt den Liner im Fadenkreuz. Nun war nicht die Zeit, sich mit einem meuternden Maat auseinanderzusetzen.

Als das Torpedorohr geflutet wurde, kam Weisbachs Meldung zurück: «Torpedo bereit.»

Charles Lauriat, dem es in dem Pullover unter seinem Jackett etwas zu warm geworden war, kam den Hauptniedergang hinauf und trat auf das Backborddeck. Er sah die Hubbards in der Nähe an der Reling stehen und hielt einen kleinen Schwatz mit ihnen.

Im Speisesalon fiel Charles Hill plötzlich ein, daß er um zwei Uhr einen Termin mit der Schiffssekretärin verabredet hatte, um einige Geschäftsbriefe zu diktieren. Er eilte zum Lift und wollte zur Bibliothek auf dem A-Deck fahren, wo die Sekretärin ihn erwartete, doch der Liftboy nahm an, er wolle in seine Kabine, und hielt den Aufzug am Promenadendeck an, so daß Hill sich unversehens auf dem B-Deck fand. Er wollte sich gerade wieder umdrehen, als er den Chefsteward Fred Jones steuerbords beim Haupteingang stehen sah. Da er bei Jones die Sekretärin für eine weitere Sitzung buchen wollte, ging er auf ihn zu.

Alice Lines hatte Amy und Susan unter Greta Lorensons Aufsicht im Spielzimmer zurückgelassen und war zusammen mit Stuart in ihre Kabine in der Ersten Klasse gegangen, um die Mahlzeit des Säuglings herzurichten.

«Torpedo los!» befahl Kapitänleutnant Schwieger.

Im Torpedoraum legte Weisbach den Abschußhebel um. Ein heftiges Zischen fuhr durch das U-Boot, als Preßluft ins Rohr gedrückt wurde und den Torpedo austrieb. Das Boot bebte. Die Männer spürten heftigen Druck in den Ohren. Schwieger starrte weiter durchs Periskop.

Sekunden vergingen, ohne daß etwas geschah. Hatten sie vorbeigeschossen? *U 20* hatte nur noch zwei Torpedos, und die wurden für die Heimfahrt gebraucht; eine ganze Torpedosalve auf das Ziel kam nicht in Frage. Die Mannschaft wartete stumm und angespannt.

Schwieger hatte seinen Torpedo aus einer Entfernung von 700 Metern und in einer Tiefe von drei Metern losgelassen; das Geschoß lief nun mit 22 Knoten auf ein Schiff zu, das seiner Schätzung nach 18 Knoten Fahrt machte. Er rechnete aus, daß es ungefähr sechzig Sekunden dauern mußte, bis der Torpedo sein Ziel erreichte.

15 Die tödliche weiße Spur

Oliver Bernard lehnte müßig an einem Windschutz vor der Palm Lounge; die *Lusitania* dampfte parallel zur irischen Küste. Es war kurz nach zwei. Er starrte leer über die helle blaue See und sah auf einmal einen wirbelnden Sonnenreflex im glitzernden Wasser. Etwas hatte nur wenige hundert Meter entfernt an Steuerbord die indigoblaue Oberfläche aufgewühlt. Vielleicht ein Delphin? Was ist das bloß für eine Spur im Wasser? fragte er sich. Sie wird breiter. Sie kommt näher.

Auch andere Passagiere, die an Steuerbord standen, wurden auf die Turbulenz aufmerksam. Der Ire Michael Byrne dachte ebenfalls, es handle sich um einen Delphin, vermißte aber den üblichen Sprung des Fisches. Als er genauer hinschaute, war er sicher, knapp unter der Wasseroberfläche ein U-Boot zu sehen.

Ernest Cowper, der auf seiner Suche nach Elbert Hubbard vom Schiffsarzt aufgehalten und in ein Gespräch verwickelt worden war, sah in rund tausend Metern Entfernung einen Kommandoturm. Joseph Myers war nach einem Kaffee in der Palm Lounge zusammen mit einem Bekannten in die Sonne auf der Steuerbordseite des Decks getreten, als ihm ein Periskop auffiel, das ungefähr siebenhundert Meter weit weg über die Oberfläche ragte. Von seiner hohen Warte auf dem Bootsdeck aus konnte er deutlich den getauchten Rumpf und den Turm eines U-Boots erkennen. Er packte seinen Nachbarn beim Arm. «Da, ein U-Boot», rief er aus. Dann murmelte er entsetzt: «Mein Gott, wir sind verloren.»

Als James Brooks nach dem Mittagessen vor der Funkerkabine dicht an einer Steuerbordreling entlangging, sah er unvermittelt das weiße Kielwasser eines Torpedos, der schräg auf sie zulief. Der Torpedo schien drei bis viereinhalb Meter lang zu sein, einen Durchmesser von sechzig Zentimetern zu haben und sich mit rund sechzig Kilometern in der Stunde auf sie zuzubewegen. «Das ist ein Torpedo», sagte er tonlos.

Charles Hill schritt von der Eingangshalle zur Reling, um den Chefsteward anzusprechen, als dieser sich umwandte und verblüfft rief: «Herrje, Mr. Hill, da kommt ein Torpedo!»

Hill blickte in die Richtung, in die Jones wies, und entdeckte das Periskop eines U-Boots, jedoch nicht den Torpedo selbst. Dann fiel ihm ein langer Wirbelstreifen im Wasser auf, der eine deutliche Kurve beschrieb. Ruhig sagte er zu Jones: «Sieht aus, als liefe er vor unserem Bug vorbei.» Für ihn hatte es den Anschein, daß das Periskop, das sich an Steuerbord voraus befand, kaum mehr als zweihundert Meter entfernt war.

Joseph Myers war von dem Anblick des Torpedos, der das Wasser wie ein Rasiermesser durchschnitt, wie hypnotisiert. Er sah ihn einen deutlichen Bogen beschreiben, als er von dem U-Boot aufstieg, dann an der Oberfläche lief, ehe er irgendwo zwischen dem zweiten und dritten Schornstein des Schiffes abtauchte. Myers, Brooks und Cowper sahen alle den verräterischen weißen Streifen, der sie magisch in seinen Bann zog.

Oliver Bernard schaute instinktiv zum Vorschiff. Haben die auf der Brücke etwas gemerkt? wunderte er sich. Seit New York hatten die Passagiere endlos über U-Boote geschnattert; konnten sie es nun, da es tatsächlich passierte, auch glauben? Er konnte eine Amerikanerin nonchalant fragen hören: «Sag bloß, ist das etwa ein Torpedo?» Am liebsten hätte er sich selbst glauben gemacht, daß diese tödliche Schaumspur, die sich da im Eilzugtempo auf sie zuschlängelte, alles andere als ein Torpedo war. Die Wahrheit war zu ungeheuerlich. Er wandte den Kopf ab.

Leslie Morton merkte als erstes Besatzungsmitglied, daß etwas nicht stimmte. Knapp vor 14.10 Uhr hielt er auf der Steuerbordseite des Bugs Ausschau, als ihm eine leichte Turbulenz in der See auffiel. Rund tausend Meter von dem Liner entfernt war eine riesige Luftblase an der Oberfläche geborsten. Wenige Sekunden später sah er einen weißen Streifen an der Oberfläche entlanglaufen, als zöge eine unsichtbare Hand auf einer Tafel einen Kreidestrich, einen Strich, der den Kurs der *Lusitania* schneiden mußte. Er schnappte sich das Megaphon und rief nach hinten zur Brücke: «Torpedo an Steuerbord, Sir!»

Albert Bestic trat gerade aus seiner Kabine auf das Deck vor den Offiziersquartieren hinter der Brücke, als er Mortons Warnruf hörte. Wenige Sekunden später machte Matrose Tom Quinn vom Krähennest aus den verräterischen Schaum aus und schrie ins Sprachrohr: «Torpedo an Steuerbord, Sir!» Albert blieb stehen, schaute seewärts und sah einen länger werdenden Streifen aus weißem Schaum rasch auf den Liner zukommen. Instinktiv umklammerte er den Handläufer der Reling, bis seine Knöchel weiß wurden. Da kommt der Tod auf uns zu, dachte er.

Kapitän Turner ließ den Knoten fallen, an dem er an seinem Schreibtisch herumtüftelte, als Hefford den Warnruf des Ausgucks wiederholte. Er hastete hinauf zur Brücke. Doch für ein Ausweichmanöver war es zu spät.

Oliver Bernard stand wie erstarrt da, als der weißblaue Schaumstreifen unter der Steuerbordgilling verschwand. Er klammerte sich an die Reling, kniff die Augen zu und wurde kräftig durchgeschüttelt, denn ein heftiges Beben lief durchs Deck, als habe ein Hafenschlepper den gewaltigen Rumpf der *Lusitania* gerammt.

D. A. Thomas und Margaret hatten den Speisesalon verlassen und gingen auf den Aufzug zu. Der Kohlenmagnat meinte: «Weißt du was, Margaret, ich glaube, wir bleiben heute nacht lieber an Deck.» Um ihr nicht den Eindruck zu vermitteln, daß er sich vor U-Booten fürchtete, fügte er mit einem gezwungenen Lächeln hinzu: «Nur, um zu sehen, ob du deinen Nervenkitzel doch noch bekommst.» Ehe sie antworten konnte, hörte sie «einen dumpfen Aufschlag» direkt unter sich, von der Mitte des Liners her.

Andere Passagiere sollten das Geräusch später lebendiger beschreiben. Michael Byrne, der auf der Steuerbordseite des Bootsdecks direkt unter der Brücke stand, vernahm eine Detonation, die klang, «als treffe ein Millionen-Tonnen-Hammer einen stählernen Kessel, dreißig Meter hoch und dreißig Meter lang». Joseph Myers empfand sie «wie einen Donnerschlag, unmittelbar vom Blitz gefolgt». James Brooks, der wie Myers und Bernard den Torpedo unter der Gilling des Schiffes hatte verschwinden sehen, hörte «eine dumpfe Explosion». Charles Lauriat, der neben den Hubbards stand, sprach von einem «mächtigen, erstickten Lärm», als das Schiff unter der Wucht des Aufschlags erbebte. Charles Hill und Chefsteward Jones, die sich gemeinsam über die Reling beugten, sahen den Torpedo die Bordwand durchschlagen mit einem Geräusch, das «einer zuschlagenden Tür glich».

Am Mittagstisch im Speisesalon der Ersten Klasse verspürte Charles Bowring «einen heftigen Schock», der Geschirr und Besteck vom Tisch springen ließ. William McMillan Adams saß in einem der Salons, in einen Roman vertieft, und hörte «einen dumpfen Schlag». In der Zweiten Klasse hatte Dr. Carl Foss aus New York, der mit einer Gruppe von Ärzten zum Rotkreuzdienst im Feld unterwegs war, gerade das Mittagessen beendet, als ihn «ein lauthallender Donnerschlag» seinen Kaffee verschütten ließ. Jane McFarquhar schaute entsetzt ihre Tochter Grace an, als unter dem Speisesaal «ein schweres Gerumpel» erklang. Isaac Lehmann, der im Rauchsalon der Ersten Klasse saß, kam der Lärm «wie Kanonendonner» vor. «Jetzt haben sie uns doch erwischt!» rief er erregt. «Nichts wie raus!»

Julia Sullivan hatte ihrem Mann Zahlmeister McCubbins Fernglas abgenommen und es auf die Küste ihrer geliebten Heimat scharfgestellt. Nach den langen Jahren im Ausland war sie vom Anblick Irlands so überwältigt, daß Flor sie zur Beruhigung sachte an der Jacke zupfen mußte, ein Zupfen, das für Julia «die entsetzlichste Explosion, die die Welt je gehört hatte», auslöste. Julia fand sich «hochgeschleudert, hinabgeschmettert, hin- und hergebeutelt». Zu Tode erschrocken hielt sie sich an ihrem Mann fest.

Kapitän Turner erreichte gerade noch rechtzeitig die Brücke, um den Torpedo abgieren zu sehen, ehe er sein Schiff traf. In seinen Ohren klang der Aufprall wie «das Schlagen einer Tür an einem windigen Tag». Dann hörte er «einen zweiten, ähnlichen Knall». In der Tat behauptete eine Anzahl von Passagieren, besonders jene, die sich an Deck aufgehalten hatten, daß es diese zweite Explosion gegeben hatte.

Charles Lauriat fand, daß sie «der ersten rasch folgte». Er glaubte nicht, daß sie von einem zweiten Torpedo verursacht worden sein konnte, denn sie klang anders, eher so, als sei im Maschinenraum ein Kessel explodiert. Harold Boulton, der in der Palm Lounge beim Kaffee saß, ließ sich von einem Mitpassagier geduldig erklären, weshalb es ganz unmöglich sei, die schnelle *Lusitania* zu torpedieren, und daß man ein Periskop über zwei Meilen ausmachen könne. Zwei «fast gleichzeitige Explosionen» beendeten jäh das Gespräch.

William McMillan Adams ließ im Salon der Ersten Klasse seinen Roman fallen und eilte zum Aufgang, als die erste Detonation den Liner «vom Bug bis zum Heck» erschütterte. Er suchte die See nach einem U-Boot ab, als er eine zweite, heftigere Explosion hörte. Sie klang, fand er, «als sei der Mast herabgestürzt». Michael Byrne beschrieb diese Explosion als «gräßlich». Er beobachtete, wie der Bug des gewaltigen Dampfers aus dem Wasser gehoben wurde. Mittschiffs schien alles aufzureißen, einschließlich der Aufbauten bis zum Bootsdeck, auf dem er stand.

Oliver Bernard öffnete die Augen und sah eine monströse Säule aus Wasser und Trümmern hoch in die Luft steigen.

Albert Bestic stand bestürzt da, als Deckplanken, Boote, Kohlenstaub und Wasser gen Himmel geschleudert wurden. Hätte der Ausguck nicht seinen Warnruf ausgestoßen, wäre er auf seinem Weg zum Gepäckraum an genau dieser Stelle vorbeigegangen. Die Trümmer kamen lawinengleich zurückgestürzt, landeten mit Getöse an Deck oder platschten ins Wasser, um nach achtern wegzutreiben. Bestic machte kehrt und rannte zur Brücke; er mochte einfach nicht glauben, daß die glatte Routine auf dem Liner so völlig durcheinandergebracht werden konnte. Es gab an diesem Nachmittag doch noch so viel zu tun – Gepäck mußte an Deck geschafft, das Logbuch nachgetragen werden. Die Möglichkeit, daß die majestätische *Lusitania* sich angeschlagen in den Hafen von Liverpool oder gar Queenstown schleppen müßte, konnte er schlicht nicht hinnehmen.

Im Bug hatte Leslie Morton «eine gewaltige Explosion» gehört, «augenblicklich gefolgt von einer zweiten». Als Wasser und Trümmer in die Luft schossen, machte er einen Satz durch die Springluke zur Back, um nachzusehen, ob sein Bruder in Sicherheit war. John, der sich gerade schlaftrunken in seiner Koje aufsetzte, hatte nur ein Hemd an und fragte benommen: «Zum Donner, was macht ihr denn mit dem Schiff?»

Die Passagiere der Ersten Klasse sprangen aufgeschreckt und ängstlich von ihren Tischen auf, als aus Fenstern und Bullaugen Glassplitter in den Speisesalon fielen. Das Streichorchester, vermutlich in dem Versuch, eine Panik zu verhindern, spielte weiter «An der schönen blauen Donau».

Josephine Brandell, die ihre Sammlung für die Musiker gerade abgeschlossen hatte, saß wieder am Tisch, als ihre Begleiterin schrie: «Sie haben's getan!» Alle Ängste, die die Schauspielerin während der ganzen Überfahrt geplagt hatten, wurden Wirklichkeit.

Samuel Knox und Albert Hopkins wandten sich zum Ausgang, doch Fred Gauntlett blieb zurück und rief den Stewards zu, sie sollten doch die offenen Bullaugen schließen. Obwohl er seine Bitte wiederholte, schien ihn niemand zu hören.

Im Speisesaal der Zweiten Klasse fiel das Geschirr von den Tischen, und Charlotte Pye und ihr Baby wurden von der Wucht der Explosion zu Boden geschleudert. Margaret Cox hatte das Gefühl, als würde der Raum gleich über ihnen einstürzen. Avis Dolphin wollte sich über den Nachtisch hermachen, aber dann erloschen plötzlich die Lichter, und die Gäste sprangen auf. Sie dachte noch: Wie schade, jetzt entgeht mir der Nachtisch. Ian Stoughton Holbourn rief ihr und ihren beiden Betreuerinnen über die Tische hinweg zu: «Bleibt, wo ihr seid!»

Einige Frauen begannen zu schreien, als sich alles durch den überfüllten Raum zum Ausgang und zu den Treppen drängte. Margaret Cox drückte ihr Baby fester an sich und kämpfte sich durch die in Panik geratenen Gäste zum Steward durch, der nun die Bullaugen schloß. «Sagen Sie mir, was ich tun soll», flehte sie. «Ich will tun, was Sie sagen.»

«Rasch zur Treppe», riet er. «Gehen Sie so schnell wie möglich an Deck.»

Flammen, Rauch und Glassplitter fuhren in Major Warren Pearls Suite an der Backbordseite des E-Decks. Pearl war kein Mann, der leicht den Kopf verlor. Er wußte, daß seine Tochter Amy an Deck gegangen war; seine drei weiteren Kinder befanden sich wahrscheinlich mit ihren Mädchen in den Kabinen. Da er sich der Risiken der Reise bewußt war, hatte er seiner Frau und den Kindermädchen eingeschärft, wie sie sich im Notfall zu verhalten hatten. Alice Lines war in ihrer Kabine; sie wickelte sofort die kleine Audrey in einen Schal, den sie sich um den Hals knotete. Dann nahm sie Stuart an der Hand. «Komm mit», sagte sie entschieden zu dem Jungen, «wir warten erst gar nicht.»

In der Dritten Klasse stand Elsie Hook auf der Treppe zum tiefer gelegenen Speisesaal, als der Liner plötzlich stark schlingerte. Sie machte sofort kehrt und rannte zurück an Deck, wo ihr Vater und ihr Bruder Frank auf sie zugeeilt kamen.

Charles Lauriat stand auf dem Promenadendeck der Ersten Klasse, nahe dem Vorschiff an Backbord, und schaute nach achtern zur Explosionsstelle an der Steuerbordseite. Er sah Kohle und Trümmer in die Luft fliegen und hörte das laute Krachen herabstürzender Grätings und Deckplanken. Instinktiv warf er einen Blick auf die Uhr. Es war acht Minuten nach zwei, Greenwich-Zeit. Zu den Hubbards gewandt, meinte er: «Warum gehen Sie nicht in Ihre Suite und holen die Schwimmwesten?» Die Hubbards waren auf dem D-Deck untergebracht; es sollte also nicht zu lange dauern, dorthin und wieder zurück zu gelangen. Doch sie schienen ihm überhaupt nicht zuzuhören, sondern standen reglos an der Reling. Elbert drückte seine Frau fest an sich. Sie schienen absolut handlungsunfähig zu sein.

Je näher sich die Passagiere der Explosionsstelle befanden, desto heftiger spürten sie ihre Auswirkungen. James Brooks wurde so von der Wucht des beim vordersten Schornstein herabstürzenden Wassers getroffen, daß er auf das Deck hinter der Funkerkabine geschleudert wurde. Die erste Explosion hob die Steuerbordseite des Schiffes stark an, die zweite hüllte das Deck in so dichten Dampf ein, daß er um Atem ringen mußte. Ein furchtsamer Isaac Lehmann hastete aus dem Rauchsalon.

Oliver Bernard suchte in der Palm Lounge Zuflucht, um den Wrackteilen zu entkommen, die aus allen Richtungen herabregneten. Er glaubte, daß der Torpedo dicht bei der Brücke getroffen hatte und daß Hunderte bereits tot sein mußten, allen voran die Trimmer und Heizer in den Kesselräumen und die Passagiere der Kabinen im Vorschiff. Dann barsten die Wasserbehälter und gaben ihren Inhalt in einer ungeheuren Sturzflut frei. Er sah nach oben zu der Segeltuchplane vor dem Eingang zur Palm Lounge; diese sackte durch, als wolle sie jeden Augenblick unter dem Gewicht von Wasser und Trümmern platzen. Er stürzte wieder hinaus und war fest überzeugt, daß der große Luxusliner glatt umkippte, als wäre er im Trockendock und jemand hätte auf einer Seite die Helligen weggerissen.

Die Mannschaft von *U 20* wartete angespannt, nachdem Weisbach den Torpedo abgefeuert hatte. Nur das stetige Summen der Elektromotoren brach die Stille. Einer der beiden Hunde jaulte kläglich in einer Koje.

Schwieger verfolgte den weißen Schaumstreifen durchs Periskop, als der Torpedo durchs Wasser auf den bisher nicht identifizierten großen Liner zujagte. Er sah ihn zwischen dem ersten und zweiten Schornstein aufschlagen. Die darauf folgende Detonation klang wie ein «kleines Klicken». Die zweite Explosion jedoch war so gewaltig, daß in der Zentrale die Glühbirnen aus den Fassungen fielen und das Boot heftig zu schaukeln begann. Beim vordersten Schornstein blähte sich eine riesige Wolke auf. Über der Aufschlagstelle wurden die Aufbauten auseinandergerissen; Feuer und Rauch hüllten den Dampfer ein.

Schwieger packte die Griffe des Seerohrs fester. Normalerweise mußte ein U-Boot sofort nach einem Angriff tief abtauchen. Heute, da keine Zerstörer in Sicht waren, konnte er sich nahe bei seinem verwundeten Opfer halten, fasziniert von dem Anblick, der sich ihm bot. Der Liner schien Fahrt verloren zu haben und hatte Steuerbordschlagseite.

Er war sicher, daß die zweite Explosion nicht von seinem G-Torpedo verursacht worden sein konnte; eine heftige innere Explosion hatte, wie er annahm, den Dampfer zerrissen. Den Deutschen war bekannt, daß Passagierschiffe Waffen und Munition in alliierte Häfen transportierten. Hatte dieser Liner Munition an Bord?

Schwieger wußte nichts von Schrotpatronen, Jagdmunition, Schrapnelladungen und Schießbaumwolle, die die *Lusitania* in New York an Bord genommen hatte. Vielleicht hatte diese Ladung die starke zweite Explosion ausgelöst, doch es konnte ebensogut der Dampfdruck gewesen sein. Im Februar hatte Kapitän Dow die Befürchtung geäußert, ein Torpedotreffer in einen Kessel müsse die *Lusitania* zerstören.

«Marschperiskop ausfahren», befahl Schwieger mit einem bewegten Unterton in seiner Stimme. «Das Schiff sinkt. Wer Lust hat, kann sich das einmal ansehen.»

16 SOS

Ruß und Kohlenstaub schossen zusammen mit Trümmern und dampfendem Wasser hoch, nachdem die zweite Explosion durch den Vorsteven gefetzt war. Nun senkte sich der Dunst auf die sich neigende Brücke herab und nahm dem Kapitän mit seinen Offizieren und Matrosen vorübergehend die Sicht.

«Ruder hart Backbord!» schrie Turner.

Der junge Hugh Johnston, anstelle von Rudergänger Evans seit zwei Uhr auf Wache, hatte gehört, wie Hefford den Ruf des Ausgucks: «Da kommt ein Torpedo!» wiederholte. In dem Glauben, daß sein Kapitän auf eine erste Eingebung hin vorhatte, das Schiff bei Kinsale, dem nächstgelegenen Hafen, auf Grund zu setzen, drehte er am Steuerrad, blickte angespannt auf den Ruderlagenanzeiger und wiederholte: «Hart Backbord, Sir!»

Doch der Zug des Bugs nach Backbord blieb unverändert. Die Kompaßnadel schlug wild aus, als die *Lusitania* mit Schlagseite nach Steuerbord hilflos eine Kreisbahn zu beschreiben begann. «Hart Steuerbord!» rief Turner Johnston zu. Johnston ließ das Steuerrad in die entgegengesetzte Richtung kreisen und meldete: «Hart Steuerbord, Sir!» Noch immer sprach das schwere Schiff nicht an.

«Laß mal, Junge», schnappte Turner. «Mr. Hefford», rief er seinem Zweiten Offizier zu, «sehen Sie mal nach, wie stark die Schlagseite ist.»

Hefford warf einen Blick auf den Kompaß. «Fünfzehn Grad Steuerbord, Sir.»

«Passen Sie auf, ob die Krängung weiter zunimmt.»

Hefford gab den Befehl an Johnston weiter. «Melden Sie, wenn die Schlagseite schwerer wird.»

Turner hatte Chefoffizier Piper ins Vorschiff geschickt, um

dort eine offene Luke schließen zu lassen. Er hatte auch das Schließen aller Schotten der wasserdichten Kammern befohlen, und Hefford hatte auf der Brücke die entsprechenden Hebel betätigt, doch wegen des Stromausfalls konnten sie keineswegs sicher sein, daß die Schließmechanismen sich von hier aus noch steuern ließen.

Bestic kam den Brückenaufgang hinauf und war überzeugt, daß die Besatzungsmitglieder, die ihn im Gepäckraum erwarteten, alles Männer, die mit Rettungsbooten umgehen konnten, nicht mehr am Leben waren. Sie sinkt nicht, sagte er sich. War nicht die *Titanic* erst nach vier Stunden untergegangen? So war er überrascht, als er den Kapitän den Befehl: «An die Boote!» geben hörte.

Albert machte kehrt und glaubte in dem gespenstischen Schweigen, das das Schiff einhüllte, den einsamen Schrei einer Möwe zu hören. Dann erhob sich unvermittelt Stimmengewirr.

Funker Robert Leith rannte aus dem Speisesaal der Zweiten Klasse, wo er zu Mittag gegessen hatte, und bahnte sich mit den Ellbogen einen Weg durch die verängstigte Masse im Durchgang. Immer zwei Stufen zugleich nehmend, stürmte er vier Treppen hinauf und erreichte endlich über eine schmale Leiter die Funkerkabine. Sein Assistent saß bereits am Tastenfeld. Leith übernahm und tippte die Schreckensnachricht: SOFORT KOMMEN! SCHWERE SCHLAGSEITE. ZEHN MEILEN SUEDLICH OLD HEAD KINSALE.

Ian Stoughton Holbourn kämpfte sich durch das Gedränge im Speisesalon, um Avis Dolphin und ihre beiden Begleiterinnen zu erreichen. «Keine Panik», sagte er ruhig zu ihnen. «Kommen Sie mit in meine Kabine, ich besorge Ihnen Schwimmwesten.» Als er sie aus dem Salon bugsierte, hörte er Geschirr mit lautem Klirren von den Tischen rutschen. Zwar riefen die Stewards: «Bleiben Sie auf Ihren Plätzen! Niemand ist in Gefahr!», doch die Gäste, die einen besorgten, aber nicht panikgetriebenen Eindruck machten, drängten sich weiter die Treppen hinauf.

Nachdem er seine Kabine nahe dem Hauptaufgang erreicht hatte, nahm Holbourn eine Schwimmweste von der Wand und schnürte sie Avis um. Eine zweite legte er Hilda Ellis an, doch als er die dritte Sarah Smith geben wollte, lehnte sie ab. «Ich kann das nicht annehmen», sagte sie.

Holbourn war verblüfft. «Warum denn nicht?»

«Weil Sie Frau und Kinder haben. Sie haben die Weste nötiger als ich.»

Er wollte sich nicht mit Diskussionen aufhalten. «Kommen Sie rasch mit», befahl er. «Wir besorgen Ihnen einen Platz im Rettungsboot.»

Margaret Cox war unter den Passagieren, die aus dem Speisesaal die Treppe hochdrängten. Neben ihr bahnte sich Mabel Docherty mit ihrem achtmonatigen Sohn auf dem Arm, dem jüngsten Säugling in der Zweiten Klasse, ebenfalls einen Weg durch das Gedränge. Obwohl sie wußte, daß sie so rasch wie möglich das Bootsdeck erreichen mußte, dachte sie immer wieder: Mein Geld liegt noch im Koffer, und ich habe nicht einmal eine Decke für uns.

Nora Bretherton war mit ihrem kleinen Jungen Paul unterwegs zu ihrer Kabine auf dem C-Deck, um ihn ins Bett zu bringen, als die Explosion das Schiff erschütterte. Einige Sekunden lang zögerte sie auf der Treppe zwischen B- und C-Deck und wußte nicht, wohin sie sich wenden sollte. Dann hastete sie zurück nach oben aufs B-Deck, um ihr Baby Elizabeth aus der Kinderkrippe zu holen.

Jane McFarquhar und ihre Tochter Grace gehörten zu den letzten Passagieren, die aus dem Speisesaal der Zweiten Klasse gelangten. Sie arbeiteten sich langsam nach oben vor und wurden von anderen Passagieren hin- und hergestoßen, bis sie endlich das Bootsdeck erreichten, wo sich bereits große Menschenmengen an der hohen Seite des Liners versammelt hatten, entschlossen, in die Boote zu gelangen. Die McFarquhars sahen nackte Angst in den Gesichtern. Erst jetzt erkannten sie, daß das Schiff vielleicht in tödlicher Gefahr war. Selbsterhaltung hatte nun absoluten Vorrang.

«Hier haben wir keine Chance», sagte Mrs. McFarquhar zu

Grace, bemüht, Ruhe zu bewahren. «Wir müssen auf die andere Seite.»

Belle Naish, von dem Wasser, das aufs Deck gestürzt war, bis auf die Haut durchnäßt, fand sich einer wahren Flut von Passagieren gegenüber, die aus dem Niedergang geströmt kam. Sie wollte unbedingt zu ihrem Mann auf dem D-Deck, doch die Leute fluchten und kreischten. Sie befürchtete, von der Meute hinweggetragen und über die Reling des geneigten Decks ins Meer geschleudert zu werden, und kämpfte sich verbissen einen Weg durch die Menschen, bis sie endlich das D-Deck erreichte.

Sie fand Theodore, der seine Seekrankheit vergessen hatte, beim Lösen der Bänder ihrer Schwimmwesten vor. Sie half ihm beim Anlegen seiner Weste, dann half er ihr, und um Zeit zu sparen, verknoteten sie sich gegenseitig die Bänder um Hals, Brust und Taille.

Als die Sullivans hörten, wie die Stewards den Passagieren rieten, ihre Wertsachen aus den Kabinen zu holen, ehe sie zu den Rettungsbooten gingen, bekamen sie es mit der Angst zu tun. Sie kämpften sich durch die vollen Korridore am Promenadendeck; einige Passagiere lagen am Boden und schienen nicht aufstehen zu können.

Die Kabinentür klemmte. Flor trat heftig mit dem Absatz dagegen, bis sie nachgab. Er zog ihren Koffer unter seiner Koje hervor, durchschnitt rasch die Lederriemen mit seinem Taschenmesser und kippte den Inhalt auf den Boden, um den Ölzeugumschlag zu finden, der ihre Wertpapiere und den Großteil ihrer Ersparnisse enthielt. «Wenigstens haben wir unser Geld gerettet», versuchte Julia ihn aufzumuntern. Er steckte die Pfandbriefe in die Tasche, und Julia heftete den Umschlag mit den Aktien an die Innenseite ihrer Schwimmweste.

Ernest Cowper hatte nirgends eine Spur von den Hubbards gefunden. Er sprach den Schiffsarzt an. «Was meinen Sie, wird sie sinken?»

Der Doktor hob die Schultern. «Ich weiß nur eins – wir sollten bereit sein, sie zu verlassen, und zwar sofort!»

Cowper wurde klar, wie schwer die Schlagseite des Liners

war, als er einen Mann mit Schwimmweste hilflos auf allen vieren übers Deck rutschen sah. Ein kleines Mädchen kam auf ihn zugerannt. «Bitte, Mister», flehte die Kleine, «nehmen Sie mich mit?» Er nahm sie auf den Arm und trug sie in eine Ecke des Promenadendecks der Zweiten Klasse. «Wie heißt du denn?» fragte er.

«Helen», erwiderte sie schüchtern. Helen Smith war allein an Deck umhergewandert und hatte ihre Eltern verloren. Unterdessen hastete ihre Mutter mit fliegendem Haar auf der Suche nach ihrem Kind verzweifelt umher.

«Warte hier, Helen», schärfte Cowper der Kleinen ein. «Ich bin gleich wieder da. Dann darfst du mit mir kommen.» Er rannte zwei Treppen hinunter, um eine Schwimmweste zu holen, doch in seiner Kabine herrschte totale Finsternis. Mit leeren Händen machte er kehrt und ging zurück aufs Promenadendeck.

In der Dritten Klasse kam Harold Taylor, nur in Hemd und Hosen gekleidet, in seine Kabine gestürzt und verkündete seiner jungen Frau resigniert: «Das wär's wohl. Wir sind getroffen.»

«Getroffen?» schrie sie.

«Jawohl. Ein Torpedo hat uns erwischt!» Lucy Taylor warf sich einen Mantel über die Schultern; dann eilten die beiden hinaus. Erst auf der Treppe merkte Lucy, daß sie keine Schuhe anhatte.

In der Back schrie Leslie Morton seinen Bruder an: «Wir sind torpediert worden!»

John starrte ihn so verständnislos an, daß Leslie ihn bei den Schultern packen und durchschütteln mußte. «Weißt du nicht, was das bedeutet? Komm, wir müssen auf unsere Stationen an den Rettungsbooten!»

George Wynne kramte gerade im Gemüseschrank, als er jemanden rufen hörte: «Wir sind getroffen worden!» Ein junger Hilfskoch kreischte: «Wir sind erledigt!» George rannte augenblicklich zum C-Deck. Ihm war nur eines wichtig: seinen Vater zu finden. Er sah ihn fast sofort, wie er die Treppe von den

Unterkünften hochkam. Sein Gesicht war leichenblaß. Als er George erblickte, drehte er sich um und schrie: «Bleib, wo du bist – ich besorge dir eine Schwimmweste.»

Tief im Bauch des Schiffes waren viele Heizer von der Druckwelle taub gemacht worden. Die Gefahr, bei lebendigem Leib von entweichendem Dampf gekocht zu werden, ließ sie ihre Schaufeln und Schüreisen wegwerfen und trieb sie zu den Fluchtleitern.

Im Kesselraum I unter dem ersten Schornstein hatte Oberheizer Albert Martin den Torpedo an sich vorbeifegen sehen, ehe er inmitten einer Gruppe von Kesseln detonierte. Die Wand zwischen dem vorderen und mittleren Kohlenbunker der Steuerbordseite barst wie Papier; Seewasser flutete herein. Heizer Tom Madden, von Staub und Dampf halb erstickt, versuchte durch eine Tür mittschiffs zu entkommen, doch sie war fest verschlossen. Da er sie nicht aufbrechen konnte und nicht wußte, wo sich die Hebel zum Öffnen befanden, machte er wieder kehrt. Das rasch steigende Wasser riß ihn fort und trug ihn wie Treibgut durch den Kesselraum zur Steuerbordseite. Er packte einen treibenden Kohlekarren und kämpfte sich mühsam zur Fluchtleiter im Backbordlüfter. Verzweifelt tastete er in der Finsternis herum, bis er die untersten Sprossen fand und langsam den Aufstieg begann.

Im Kesselraum II unter dem zweiten Schornstein tobte das Wasser durch die vorderen Bunker, barst aus den Luken und riß Heizer Leslie Plummer mit solcher Gewalt mit, daß er von einem Kessel zum anderen getragen und gegen ein Schott geschleudert wurde. Mit Mühe fand er in dem schmutzigen Salzwasser wieder Grund und begann entschlossen, sich zum leeren Kesselraum IV und der Leiter zu den Unterkünften der Heizer durchzuschlagen.

Dieselbe schwarze, unbarmherzige Flut hob Trimmer Eugene McDermott und Heizer William Mallin drei Meter vom Boden und schwemmte sie auf eine Gräting zu, die den unteren Abschluß eines Lüftungsschachts bildete, an dessen oberem Ende sie Tageslicht schimmern sehen konnten. Da das Gitter hoch über dem Wasser war, konnte McDermott es nur mit größter Mühe packen. Unter Aufbietung aller Kräfte zog er sich hoch und erklomm im Schacht die Leiter, die auf einem Deck beim Schornstein endete. Als er das Tageslicht erreicht hatte, fehlte jede Spur von Heizer Mallin. Die meisten Heizer und Trimmer waren umgekommen, und McDermott war der einzige Überlebende aus Kesselraum II.

Albert Martin hielt auf den vorderen Steuerbordlüfter zu, der auf dem Brückendeck endete, und rief in der Finsternis immer wieder: «Alle Mann mir nach!» Er fragte sich, ob in Kesselraum I überhaupt noch jemand lebte. Das Wasser stieg rasch höher. Er erreichte schließlich die Fluchtleiter, zog sich aus dem Wasser und begann die lange Klettertour nach oben.

Trimmer Tom Lawson, der an der Steuerbordseite von Kesselraum I gearbeitet hatte, war durch den raucherfüllten Mittelgang in den vorderen Heizraum gerannt und hatte plötzlich aus einiger Entfernung Albert Martins Stimme gehört. Jäh umgab ihn ein Wasserschwall, aber er bekam wieder Grund unter den Füßen und watete los. Er ließ sich in der Dunkelheit von der Stimme des Heizers leiten, doch seine Ohren waren nach der Explosion so taub, daß er keine Ahnung hatte, wie weit Martin von ihm entfernt war. Er hatte gerade das Ende des Mittelgangs erreicht, als einer der mittleren Steuerbordkessel von seiner Verankerung gehoben wurde, gegen den Backbordkessel rollte und hinter ihm den Gang blockierte. Nun gab es kein Zurück mehr. Halb ertrunken schaffte er es zur Leiter, über die eine kleine Gruppe von Männern bereits dem Licht entgegenkletterte.

Nur sechs, darunter Lawson und Martin, erreichten das Brückendeck. Als sie auf das darunterliegende Bootsdeck sprangen, hörte Lawson Stabskapitän Anderson den Passagieren zurufen: «Bitte bewahren Sie Ruhe! Die Lage ist stabil.»

Jenseits der sonnenhellen Wasserfläche, in dem Fischerdörfchen Kinsale, kaum zwölf Meilen von der Stelle entfernt, wo auf der *Lusitania* knapp zweitausend Menschen um ihr Leben kämpften, verließ Constable Jim Speight die Mannschaftsunterkunft der Polizei. Er hatte gerade seinen Dienst begonnen und ging die gewundene Uferstraße entlang, als er von See her eine Explosion hörte. Er richtete sein Fernglas auf die Stelle und sah von einem großen Passagierdampfer Rauch aufsteigen. Er machte kehrt und eilte zurück, um Alarm zu schlagen.

Jane Deasy, eine junge Frau, deren Vater im letzten Haus am Hafen von Kinsale eine Bar und Gemischtwarenhandlung betrieb, saß im Eßzimmer der Familie am Mittagstisch. Sie betrachtete durchs Fenster die Fischerboote im Hafen und sah drei oder vier Polizisten auf die Pier zurennen. Sie riefen Fischern in den Booten aufgeregt etwas zu. Die Fischer begannen abzulegen und Segel zu setzen.

Ihr jüngerer Bruder kam hereingeplatzt und rief: «Draußen vor der Landspitze geht die *Lusitania* unter!» Die ganze Woche über hatten die Fischer nach der *Lusitania* Ausschau gehalten und auf sie gewartet. Jane hatte sie über den Liner reden hören, als erwarteten sie eine Katastrophe. «Ich setz' mich gleich auf mein Rad», erklärte ihr Bruder. Während er zum Leuchtturm fuhr, ging sie hinunter zur Pier und sah die letzten Boote den Hafen verlassen und auf den Dampfer in Seenot zuhalten.

Zehn Meilen westlich von Kinsale hatte Tim Keohane, Steuermann des Seenot-Rettungsbootes von Courtmacsherry, Küstenwache. Er hörte die entfernte Explosion, schaute durch sein Fernglas über die Bucht von Courtmacsherry und sah einen großen Passagierdampfer, der Schlagseite hatte und aus dessen Oberdecks Rauch quoll. Er erkannte die *Lusitania* und begann im Laufschritt den drei Meilen langen Weg zum Dorf Courtmacsherry und der Pfarrstelle zu rennen, wo Reverend Forde, Ortsvorsitzender des Seenot-Rettungsvereins, wohnte. Als er an dem Haus vorbeikam, in dem John Murphy und sein Sohn Jerry wohnten, beide Mitglieder der Rettungsboot-Besatzung, blieb er nicht erst stehen, sondern rief nur: «Los, kommt mit! Da draußen geht die *Lusitania* unter!»

Während sich in der Zweiten und Dritten Klasse zunehmend Panik verbreitete, wahrten die Passagiere der Ersten Klasse äußerlich Haltung und schienen entschlossen, nicht in eine vulgäre, wilde Flucht hineingerissen zu werden.

Margaret Mackworth drängte ihren Vater aus der Liftkabine beim Speisesalon, in der die Explosion sie überrascht hatte, denn die Treppe kam ihr sicherer vor. Sie konnte den Gedanken, in einem Schiff, das womöglich sank, auch nur einen Augenblick länger als erforderlich unter Deck zu bleiben, nicht ertragen. Sie hatte sich längst vorgenommen, sofort aufs Bootsdeck zu gehen, sobald der *Lusitania* etwas zustieß. Nun wehrte sie sich gegen diesen Impuls, denn sie wußte, daß sie erst ihre Schwimmweste aus der Suite holen mußte. Sie stieg die Stufen hoch und stellte fest, daß der Liner bereits Schlagseite hatte. Warum habe ich eigentlich nicht mehr Angst? fragte sie sich. Plötzlich verfiel sie in Laufschritt und ermahnte sich: Jetzt fange ich an, mich zu fürchten; das darf ich auf keinen Fall zulassen. Im Korridor auf dem Weg zu ihrer Suite auf dem D-Deck stieß sie mit einer Stewardeß zusammen und vergeudete kostbare Sekunden mit Entschuldigungen. Nach einer Weile kam sie mit ihrer Schwimmweste zurückgeeilt, huschte in die Suite ihres Vaters und holte auch seine Weste. Endlich erreichte sie wieder das Bootsdeck und hielt auf die Backbordseite zu, weil sie ein Deck, das hoch überm Wasser lag, für sicherer hielt. Doch wo war ihr Vater?

«Bleiben Sie meinetwegen hier», sagte Charles Lauriat unwirsch zu den Hubbards. «Ich hole Ihnen Schwimmwesten.» Er ging in eine Suite, die vorderste auf dem D-Deck, und band sich eine Schwimmweste um. Aus seinem Koffer nahm er eine kleine Ledertasche, die seine Geschäftsunterlagen und Bargeld enthielt, und zog dann zwei weitere Schwimmwesten vom Bord. Als er zur Backbordseite des Decks zurückkehrte, waren die Hubbards verschwunden.

Charles Frohman war mit seiner üblichen lebhaften Gruppe vom Lunch zurückgekommen und schwatzte mit George Vernon auf dem oberen Promenadendeck, als die Explosion das Schiff erschütterte. Captain Alick Scott, ein britischer Offizier, der aus Indien nach England zurückkehrte, hatte sich kurz vor dem Torpedotreffer zu ihnen gesellt. Frohman war recht gelassen. Er zündete sich eine frische Zigarre an und sagte schlicht: «Das kann ins Auge gehen.»

Scott entfernte sich rasch und rief zurück: «Warten Sie hier! Ich besorge uns Schwimmwesten.»

Rita Jolivet, die mit einer Schwimmweste aus ihrer Kabine gekommen war, fand Frohman immer noch sehr ruhig. Er erhob die Stimme über das wilde Geschrei und begann ungerührt über die Deutschen und den Krieg zu reden.

Als Scott mit zwei Schwimmwesten zurückkehrte – eine für Vernon, die andere für Frohman –, erhob der Impresario Einspruch, da Scott ja selbst keine habe. Widerwillig ließ er sich von dem Offizier die Weste umbinden. «So, Captain, und jetzt müssen Sie für sich eine besorgen», beharrte er.

Scott zuckte die Achseln. «Wenn ich dran bin, bin ich dran. Man stirbt nur einmal.»

Frohman, der in der Weste noch rundlicher aussah, lächelte ihm zu und zog an seiner Zigarre. Er kehrte dem zunehmenden Tumult auf den Decks den Rücken zu, stützte sich auf die Reling und sah nachdenklich hinaus aufs Meer. «Hätte nicht geglaubt, daß die das fertigbringen», sagte er fast im Flüsterton.

Dr. James Houghton verließ seine Kabine und machte sich auf die Suche nach Marie de Page, die er ohne Schwimmweste auf dem B-Deck vorfand. Er zog seine eigene aus und legte sie ihr an. In der Nähe stand Lady Allan mit ihren verängstigten Töchtern und einem Dienstmädchen. Sie war von der Gewalt der Explosion gegen die Reling geschleudert worden und hielt sich nun mit schmerzverzerrtem Gesicht einen Arm, der, wie sie meinte, bestimmt gebrochen war.

Charles Hill hatte sich vom Chefsteward getrennt, um eine Bekannte mit ihrem vierjährigen Sohn zu suchen. Ihre Kabine war leer, und schon strömte Seewasser durch ein offenes Bullauge. Er ging weiter zu seiner eigenen Kabine, um Aktentasche und Mantel zu holen. Sein Steward half ihm in eine Schwimmweste, obwohl er selbst keine trug. «Am besten gehen Sie sofort zum Bootsdeck, Sir», riet er.

Auf der Steuerbordseite des Bootsdecks stand William McMillan Adams, abgestoßen und fasziniert zugleich von dem heillosen Durcheinander, als sein Vater herankam und ihn am Arm packte. William fiel auf, daß er Mantel und Mütze trug.

Zusammen gingen sie nach Backbord, jener Seite des Schiffes, die am weitesten aus dem Wasser ragte. «Wir müssen hier mit anpacken», sagte sein Vater.

Alice Lines hatte den fünfjährigen Stuart fest an die Hand genommen und sich davon überzeugt, daß das Baby sicher in ihren Schal eingewickelt war, und ging nun auf die Treppe zu, die von ihrer Kabine zum Bootsdeck führte. «Ganz gleich, was auch passiert», schärfte sie Stuart ein, «halte dich an mir fest. Selbst wenn ich hinfalle, läßt du nicht los.« Auf der Treppe redete sie weiter auf ihn ein. Der Junge begann zu schluchzen. «Aber Stuart, wer wird denn heulen», beruhigte sie. «Gehorche nur, ich passe schon auf dich auf.»

Greta Lorenson kam ihnen mit dem Säugling Susan entgegen. Jäh wurde Alice von Panik erfaßt. Wo war ihre geliebte Amy? «Was hast du mit meiner Kleinen gemacht?» schrie sie.

Greta war völlig verängstigt und weinte. «Eine Stewardeß hat sie zu einem Rettungsboot gebracht. Mein Gott, was sollen wir nur tun?»

«Kümmere dich einzig um die Kinder, um niemand sonst», sagte Alice mit Nachdruck.

Georgina Morell hatte wie üblich nach dem Mittagessen fest geschlafen, als der Torpedo einschlug. Ihr Mädchen weckte sie unsanft auf. «Wir sinken. Keine Zeit mehr zum Anziehen.»

Die alte Dame setzte sich im Bett auf und starrte ungläubig ihre Zofe an, die begonnen hatte, ihr eine Schwimmweste übers Nachthemd zu ziehen.

«Was soll denn das?» fragte sie konsterniert.

«Rasch, rasch», rief die Zofe. «Wir müssen zu den Booten.»

Michael Byrne, der zur Palm Lounge gegangen war, sah die Erste-Klasse-Passagiere an Deck strömen. Er lehnte sich an einen Windschutz des Cafés und hörte Stabskapitän Anderson von der Backbordnock eindringlich rufen: «Haltet das Bootsdeck klar!» Eine aussichtslose Sache, dachte Byrne, die meisten Passagiere und Besatzungsmitglieder sind inzwischen an Deck.

Harold Boulton wollte seine Schwimmweste aus der Kabine holen. Da der Strom ausgefallen war, tastete er in der Dunkelheit auf dem Bord nach der Weste, die dort die ganze Reise über gelegen hatte; aber sie war verschwunden. Auf dem Rückweg durch den Korridor zum Aufgang war die Schlagseite des Schiffes so stark geworden, daß er mit einem Fuß auf dem Boden und mit dem anderen auf der Wand ging. Am Ende des Korridors gab ein Steward Schwimmwesten aus. Boulton nahm eine und band sie sich um. Er hatte gerade den Aufstieg zur Eingangshalle begonnen, als sich der Liner mit einem Ruck weiter neigte. Boulton verlor das Gleichgewicht, rollte die Treppe hinunter und landete ungeschickt zu Füßen einer hübschen Frau und ihrer Tochter. Verlegen rappelte er sich auf und brachte es fertig, höflich zu fragen: «Kann ich Ihnen irgendwie behilflich sein?»

Sie musterten ihn etwas verächtlich. «Nein, danke», meinte die Frau. «Wir benötigen Ihre Hilfe nicht. Der Kapitän sagt, das Schiff sei unsinkbar.»

Boulton erklomm mit Mühe die schiefliegende Treppe. Oben in der Eingangshalle stellte er fest, daß ein Aufzug zwischen zwei Decks steckengeblieben war, die Kabine vollgestopft mit Menschen, die auf dem Weg vom Speisesalon nach oben gewesen waren. Sie schrien und rüttelten verzweifelt an den Gittern. Die sitzen in der Falle wie die Ratten, dachte Boulton.

Nahe der Funkerkabine kam ein rußgeschwärzter James Brooks mühsam auf die Beine. Er hastete hinunter zur Backbordseite des Bootsdecks und in den Rauchsalon, der fast leer war. In der Tür zur anderen Seite des Schiffes stieß er mit sechs halbnackten Heizern zusammen, noch ärger als er mit Öl und Ruß verschmiert, die durch einen Lüfter im Vorschiff entkommen waren. Er drängte sich an ihnen vorbei, jäh von Panik ergriffen, und wußte nicht, wohin er rannte.

Hoch oben auf der Brücke konnte Hugh Johnston, dessen junges Gesicht Verzweiflung verriet, das Ruder nicht zum Reagieren bringen, so sehr er sich auch bemühte.

«Volle Kraft zurück!» befahl Turner entmutigt. Aus dem Maschinenraum kam keine Antwort. Die Männer dort unten brachten sich entweder in Sicherheit oder lebten nicht mehr.

Obwohl die Maschinen stillstanden, machte das Schiff noch immer Fahrt, taumelte blind dahin wie ein verletztes Tier. Ein Frachter mit breitem Steven wäre binnen zwei Minuten zum Stillstand gekommen, doch Turner hatte keine Möglichkeit, die unerbittliche Kreisfahrt seines schlanken Schiffes zu stoppen. Die mächtige *Lusitania* pflügte weiter. Ihr schöner, messerscharfer Bug, schon seit dem Stapellauf allgemein bewundert, wurde ihr nun zum Verhängnis. Wie sein Kapitän wußte auch Rudergänger Johnston, der hilflos am Rad drehte, daß der schnellste Liner auf dem Atlantik steuerlos war.

Chefelektriker George Hutchinson, der kurz vor dem Torpedoangriff die Schotten der wasserdichten Abteilungen überprüft und in guter Ordnung vorgefunden hatte, befürchtete nun, daß das Schlimmste eingetroffen war. Er rannte zum Dynamo. Die Stromversorgung der Funkerkabine durfte nicht zusammenbrechen. Dort aber sah Robert Leith die Nadel des Voltmeters unerbittlich fallen, bis sie auf Null stand. Sofort schaltete er auf den Notdynamo um und tippte weiter den verzweifelten Notruf: SOFORT KOMMEN. SCHWERE SCHLAGSEITE ZEHN MEILEN OLD HEAD KINSALE.

Es war 14.14 Uhr. Leith glaubte nicht, daß ihnen noch viel Zeit blieb.

17 In die Rettungsboote

Kapitän Turner begann das Unvorstellbare zu befürchten. War sein prächtiges Schiff tatsächlich dem Untergang geweiht?

Er hatte die ausgeschwenkten Rettungsboote bis an die Relings absenken lassen, aber Anderson angewiesen, sie erst dann abzufieren, wenn das Schiff genug Fahrt verloren hatte. Die Sicherheit von Passagieren und Besatzung hatte Vorrang, und er war zuversichtlich, daß die achtundvierzig Rettungsboote der *Lusitania* ausreichten; zweiundzwanzig waren hölzerne Pinassen mit Klinkerbeplankung, die zu beiden Seiten an den Davits hingen; bei den restlichen sechsundzwanzig handelte es sich um Faltboote aus Holz und Leinwand, die nicht so schwer wie konventionelle Boote und so konstruiert waren, daß sie leicht aus ihren Häsungs gezogen werden konnten. Die Faltboote waren vorwiegend unter den Pinassen verstaut. An Backbord war Anderson für die Rettungsboote mit geraden Nummern verantwortlich; steuerbords unterstanden die mit ungeraden Nummern dem Ersten Offizier Jones.

Da der Liner noch immer nicht zum Stillstand gekommen war, schien das Abfieren der Boote unmöglich zu sein. An Backbord hingen sie so weit nach innen und an Steuerbord so weit nach außen, daß sie selbst von einer reglos liegenden *Lusitania* nur schwer zu Wasser zu lassen waren. Viele Besatzungsmitglieder hatten keine Erfahrung im Umgang mit den Booten; Turner hatte bereits früher zugegeben, «blutige Anfänger» unter seinen Matrosen zu haben. Albert Bestic kletterte rasch den Brückenaufgang hinunter zu den ihm zugewiesenen Booten an Backbord, Nummer 2 bis 10; das fünfte, Nummer 10, war sein eigenes. Er befahl den verschreckten Passagieren, die aus den Salons und Kabinen strömten, sich an die Aufbauten zu stellen und von den Davits fernzuhalten. Dort warteten sie nun benommen. Niemand hatte an einer Rettungsübung teilgenommen, und nur wenige hatten die Anweisungen in ihren Kabinen gelesen. Alle warteten auf Anleitung von Offizieren und Mannschaft. Doch bisher hatte Albert den Befehl, die Boote zu Wasser zu lassen, nicht erhalten.

Ein Mann, vor Angst wie von Sinnen, stürzte plötzlich aus der Menge, sprang auf ein Faltboot und kletterte von dort aus in die erste Pinasse. Albert wandte sich an einen bulligen Matrosen, wies mit dem Daumen auf den Passagier und sagte leise: «Holen Sie den da raus!» Der Seemann setzte über die Bordwand des Rettungsbootes, packte eine Axt, ging auf den Passagier zu und hielt ihm die Waffe dicht unter die Nase. «Raus», grollte er. Der Passagier gehorchte und kletterte zurück an Deck.

An Steuerbord erreichte Page William Holton seinen Posten und mußte feststellen, daß sein Boot Nummer 5, das dritte von vorne, von der Explosion weggerissen worden war und nun im Kielwasser trieb, scheinbar unbeschädigt. Er hörte Andersons Stimme von der Brücke her. «Die Boote dürfen nicht abgefiert werden. Das Schiff sinkt nicht.» Er teilte die Ansicht des Stabskapitäns. Er glaubte auch, daß Boote voller Passagiere nicht sicher zu Wasser gelassen werden konnten, solange der Liner noch in Bewegung war, weil die Gefahr bestand, daß ein Boot auf dem anderen landete.

Als Heizer Eugene McDermott Andersons Befehl vernahm, verließ er seinen Posten bei Boot Nummer 18 an Backbord und schlich sich in die Unterkünfte der Heizer, um nach einer Schwimmweste zu suchen. Unter Deck war es so dunkel, daß er sich noch nicht einmal zu seiner Koje vortasten konnte. Er kletterte zurück zur Promenade der Dritten Klasse, wo einige Passagiere brüllten und kreischten. Ein Fahrgast packte ihn. Erst dachte der junge Heizer, der Mann wolle ihn schlagen, doch er bettelte: «Würden Sie sich bitte um meine Mutter und meine Schwester kümmern?» Die beiden Frauen standen blaß und weinend neben ihm. «Bringen Sie sie doch bitte in einen Salon», bat der Mann.

McDermott hielt es für vernünftiger, sie geradenwegs zu

einem Rettungsboot zu geleiten, erklärte sich aber einverstanden. Er führte die Frauen in einen leeren Gesellschaftsraum der Dritten Klasse und wies sie an, dort zu warten. Wieder an Deck fragte er sich, wie viele seiner Kameraden aus dem Heizraum wohl noch am Leben waren. Er hatte keine Schwimmweste gefunden, konnte aber wenigstens kraulen.

In einem Durchgang zum C-Deck jagte ein junger Matrose mit schreckgeweiteten Augen an George Wynne vorbei und schrie: «Nichts wie weg! Wir sind verloren!» Vor seinem inneren Auge sah Wynne den gequälten Ausdruck im Gesicht seines Vaters, als er sich noch einmal zu ihm umgedreht hatte, ehe er auf die Suche nach einer Schwimmweste ging. Joseph Wynne war nicht zurückgekommen. George entschied, daß er nicht länger warten konnte, und eilte hoch zum Bootsdeck, wo riesige Menschentrauben die Rettungsboote umlagerten. Er suchte verzweifelt nach seinem Vater, konnte ihn aber nirgends in der Menge entdecken.

In ihrer Schwimmweste und mit einer zweiten für ihren Vater in der Hand trat Lady Mackworth an der Backbordseite des Bootsdecks in die Sonne. «Haben Sie etwas dagegen, wenn ich bei Ihnen bleibe, bis mein Vater zurückkommt?» fragte sie Dr. Howard Fisher und die Krankenschwester Dorothy Conner.

Ehe sie antworten konnten, kam von unten ein Schwarm hysterischer Dritte-Klasse-Passagiere an Deck getobt. Blaß und von Panik ergriffen, kämpften sie sich den Weg zum nächstbesten Boot frei und warfen einen Offizier um, der versucht hatte, sie am Besteigen des Bootes zu hindern. Die beherrschte Lady Mackworth wandte sich an die Schwester. «Ich hatte immer gedacht, bei einem Schiffbruch ginge es wohlorganisiert zu.»

Dorothy nickte zustimmend. «Ich auch. Aber in den letzten Augenblicken habe ich eine Menge dazugelernt.»

David Thomas, der an Deck gekommen war und sich nach seiner Tochter umsah, trat zur Seite, als die Passagiere die Boote stürmten. Nachdem die Treppen frei waren, ging er nach unten in seine Kabine, um seine Schwimmweste zu holen, doch sie war verschwunden. Er konnte nicht wissen, daß seine Tochter sie an sich genommen hatte. Er erinnerte sich an die drei zusätzlichen Westen im Kleiderschrank und fand sie auch. Als er wieder auf dem Bootsdeck anlangte, hatte die Schlagseite des Liners so zugenommen, daß man an Backbord nur mühsam aufrecht gehen konnte. Er konstatierte bei der Mannschaft «totale Konfusion» und das «Fehlen jeglicher Disziplin».

Charles Lauriat marschierte gelassen bis unter die Brücke und hörte Turner und Anderson rufen: «Fiert die Boote nicht ab!» Mit ruhiger, klarer Stimme rief eine Frau zu Turner hoch: «Käpt'n, was in aller Welt sollen wir denn jetzt tun?»

«Bleiben Sie, wo Sie sind, Madame», erwiderte Turner. «Auf dem Schiff sind Sie sicher.»

«Wo haben Sie denn Ihre Informationen her, Käpt'n?»

«Aus dem Maschinenraum», gab er abrupt zurück.

Lauriat machte kehrt und ging durch die Menge zurück. Viele Passagiere hatten ihre Schwimmwesten falsch angelegt. Ein Mann hatte einen Arm durch das eine Ärmelloch und den Kopf durch das andere gesteckt; ein anderer trug seine Weste verkehrt herum um die Taille. Doch als Lauriat auf sie zutrat und versuchte, ihnen zu erklären, wie es richtig zu machen sei, eilten sie fort, scheinbar fest überzeugt, daß er ihnen die Westen nur wegnehmen wollte.

Lauriat nahm die stetig zunehmende Schlagseite wahr und war sicher, daß der Liner nicht mehr lange schwimmfähig bleiben würde. Er ging hinunter zu seiner Suite auf dem B-Deck. Dort herrschte Finsternis. Mit sicherer Hand ertastete er eine Schachtel Streichhölzer, die immer auf seinem Nachttisch lag. Er riß ein Streichholz an, öffnete seine Reisetasche und steckte Paß und Dokumente ein. Dann begab er sich durch den Hauptkorridor zurück, indem er auf dem Winkel lief, den der Fußboden und die Seitenwände der Suiten bildeten.

Er schaute kurz die Quergänge zur Steuerbordseite entlang und sah, daß die Bullaugen offenstanden und dem sonnenhellen Wasser gefährlich nahe waren. Die Bullaugen im Speisesalon waren, wie er sich entsann, während des Mittagessens geöffnet worden. Wenn die *Lusitania* rasch sank, mußte das doch bestimmt daran liegen, daß mehrere Tonnen Wasser pro Minute durch diese und andere Bullaugen auf die tieferen Decks strömten. Er fand es unglaublich, daß nicht alle Bullaugen verschlossen worden waren, als die *Lusitania* die Gefahrenzone erreichte.

Kurz nachdem das Kommando, die Boote nicht zu Wasser zu lassen, gegeben worden war, hörte Harold Boulton Stabskapitän Andersons Bitte: «Würden die Gentlemen mir bitte helfen, die Frauen und Kinder aus den Booten zu holen und auf die Oberdecks zu bringen?» Er packte sofort mit an und half den Frauen aus den Booten. Als er einen Blick zum Vorschiff warf, sah er den Bug des Liners langsam untertauchen. Ihm wurde schlagartig klar: Dieses Schiff sinkt.

Vor der Backbordseite der Palm Lounge traf Oliver Bernard Lesley Mason. Als sie ihn erkannte, kreischte sie: «Wo ist mein Mann?» Sie war längst nicht mehr die eingebildete junge Gattin, die ihn die ganze Reise über kaum eines Blickes gewürdigt hatte.

«Ihr Mann kommt bestimmt gleich», versuchte er ihr Mut zu machen.

Durch das Getrampel und das aufgeregte Geschrei rief sie erneut: «Wo ist mein Mann? Wo ist Stewart?» Sie war hysterisch.

Er packte sie bei den Schultern, schüttelte sie heftig durch und sagte energisch: «Jetzt hören Sie mal zu! Wenn Sie hierbleiben, findet Ihr Mann Sie auf jeden Fall. Die Boote werden von dieser Seite aus zu Wasser gelassen!»

Sie rang sich ein jämmerliches Lächeln ab.

Da er nicht sicher war, daß sie ihn verstanden hatte, fügte er hinzu: «Wenn Sie planlos auf diesem Riesenschiff herumrennen, treffen Sie ihn nie. Klar? Jetzt warten Sie hier, ich besorge ein paar Schwimmwesten.»

Sie nickte weinend.

Als er sich durch die Menge auf der Backbordseite des Promenadendecks drängte, hörte er einen Offizier rufen: «Es darf noch niemand in die Boote. Bitte zurücktreten!»

Er erreichte die Eingangshalle und wäre fast mit Alfred Vanderbilt zusammengestoßen, der seelenruhig im Foyer stand, einen grauen Nadelstreifenanzug mit gepunkteter Schleife anhatte und das lila Schmuckkästchen einer Frau in der Hand hielt. Er sah so lässig aus, als wartete er in Ascot auf das nächste Rennen. Über die ganze Aufregung offensichtlich amüsiert, grinste er Bernard an. Der Bühnenbildner ignorierte ihn und hielt auf die Treppe zu. Dabei vergaß er, wie schief das Schiff inzwischen lag. Er verlor das Gleichgewicht, kippte um, purzelte die breiten Treppen hinunter und landete schmerzhaft auf dem B-Deck.

Er kam wieder auf die Beine und hörte die Passagiere, die im Käfig des elektrischen Lifts eingeschlossen waren, schrill um Hilfe rufen und an den Gittern rütteln. Er kümmerte sich nicht um diese Todesschreie, sondern stolperte durch den dunklen, verlassenen Korridor und stürzte mehrmals, bis er die Kabine der Masons erreichte. «Stewart! Stewart!» rief er. Als keine Antwort kam, ging er weiter zu seiner eigenen Kabine am Ende des Gangs.

In der Finsternis ertastete er seine Schwimmweste auf dem Kleiderschrank, zog sie herunter und machte sich auf den Weg zurück zur Treppe. Er wollte nicht hier im Dunkeln ersaufen wie eine Ratte.

Als er wieder vor der Palm Lounge ankam, war Lesley Mason verschwunden. Er wurde wütend, weil er sich solche Umstände gemacht hatte, nur um der dummen Gans eine Schwimmweste zu besorgen. Wie von Sinnen rannte eine Frau auf ihn zu und schrie: «Wo haben Sie die her? Woher?» Ohne ein Wort des Protestes ließ er sich die Weste aus den Händen reißen.

William McMillan Adams und sein Vater hatten den Befehl, die Decks zu räumen, gehört. William sah sich die Rettungsboote der Backbordseite an, die gefährlich weit nach innen hingen, und wußte, daß sie erst über die Reling gedrückt werden mußten, ehe man sie zu Wasser lassen konnte. Doch viele Passagiere scherten sich nicht um die Anweisungen der Offiziere.

Sie kletterten in die Boote und weigerten sich, sie wieder zu verlassen.

Das Rettungsboot Nummer 2, das erste an Backbord, war voll besetzt, vorwiegend mit Frauen in langen Röcken. Albert Bestic war herbeigetreten und nahm seinen Platz am Heckdavit ein, während ein Matrose sich am Bug aufstellte. Dann bat er William, seinen Vater und einen dritten Mann, das Boot über die Reling zu schieben. Als das Boot nach draußen geschwungen wurde, hörte Albert einen scharfen Knall. Entweder hatte jemand ein Geitau gelockert, oder es war unter der Belastung gerissen. «Zurück!» schrie er. Doch der Bug der Pinasse wirbelte so rasch herum, daß er die Menschen vom darunterliegenden Faltboot fegte, übers Deck glitt, gegen den Brückenaufbau krachte und dabei die Passagiere im Weg zerquetschte.

Albert drehte sich entsetzt um und mußte sehen, daß auch das nächste Boot, Nummer 4, außer Kontrolle geraten war, aufs Deck stürzte und gegen das erste Boot prallte. Er drängte sich zum nächsten Boot vor, Nummer 6, wo Anderson Frauen und Kinder bat, doch wieder auszusteigen. Albert half ihm, die Pinasse von Passagieren zu räumen, damit sie über die Reling geschoben werden konnte. Zwischendurch kam Anderson die Idee, daß sich die Schlagseite des Liners womöglich ausgleichen ließe, wenn die Ballasttanks an Backbord geflutet wurden. «Gehen Sie auf die Brücke, Bestic», rief er. «Lassen Sie die Backbordtanks trimmen.»

Albert machte sich wieder auf den Weg nach vorne. Er erklomm die Leiter, hielt sich am Schanzkleid fest und rief dem Kapitän Andersons Vorschlag zu. Aber es war zu spät. Die Mannschaftsmitglieder, die die Tanks hätten trimmen können, waren bereits auf dem Bootsdeck. Turner hatte wegen der unaufhaltsamen Fahrt des Liners und der starken Neigung des Decks beschlossen, mit dem Abfieren der Boote noch zu warten, doch viele Besatzungsmitglieder und Passagiere an Steuerbord setzten sich über diese Entscheidung hinweg und nahmen die Angelegenheit selbst in die Hand.

Leslie Morton war überzeugt, daß der Liner seine

Schwimmfähigkeit verloren hatte, und eilte nach Steuerbord. Jetzt besteht keine Hoffnung mehr für sie, dachte er. Viele der zum Losbringen der Rettungsboote nötigen Seeleute waren tot, ertrunken im Gepäckraum, den er an diesem Nachmittag verlassen hatte, um seine Wache als Ausguck zu beenden. Obwohl die Steuerbordboote dem Ersten Offizier Jones unterstanden, hörte Morton einen anderen Offizier den Befehl zum Abfieren geben.

Jene Boote, die von dem todgeweihten Schiff klargekommen waren, wurden am weiteren Auspendeln nur von Sicherheitsketten gehindert, die an der Deckkante befestigt waren. Kühnere Passagiere setzten mit einem Sprung in Mortons Boot, Nummer 11, das gut zwei Meter unter ihnen hing. Er half weiblichen Passagieren beim Überwinden der Kluft, bis der Befehl erklang: «Abfieren!»

Der krängende Liner beschrieb einen riesigen Halbkreis und machte noch immer rund fünf Knoten Fahrt. Morton am Heckdavit und ein anderer Matrose am Bugende ließen die Taljen laufen. Das Boot sank glatt ins Wasser. Es fiel um eine Bootslänge zurück, kam dann neben dem schiefliegenden Liner längsseits, direkt unter der nächsten Pinasse, Nummer 13, die noch an den Davits hing.

Morton wollte sich gerade über Bord schwingen und an den Tauen herunterrutschen, um mit seinem Rettungsboot von der Bordwand des Liners freizukommen, als die Taljen von Boot Nummer 13 plötzlich nachgaben. Das Boot mit allen seinen schreienden Insassen fiel an ihm vorbei und direkt auf Nummer 11. Er hörte die entsetzlichen Schreie der Zerquetschten, Verstümmelten und Sterbenden unter sich und konnte angesichts der Plötzlichkeit des Todes nur kalten Schrecken empfinden. Er drängte sich durch die verzweifelte Menge zu den vorderen Booten, um seinen Bruder John zu finden. Er sah Menschen, die auf dem Deck den Halt verloren und über die Planken ins Meer glitten. Er beobachtete, wie Frauen von ihren Männern getrennt und in Boote gehoben und Kinder ihren Eltern weggerissen und über die Köpfe der Menge hinweg von einem Matrosen zum nächsten weitergereicht wurden. Das

Crescendo flehender Stimmen, als Hunderte erkannten, daß die *Lusitania* zu rasch sank, als daß sie noch von Bord gehen konnten, bildete einen bizarren Chor zu dem Todesdrama in den Booten.

Von seiner hohen Warte auf der Brücke sah Bestic Passagiere in die verbliebenen Backbordboote steigen und verzweifelt versuchen, die Taljen freizubekommen. Drei weitere Boote stürzten aufs Deck, schleuderten auf Leichen und Trümmer zu, die sich bereits an den Aufbauten türmten. Er empfand Übelkeit, wandte sich von dem Blutbad ab und ging zurück zu Stabskapitän Anderson an Boot Nummer 12, dem sechsten von vorne, das mittschiffs hing. Anderson war in Hemdsärmeln, mit grimmiger Miene, und kaum noch als der umgängliche, heitere Mann wiederzuerkennen, der am Kopfende des Kapitänstisches gesessen hatte.

Unter Aufbietung aller Kräfte stießen sie Boot Nummer 12 über die Reling. Es schabte und rumpelte an den vorstehenden Nietköpfen des Rumpfes entlang, bis es den Anschein hatte, als müßte seine Bordwand aufgerissen werden, ehe es das Wasser erreichte. Als es die Höhe des Promenadendecks erreicht hatte, schwang sein Kiel so weit nach innen, daß sie befürchteten, es werde ebenso wie die fünf anderen aufs Deck stürzen. Es schwankte bedenklich, als Männer vom Promenadendeck aus an Bord zu klettern suchten und die Insassen sie mit Riemen abwehrten. Der Kampf versetzte den Matrosen am Heckdavit in solche Panik, daß er die Talje freigab. Das Heck stürzte rasch ab; die Passagiere wurden ins Wasser gekippt. Wenige Sekunden lang hing Boot Nummer 12 prekär am Taljenreep des Bugs. Dann riß das Tau, das Boot holperte über die Nieten und fiel auf die Passagiere, die im Wasser um ihr Leben kämpften.

Isaac Lehmann, der mit ansehen mußte, wie Boot Nummer 12 ins Meer stürzte, verlor die Beherrschung. Er hastete nach unten aufs D-Deck, nur um festzustellen, daß jemand vor ihm in seiner Suite gewesen war und seine Schwimmweste mitgenommen hatte. Einen Augenblick lang zögerte er. Dann riß er seinen Koffer auf und nahm seinen Revolver heraus. Er überlegte ganz kalt: Der kann mir zupaß kommen, wenn jemand nicht spurt. Auf dem Weg zurück zum Bootsdeck traf er seinen Steward. «Besorgen Sie mir eine Schwimmweste», befahl er und blieb ungeduldig stehen, bis der Steward zurückkam und ihm eine Weste umband. Er trat hinaus aufs Bootsdeck, wo er Zahlmeister McCubbin und den Schiffsarzt antraf. Die beiden schauten ihn beschwichtigend an. «Bitte bewahren Sie Ruhe, Mr. Lehmann. Sie geht bestimmt nicht unter.»

Pinasse Nummer 14, die auch den Geschäftsmann Charles Hill an Bord hatte, wurde von Anderson und Bestic über die Reling geschoben. Hill saß im Bug, und seine Gedanken wanderten seltsamerweise zu den drei Deutschen, die man einen Tag nach dem Auslaufen verhaftet hatte. Sie waren seither weder von Offizieren noch von Besatzungsmitgliedern erwähnt worden. Falls sie noch in den Zellen eingeschlossen waren, konnten sie nicht mehr am Leben sein.

Als das Rettungsboot am Promenadendeck vorbeikam, halfen fünf oder sechs Heizer, es vom Rumpf klarzuhalten. Dann verloren die Männer an den Davits die Kontrolle. Die Bugtaue verhedderten sich, und das Boot sackte ab, bis es fast senkrecht hing und die Insassen im Heck ins Meer geschleudert wurden. Hill konnte sich an seinem Sitz festhalten. Zu seiner Überraschung landete das Boot schließlich waagrecht auf dem Wasser. Es begann sofort zu lecken und schlug um, weil Menschen, die im Meer schwammen, hineinzuklettern versuchten.

Dreimal kenterte es, dreimal richtete es sich wieder auf, und jedesmal gelang es Hill, sich wieder in die vollgeschlagene Pinasse zu hieven. Er begann plötzlich irre über die absurde Situation zu lachen, und als er sah, daß der Schiffsbarbier das Kommando übernahm, lachte er noch mehr und dachte: Ich habe ihm diese Woche noch nichts fürs Rasieren bezahlt.

Um 14.15 Uhr ging bei Vizeadmiral Coke im Admiralitätsgebäude in Queenstown ein Funkspruch von der Radiostation Valentia ein: LUSITANIA VOR KINSALE IN SEENOT. SINKT VERMUTLICH. Eine Minute später folgte eine Nachricht aus Corkbeg: FANGEN SOS VON LUSITANIA AUF. VERMUTLICH VOR KINSALE.

Erschüttert wies er seinen Chauffeur an, ihn im Dienstwagen die steilen Straßen hinunter zur Marinepier zu bringen. Im Erdgeschoß reichte ihm der Wachoffizier eine Nachricht von Galley Head: LUSITANIA ZEHN MEILEN SUEDOST. SINKT OFFENBAR. Er hatte sich zwar Sorgen um die *Lusitania* gemacht, seit Anfang der Woche U-Boote gesichtet worden waren, doch auf eine Krise solchen Ausmaßes war er nicht vorbereitet.

Die alte *Juno,* die vom Nebel aufgehalten worden war, hatte inzwischen den Hafen von Queenstown erreicht. Vizeadmiral Hood kam mit einer Barkasse an Land und hielt mit Coke eine kuze Lagebesprechung ab. Beide waren sich einig, daß die *Juno* nach Möglichkeit nicht einem U-Boot-Angriff ausgesetzt werden durfte, denn sie war kein Geleitschiff, doch wenn die *Lusitania* sich in ernster Seenot befand, mußte ihr die *Juno* nach Cokes Auffassung sofort zu Hilfe eilen. Die Barkasse brachte Hood zurück auf seinen Kreuzer. Coke befahl, jedes verfügbare Schiff klar zum Auslaufen zu machen. Viel stand ihm nicht zur Verfügung. Sofort bereit waren nur die Schlepper *Stormcock* und *Warrior* und der kleine Zolldampfer *Julia.* Die Trawler *Ebro* und *Congo* und die bewaffnete Yacht *Greta* waren zwecks Reparatur in der Werft; andere Schiffe befanden sich auf Patrouillenfahrt und waren zu weit von der *Lusitania* entfernt. Einige Schiffe, die im Hafen bunkerten, darunter die Trawler *Brock, Bradford* und *Flying Fox* sowie drei alte Torpedoboote, *050, 052* und *055,* begannen Dampf aufzumachen. Coke wies den Kommandanten der Torpedoboote an, die weiter entfernten Patrouillen zur Teilnahme an der Rettungsaktion aufzufordern, falls die Signale der Küstenstationen sie nicht erreicht hatten. Dann ließ er einen Funkspruch an die *Indian Empire* senden, das einzige mit Funk ausgerüstete Schiff, das zur Zeit rund fünfzig Meilen von der *Lusitania* entfernt war.

Er war überzeugt, daß er getan hatte, was er konnte, und ließ sich zurück zur Admiralität fahren. Dort war inzwischen eine weitere Nachricht aus Corkbeg eingetroffen: VON LUSITANIA. SOFORT KOMMEN. SCHWERE SCHLAGSEITE. BITTE ADMIRAL BENACHRICHTIGEN. Von seinem Fenster im ersten Stock aus konnte er die Schlepper *Stormcock* und *Warrior* den Hafen verlassen sehen. Die *Juno* hatte noch nicht genug Kesseldruck. Er wußte, daß Stunden vergehen würden, bis die ersten Einheiten seiner unzulänglichen Flotte von Fischdampfern den mächtigen Liner erreichten.

Isaac Lehmann trat an Backbord wieder aufs Bootsdeck und sah, daß Rettungsboot Nummer 16 verschwunden war. Es hatte sich beim Absenken am Rumpf der *Lusitania* die Planken aufgerissen und war beim Auftreffen auf dem Wasser in seine Bestandteile zerfallen.

Rund vierzig Menschen standen auf der Persenning des Faltboots unter Rettungsboot Nummer 18, das voll besetzt war. Ein Matrose stand mit einer Axt in der Hand da, als erwarte er einen Befehl. «Warum lassen Sie das Boot nicht zu Wasser?» schrie Lehmann ihn wütend an. Er konnte sehen, daß der Bug der *Lusitania* nun fast völlig untergetaucht war. «Wer ist für dieses Rettungsboot verantwortlich?» fauchte er.

«Der Käpt'n hat befohlen, daß kein Boot abgefiert werden darf», murmelte der Seemann mit der Axt.

«Zum Teufel mit dem Käpt'n!» brüllte Lehmann. «Sehen Sie denn nicht, daß das Schiff sinkt?» Die Frauen im Boot verfolgten entsetzt, wie Lehmann seinen Revolver zog und auf den Matrosen richtete. «Ich befehle, dieses Boot zu Wasser zu lassen. Der erste, der aufmuckt, wird erschossen!»

Sofort schwang der Matrose die Axt und schlug den Sicherungsbolzen heraus. Das Boot pendelte nach innen, zerquetschte die Passagiere auf dem Faltboot, schleuderte die auf Deck Stehenden gegen die Fenster des Rauchsalons, torkelte dann durch die Menge achtern und glitt außer Kontrolle auf die Brückenaufbauten zu.

Lehmann wurde aufs Deck geschleudert. Dort blieb er liegen und konnte kaum glauben, was geschehen war. Sein Revolver war verschwunden. Das durchgegangene Boot hatte fast alle Leute auf dem Faltboot getötet; andere waren so verstümmelt, daß sie sich nicht regen konnten. Er spürte einen jähen, stechenden Schmerz in seinem Bein, schaute hin und sah Blut herausquellen. Er war schwer verletzt. Dampfendes Wasser aus den Kesseln ergoß sich über ihn, als er sich langsam und qualvoll zur Reling zu schleppen begann.

Der Oberheizer Albert Martin gehörte zu den wenigen Besatzungsmitgliedern, die unter Deck mit dem Leben davongekommen waren. Er gab Schwimmwesten aus und half den Passagieren beim Anlegen. Mitten in der schreckerfüllten Menge bewahrte er Ruhe.

Norah Bretherton sah in den Gesichtern vieler Frauen die nackte Verzweiflung geschrieben, als sie mit ihrem Baby auf dem Arm das Backbordbootsdeck erreichte. Sie stieg auf ein Faltboot und flehte die umstehenden Männer an, doch ihr Kind an Bord zu nehmen. Ein Mann schrie: «Laßt das Boot runter! Es ist voll.» Jemand riet ihr: «Gehen Sie ins nächste Boot.» Eine Freundin von ihr, die bereits im Boot saß, rief den Männern zu: «Nehmen Sie diese Frau und ihr Baby an Bord!»

Norah Bretherton entdeckte im selben Boot einen Passagier, der während der Reise oft mit ihrem Jungen gespielt hatte. «Sie kennen doch meinen Paul», rief sie ihm zu. «Würden Sie ihn bitte aus der Kabine holen?» Er starrte sie an, ohne daß seine Augen einen Schimmer des Erkennens verrieten. Von jäher Panik ergriffen, gab sie ihr Baby einem Matrosen in den Arm und hastete wankend hinunter zum D-Deck, weil das Schiff nun schlingerte. Aus dem Boden des Korridors quoll Rauch, aber sie rannte Hals über Kopf in ihre Kabine, schnappte ihren dreijährigen Sohn und trug ihn aufs Bootsdeck.

Die *Lusitania* hatte auch eine Reihe schwangerer Frauen an Bord. Für sie war das Chaos an Deck besonders schlimm. Einige waren gestürzt und konnten nicht wieder auf die Beine kommen. Margaret Cox beobachtete eine schwangere Mutter, die sich krampfhaft bemühte, ihre drei kleinen Kinder nahe bei sich zu halten. Ihr eigenes Baby Desmond glitt ihr unvermittelt aus den Armen, als sie auf dem schrägen Deck das Gleichgewicht verlor. Sie sah es auf die Reling zurollen, ging auf alle viere und konnte es gerade noch auffangen.

Charlotte Pye wurde mit ihrem Kind auf dem Arm auf dem

schiefen, überfüllten Deck hin und her gestoßen und war tränenüberströmt. «Nicht weinen, Madam», rief ein Mann ihr zu. «Wird schon wieder gut.»

«Nein, nichts wird gut», schluchzte sie. «Ich habe keine Schwimmweste.»

«Ich besorge Ihnen eine», versprach er, kam aber mit leeren Händen zurück. «Hier», drängte er, «nehmen Sie meine.»

Er half ihr in seine Weste, schnürte das Baby an ihr fest und führte sie zu einem Rettungsboot an Steuerbord. Mrs. Pye konnte es nur über einen aus zwei Riemen improvisierten Steg erreichen. Ein Matrose sagte ihr, sie müsse das Baby losbinden, wenn sie sicher von der Reling ins Boot kommen wolle. Sie gehorchte, und als sie im Boot saß, reichte man ihr das Kind.

Mabel Docherty hatte ihren kleinen William auf dem linken Arm und zog sich an einem schlüpfrigen, baumelnden Tau hoch zum Bootsdeck. Die Dringlichkeit des Augenblicks ließ sie ihre Angst vergessen. Auf dem Weg zu den Steuerbordbooten sagte ein Offizier zu ihr: «Kein Grund zur Eile, Madam. Bleiben Sie, wo Sie sind. Das Schiff ist sicher.» Sie aber schenkte ihm keine Beachtung, sondern stieg in ein bereits vollbesetzes Boot.

Den Geschäftsmann James Brooks hatte ein zwanghaftes Bedürfnis zu rennen überkommen. Er raste auf den Decks herum und wußte nicht, wohin er sich wenden sollte. Allmählich wurde er ruhiger. Kurz vor der Brücke verlangsamte er seine Schritte, schaute hoch und sah Kapitän Turner, der eine Schwimmweste trug, die Hand heben. «Keine Boote mehr abfieren!» schrie Turner. «Keine Gefahr!» Brooks drehte sich um und marschierte wieder nach achtern. Als er an einem Rettungsboot vorbeikam, hörte er einen Seemann murren: «Zum Teufel mit ihm. Wir bringen das Ding ins Wasser!»

Ein Offizier versicherte Belle Naish: «Keine Sorge, sie bleibt noch mindestens eine Stunde schwimmfähig.» Mrs. Naish schätzte den sich ständig vergrößernden Winkel zwischen Decksreling und Horizont ab und wußte, daß das schlicht nicht stimmte. «Wir sinken rasch», sagte sie zu Theodore. «Es kann nicht mehr lange dauern.»

Die beiden halfen anderen Passagieren, die Schwimmwesten korrekt anzulegen. Eine Frau mußte regelrecht überredet werden, erst ihren Pelzmantel auszuziehen, eine andere war durchaus nicht zum Ablegen ihres riesigen Huts mit einem langen, wallenden Schleier zu bewegen.

Inzwischen stand das nasse Backborddeck fast senkrecht. Jane McFarquhar glaubte, an Steuerbord bessere Fluchtchancen zu haben. Dort müssen wir hin, oder wir kommen um, dachte sie. Als sie und ihre Tochter die andere Seite erreicht hatten, verlor Grace das Gleichgewicht und glitt hilflos auf die Deckkante zu, wo nur die Eisenreling verhinderte, daß sie ins Meer stürzte. Ein Steward rief Mrs. McFarquhar zu, sie solle weitergehen. «Ich kümmere mich um sie», meinte er und half Grace auf die Beine.

Er führte die beiden von Sessel zu Sessel durch einen Salon der Ersten Klasse, bis sie den Niedergang erreichten, der zu einem Rettungsboot führte. «Kommen Sie gleich hierher», rief ein Offizier. Vor ihnen hing ein vollbesetztes Boot an den Davits, einen guten Meter jenseits der Reling. Jane McFarquhar stieg auf das Faltboot, nahm allen Mut zusammen, wagte den Sprung und landete ungeschickt im offenen Boot. Wenige Sekunden später half man ihrer Tochter über die Kluft.

Die Sullivans betraten das Bootsdeck und hörten Pat Callan ihre Namen rufen. Er bewegte seine Arme wie Dreschflegel, um Platz für sie an einem Boot zu schaffen, das nun fast auf gleicher Höhe mit der Reling hing. Er und Flor sprangen hinein und erwarteten, daß Julia ihnen folgte. Doch sie wollte nicht springen. Sie wich zurück in die Menge und forderte ihren Mann auf, zu ihr zurückzukommen. Flor kämpfte sich wütend aus dem Boot und durch die Passagiere, die miteinander rangen, um hineinzugelangen.

«Du bist wohl nicht bei Trost!» brüllte er und versuchte, sie zurück ins Boot zu zerren. Sie aber blieb trotzig auf der Stelle stehen. Als die Matrosen das nun mit Menschen vollgestopfte Boot abzufieren begannen, neigte sich das Deck plötzlich mit einem Ruck stärker, und Julia sah, wie der Bug des Rettungsboots zu fallen begann. Eine Talje war durchgerutscht, und die Insassen des Bootes purzelten ins Wasser wie Äpfel.

Flor führte sie von der Menge weg. Er zog das Bündel mit den Pfandbriefen aus der Hüfttasche, schob es ins Oberteil von Julias Kleid und gab ihr einen Kuß. «Hier», sagte er leise, «du kannst schwimmen. Später wirst du das Geld gebrauchen können.»

Sie war verblüfft. Dieser Abschied riß sie aus dem Alptraum heraus. «Unsinn, Flor!» rief sie heftig. «Komm, wir sehen zu, daß wir von dieser Menschenmasse wegkommen, und suchen uns eine Stelle, von der aus wir ins Wasser springen können.»

Als Boot Nummer 17 seine Insassen ins Meer kippte, wandte Lady Mackworth sich ab. So «gräßliche Dinge» wollte sie nicht sehen. Weder ihr noch Howard Fisher oder seiner Schwägerin war es eingefallen, sich einen Platz in einem Boot zu sichern. Der Strom bleicher Passagiere, die von einem Boot zum nächsten hasteten, erinnerte sie an einen Bienenschwarm, der die Königin verloren hatte. Nirgends sah sie Kinder. Konnten sie in diesem Gedränge überleben? Dann kam ihr ein Gedanke, den sie gleich wieder bereute: Lieber sterbe ich, als Teil dieses wildgewordenen Pöbels zu werden.

Howard Fisher beschloß, unter Deck zu gehen und Schwimmwesten für Dorothy und sich zu holen. Margaret hatte diese Vorsorge längst getroffen. Während seiner Abwesenheit ging das Gerücht um, die Gefahr sei gebannt, der Liner richte sich wieder auf. Die beiden Frauen sahen einander an und brachen vor Erleichterung in Gelächter aus. «Na, da hattest du ja deinen Nervenkitzel», sagte Dorothy.

«Danke, ich bin für den Rest meines Lebens bedient», gab Margaret Mackworth zurück.

Doch als Fisher mit zwei Schwimmwesten zurückkam, sah er mitgenommen aus. Er berichtete, er habe unten durch tiefes Wasser waten müssen, um an die Westen zu kommen. Die Lage verschlechtere sich, meinte er. Margaret knöpfte gelassen ihren Rock auf. Sie hatte vor, ihn hier fallen zu lassen, damit er ihr im Wasser nicht hinderlich war.

Elsie Hook, die auf dem Promenadendeck der Dritten Klasse auf ihren Vater und ihren Bruder zulief, entdeckte ein Bündel Dollarnoten, das jemand verloren hatte. «Schau, Papa!» schrie sie, hob das Geld auf und hielt es ihm hin.

«Wirf das weg!» warnte er. «Es kann dich das Leben kosten.»

Zum ersten Mal dämmerte dem Mädchen, daß echte Gefahr drohte. Sie stand mit ihrem Vater und Frank an der Steuerbordreling, umklammerte den Handlauf und betete inbrünstig: «Lieber Gott, rette uns.» Neben ihnen standen eng umschlungen zwei alte Damen und weinten.

Kapitänleutnant Schwieger, der noch immer wie gebannt durchs Periskop das unglaubliche Drama beobachtete, rief ein zweites Mal: «Wer Lust hat, kann sich das einmal ansehen.»

Er trat beiseite, als Lotse Lanz die Griffe packte und das Periskop drehte. Der erfahrene Handelsschiffer kannte fünf Passagierdampfer mit vier Schornsteinen, die diese Gewässer befuhren: *Britannic*, *Olympic* (das Schwesterschiff der *Titanic*), *Aquitania*, *Mauretania* und *Lusitania*. Die *Mauretania* transportierte Truppen zu den Dardanellen. Er identifizierte das sinkende Schiff rasch. «Mein Gott!» rief er. «Das ist die *Lusitania!*»

Die Mannschaft brach in Freudenrufe aus. Schwieger hatte Berichte erhalten, denen zufolge die *Lusitania* um diese Zeit vor der irischen Küste erwartet wurde. Die Cunard-Reederei veröffentlichte ihre Abfahrtsdaten jeweils im voraus, und Deutschland hielt seine U-Boot-Kommandanten über die Bewegungen der alliierten Schiffe auf dem laufenden. Deshalb war er nicht überrascht, daß er die *Lusitania* erwischt hatte; erstaunlich fand er nur, daß sein unzuverlässiger G-Torpedo eine solche Verwüstung angerichtet hatte.

Oberleutnant Weisbach, der aus dem Torpedoraum gerufen worden war, trat nun ans Marschperiskop, um sich den todgeweihten Liner anzusehen. Sie sinkt unheimlich schnell, dachte er. Wie ist das nur möglich? Menschen rannten wie wild auf den Decks herum, Rettungsboote baumelten grotesk an Steuerbord. Als sich der Rauch verzog, konnte er am Heck deutlich in großen Messinglettern den Namen *Lusitania* ausmachen, in Lettern, die zwar bei Kriegsbeginn überpinselt worden, nun aber wieder deutlich lesbar waren, nachdem See und Witterung die Farbe hatten abblättern lassen. Er trat vom Periskop zurück und rief den Männern, die in dem Wirrwarr aus Handrädern, Pumpen und Tauchapparaturen im Kontrollraum umherstanden, erregt zu: «Sie sinkt rasch!»

Nun war Otto Rikowsky an der Reihe, durchs Sehrohr zu lugen. Ergriffen sah er zu, wie der Bug des mächtigen Liners langsam versank. Boote kippten auf halbem Weg zwischen Bootsdeck und Wasseroberfläche um und schleuderten ihre Insassen ins Meer. Er sah viele Menschen vor Verzweiflung über Bord springen. Das ist ja gräßlich, dachte er und konnte nicht noch einmal hinsehen.

Schwieger kehrte an sein Angriffsperiskop zurück. Der Anblick faszinierte ihn genauso wie die anderen. Leute sprangen von den schrägliegenden Decks und versuchten schwimmend, gekenterte Pinassen zu erreichen. Nirgendwo eine Spur von einem Zerstörer. Er konnte also gefahrlos noch ein paar Minuten an der Oberfläche bleiben. Normalerweise war er verbittert, wenn ihm eine Gelegenheit zur Versenkung eines feindlichen Schiffes entgangen war, und triumphierte mit seiner Mannschaft, wenn ein Schiff getroffen wurde. Nun aber, da er auf der *Lusitania* Frauen und Kinder in einer tödlichen Falle sah, fand er sich in seiner professionellen Kaltschnäuzigkeit erschüttert. Doch er besiegte seine Zweifel rasch. Schließlich hatte man ihm zu verstehen gegeben, daß alliierte Passagierschiffe zum Transport von Munition und Kriegsmaterial benutzt wurden. Einen Torpedo abzufeuern, war seine Pflicht.

Seine Männer, die einer nach dem anderen ans Periskop traten, trauten kaum ihren Augen. Statt in Gelächter und Hochrufe auszubrechen, standen sie schweigend da und konnten einfach nicht glauben, daß ihr G-Torpedo ein solches Chaos und solche Zerstörung angerichtet hatte. Ein so großer Dampfer hätte erst nach Stunden sinken und Passagieren und Besatzung genügend Zeit lassen sollen, in die Boote zu gehen. Vielleicht, sagte sich Schwieger, hätte ich vor dem Angriff eine Warnung durchgeben sollen. Doch er wußte, daß die *Lusitania* sofort über Funk bewaffnete Schiffe verständigt und ihre genaue Position gemeldet hätte. Es hätte mindestens eine Stunde gedauert, bis Passagiere und Mannschaft sich in Sicherheit gebracht hätten, und bis dahin wären vielleicht Kriegsschiffe am Schauplatz erschienen, eine ernste Bedrohung für *U 20*. Oder die *Lusitania* wäre womöglich im Zickzackkurs auf die Küste oder gar auf das Periskop von *U 20* zugelaufen, um das U-Boot zu rammen. Hätte Schwieger aber die *Lusitania* ihre Reise fortsetzen lassen, ohne einen Angriff zu versuchen, wäre in der Heimat ein Disziplinarverfahren gegen ihn eröffnet worden.

Eine lastende Stille breitete sich aus. Voegele beobachtete Schwieger, der wie gebannt ins Periskop starrte. Dann, ohne jede Warnung, wurde das Schweigen gebrochen, als Matrose Ulbricht herumfuhr, einen Revolver aus der Tasche zog und ihn auf den Kommandanten richtete. Rikowsky, der wußte, wie reizbar sein Kamerad war, sprang ihn an und packte sein Handgelenk. «Lassen Sie das!» warnte er.

Schwieger schien kaum wahrzunehmen, was vor sich ging. Er wandte sich kurz vom Periskop ab und befahl: «Auf 20 Meter abtauchen.»

18 Die letzte Woge

Die *Lusitania* rollte weiter nach Steuerbord; ihre Passagiere versuchten verzweifelt, sich zu retten. Frauen schrien: «Nehmt uns mit!» Wenn sie in den überfüllten Booten keinen Platz mehr fanden, warfen sie sich ins Meer. Die Schreie der im Lift Eingeschlossenen wurden erstickt, als Wasser durch die Kabinen auf dem B-Deck flutete und sie erbarmungslos ertränkte.

Charles Frohman stand mit seinen Freunden an der sinkenden Steuerbordreling, als sei ihm das Pandämonium gleichgültig. Er rauchte weiter seine Zigarre und verriet mit keiner Miene, was er wirklich empfand. «Halte dich an der Reling fest», schlug er Rita Jolivet vor. «Du mußt deine Kräfte sparen.» Doch da die Arthritis den Impresario hinderte, Teil der kämpfenden Masse zu werden, sah er dem stetig steigenden Wasser gleichmütig entgegen. Rita Jolivet, George Vernon und Alick Scott, die ihn nicht im Stich lassen wollten, scharten sich enger um ihn.

«Ich glaube, wir wagen besser einen Sprung», sagte Dr. Fisher zu Dorothy Conner und Margaret Mackworth. Er ging mit Dorothy zu einem Deckabschnitt, von dem ein Rettungsboot zu Wasser gelassen worden war und wo nun die Reling fehlte. Margaret folgte ihnen und wurde beim Gedanken an den Sprung nervös, sagte sich aber: Wie lächerlich, mich vor diesem einen Schritt zu fürchten, wenn mir solche Gefahr droht. Sie senkte den Blick und sah das Wasser bereits über die Planken schwappen. Gequält fragte sie sich, was wohl aus ihrem Vater geworden war.

Vanderbilt trat mit seinem Butler Ronald Denyer aus der Eingangshalle. Eine Frau hörte ihn befehlen: «Schaffen Sie mir alle Kinder her, die Sie finden können.» Sie war überrascht, ihn kurz darauf mit zwei Kindern auf den Armen zu einem Rettungsboot eilen zu sehen. Auch ein Erste-Klasse-Passagier aus New York beobachtete den Millionär bei seiner Rettungsarbeit. Vanderbilts Freund Thomas Slidell sah später, wie er seine Schwimmweste auszog, sie einem jungen Mädchen umlegte und sich wortlos entfernte. Ebenso wie Frohman oder Margaret Mackworth machte Vanderbilt keinen Versuch, ein Rettungsboot zu besteigen. Selbst im Angesicht des Todes brachte er es nicht fertig, Teil dieser wahnsinnigen Masse zu werden: Männer seines Standes hatten nicht in Panik zu geraten.

Als Charles Lauriat auf dem Bootsdeck nach Steuerbord ging, war er sicher, daß der endgültige Untergang der *Lusitania* kurz bevorstand. Er sah Frauen und Kinder in Rettungsboote gepfercht, die Männer freizubekommen versuchten. Die Lage wurde nur noch entsetzlicher, wenn man die Menschen in Boote zwängte, die nicht mehr von den Davits gelöst werden konnten und unweigerlich mit dem Liner in die Tiefe gerissen werden mußten. Warum läßt man sie nicht an Deck? wunderte er sich. Warum läßt man ihnen nicht eine Chance mit einem Stück Treibgut?

Eines der überfüllten Boote schwamm auf gleicher Höhe mit der Reling; niemandem war es gelungen, es von den Davits zu lösen. Lauriat sprang ins Heck und machte die Fallen los. Im Bug säbelte ein unerfahrener Steward wie wild mit einem Taschenmesser an den Tauen herum. Lauriat versuchte ihn zu erreichen, kam aber durch die zwischen Krügen, Wasserfässern, Segeln und Strickleitern eingezwängte Menschenmasse nicht hindurch. Über dem Boot hing ein turmhoher Schornstein und drohte das Boot jeden Augenblick zu zerschmettern. «Hoffnungslos», entschied Lauriat. «Der bekommt die Fallen niemals rechtzeitig los.» Der Davit hinter ihm traf seinen Rükken und schleuderte ihn in die Menge. Er richtete sich wieder auf und drängte die Frauen, doch auszusteigen und zu schwimmen, doch sie blieben wie versteinert sitzen. Er wartete nicht länger, sondern hechtete ins Meer. Er tauchte auf, schwamm dreißig Meter, drehte sich um und mußte zusehen, wie das Boot am Bug in die Tiefe gerissen wurde.

Ein einziger Passagier erklomm das höchste Deck an den Schornsteinen: Oliver Bernard. Unter ihm rannten die Menschen ziellos auf dem Bootsdeck umher. Ein Heizer torkelte wie betrunken, sein Gesicht schwarz und rot verschmiert, seine Schädeldecke weggerissen, so daß sein Kopf aussah wie ein «blutiger Pudding». Hoch über dem Tumult fühlte sich Bernard in eine andere Welt entrückt. Von seiner Warte aus hätte die *Lusitania,* sah man von ihrer Schlagseite und dem sinkenden Bug ab, friedlich vor Kinsale in der Sonne vor Anker liegen können, und die schrillen Schreie von den unteren Decks mochten nichts als fröhliches Gelächter gewesen sein.

Bernard zweifelte nun nicht mehr, daß das Schicksal des Liners besiegelt war. Er konnte nur noch Minuten schwimmfähig bleiben. In einiger Entfernung schwamm zwischen Trümmern und Ertrinkenden ein splitternackter Mann auf dem Rücken, paddelte sachte mit den Händen und schaute lächelnd zu dem Dampfer auf. Bernard, der unter dem dritten Schornstein stand, faßte bei diesem Anblick Mut und begann sich auszuziehen. Aus Gewohnheit faltete er Jacke, Weste, Kragen und Binder sorgfältig zusammen und stapelte alles am Schornstein auf. Der Tod ist nahe, dachte er. Wie unwichtig einem jetzt alles vorkommt. Alle meine Kämpfe, Hoffnungen und Leistungen werden innerhalb weniger Sekunden ausgelöscht sein.

Plötzlich erkannte er, daß er nicht allein war. In der Tür zur Funkerkabine stand Chefelektriker George Hutchinson und sprach mit den Funkern. Bernard steckte den Kopf hinein und sah Robert Leith das letzte SOS eintasten: SCHICKT RASCH HILFE. HABEN SCHWERE SCHLAGSEITE. Die Uhr der Funkerkabine zeigte 14.25 Uhr an.

«Es sind eine Menge Schiffe in der Gegend», bemerkte Hutchinson.

Soweit Bernard sehen konnte, war der Horizont leer. Er zuckte die Achseln. «Hilft mir nicht viel. Ich schwimme wie eine bleierne Ente.»

Der junge Assistent des Funkers schob ihm einen Drehsessel zu. «Da, an dem können Sie sich festhalten, Sir.»

«Tretboot kann ich leider auch nicht fahren», witzelte Bernard.

Die Männer lachten, als der Sessel das schräge Deck entlangschlitterte und gegen die Steuerbordreling krachte.

Bernard entschied, daß es Zeit war, von Bord zu gehen. Er kletterte über den Handläufer des Niedergangs und ließ sich aufs Bootsdeck fallen, den Rücken der See zugekehrt. Seine Gummisohlen fanden auf den nassen Planken festen Halt. Er sah Rettungsboot Nummer 11, dessen Insassen zuvor ins Meer geschleudert worden waren, dicht an der Deckkante treiben, nur noch durch ein Tau mit dem Davit verbunden. Nun stiegen andere Passagiere ein, und Bernard half David Thomas ins Boot. Er fand sogar Zeit, sich über den besorgten und konfusen Ausdruck des Walisers zu amüsieren.

«Wir können sie auf Grund setzen», versicherte ein Offizier Michael Byrne. Der irische Geschäftsmann fand diese Erklärung unglaublich. «Wie denn, wenn die Maschinen stillstehen?» fragte er. In diesem Augenblick überspülte das Wasser seine Schuhe. Er machte einen Kopfsprung ins Meer und schwamm, so rasch er konnte, von dem Liner weg. William McMillan Adams und sein Vater saßen in einem überfüllten, vollgeschlagenen Boot, das von seinem Bugdavit gefallen war. Wenn sie es nur vom Dampfer losbekommen könnten, versicherte ihnen ein Seemann, würde es schon schwimmen. Der Vater warf seine Jacke weg und arbeitete fieberhaft an den Fallen. Doch er bekam sie nicht frei. «Spring!» rief er seinem Sohn zu. Die beiden Männer setzten über Bord und entfernten sich schwimmend von dem Boot.

Schiffsbauer Fred Gauntlett rutschte übers Deck und hielt sich an einem Davit fest, um nicht ins Meer zu fallen. Er fing sich, stieg dann über die Reling und hangelte sich an den Fallen in ein leeres Boot, das niemand zu Wasser zu lassen versucht hatte. Er wollte sich gerade zu seinem Glück gratulieren, als die Davits herumschwangen und ihn mit dem Boot in die Tiefe rissen.

Warren Pearl und seine Frau hatten sich seit dem Einschlag

des Torpedos bei der Suche nach ihren vier Kindern immer wieder verloren und wiedergefunden. Major Pearl hatte gesehen, wie man sich vergeblich bemühte, die Boote zu Wasser zu lassen, wie Passagiere von den Pinassen zerquetscht wurden, wie sich der Bug der *Lusitania* jäh senkte, bis die See über die Back geflutet kam. Dennoch setzte er seine Suche fort. Er konnte nicht wissen, daß ein Seemann Alice Lines seinen Sohn Stuart weggenommen hatte. Das Kindermädchen wollte ihm folgen, doch Besatzungsmitglieder hielten sie zurück, als das Boot abgefiert wurde. «Das ist mein Junge!» schrie sie hysterisch. «Ich muß bei ihm bleiben!» Sie riß sich los und stürzte sich über die Reling. Sie hatte nicht genug Zeit gehabt, sich ihr langes Haar hochzubinden, das sie gewöhnlich in einem Knoten trug; nun sollte es ihr das Leben retten. Als sie mit dem Baby am Hals im Wasser zappelte, packte sie ein Mann bei den Haaren und zog sie ins Boot.

Theodate Pope und Edwin Friend hatten sich an den Booten nicht trennen wollen. Zusammen mit Theodates Zofe kletterten sie über die Backbordseite des nun freiliegenden Rumpfes und traten ins Wasser. Dr. Houghton und Marie de Page gingen an Steuerbord gemeinsam ins Wasser, als es ihnen bis zu den Knöcheln stand. Als die Belgierin sich in treibenden Tauen verhedderte, wollte der Arzt ihr schwimmend zu Hilfe kommen, wurde aber von der Strömung weggetragen. Josephine Brandell wurde in einem Boot herabgelassen. Ein Kunsthändler hatte ihr großzügig seine Schwimmweste überlassen und den Platz in der Pinasse besorgt. Als das Boot die Wasseroberfläche erreichte, kenterte es, doch Josephine bekam einen vorbeitreibenden Liegestuhl zu fassen.

Jenen, die nicht in die Boote gegangen waren, blieb nun keine Zeit mehr für Entscheidungen. Lady Allan nahm ihre beiden Töchter bei der Hand, ihre Zofe und eine Kanadierin schlossen sich an. Binnen weniger Minuten wurden sie alle unter Wasser gerissen.

Einer der unauffälligsten Salonpassagiere, Inspektor Pierpoint, versuchte verzweifelt, zu den deutschen Gefangenen unter Deck vorzudringen. Als er sich durch die schiefen Korridore tastete, wurde er von einem plötzlichen Wasserschwall zurückgetrieben und auf die Treppe zum Bootsdeck geschwemmt. Nun wurde ihm klar, daß die Männer verloren waren.

Als Ernest Cowper mit einer Schwimmweste aufs Promenadendeck der Zweiten Klasse zurückkehrte, fand er Helen Smith geduldig wartend vor. «Sie sind zurückgekommen!» rief sie aus. «Wie Sie es versprochen haben.» Er nahm sie auf den Arm und trug sie zu einem Rettungsboot, das so weit von der Steuerbordreling entfernt hing, daß er die Kleine hineinwerfen mußte. Er sprang hinter ihr her und half das Boot von der Bordwand klarzuhalten, als es dem Bootsmann gelungen war, die Lasching an Deck mit einem Messer durchzuschneiden.

Ian Stoughton Holbourn brachte Avis Dolphin an Steuerbord im selben Boot wie Hilda Ellis und Sarah Smith unter. Die beiden Betreuerinnen bemühten sich gerade um einen Sitzplatz für das Mädchen, als zwei Männer so schwer im Boot landeten, daß die Fallen freikamen und alle Insassen ins Meer stürzten. Avis hatte das Gefühl, von einer tödlichen Kraft unter Wasser gehalten zu werden, ehe sie wieder an die Oberfläche kam. Während sie in ihrer viel zu großen Schwimmweste dahintrieb, verhedderte sich ihre dunkle Brille in den Maschen ihrer Strickjacke. Sie riß sie los und ließ sie wegschwimmen. Die dumme Brille brauche ich doch nicht mehr, dachte sie. Holbourn hatte sich sein kostbares Manuskript, die Frucht zwanzigjähriger Forschungsarbeit, unter die Schwimmweste gesteckt, ehe er ins Wasser sprang. Als er Avis Dolphins Boot vollaufen und kentern sah, wurde er von Angst um die Kleine ergriffen, konnte sie aber durch die Masse von Leibern und Wrackteilen nicht erreichen.

Niemand bot Norah Bretherton Hilfe an, die ziellos auf dem Steuerborddeck herumhastete und ihren Paul hinter sich herzerrte. Ebensowenig wurde eine Frau mit einem Säugling beachtet, die hingefallen war und über das nasse Deck zum Wasser glitt. Norah drängte sich durch die Menge und suchte in zwei Booten vergebens nach einem Platz, ehe ihr ein Offizier in ein drittes half. Sie schaute sich um und stellte zu ihrer Überraschung fest, daß mehr Männer als Frauen im Boot saßen.

Julia und Flor Sullivan schlitterten über das schräge Deck nach Steuerbord. Wellen leckten über die Deckkante, und Julia sah, wie Passagiere hölzerne Grätings, Liegestühle und Tische ins Meer warfen, um sie als Flöße zu benutzen. Ein kleiner Mann, der eine blankpolierte Aktentasche an die Schwimmweste geschnallt trug, machte sich an reiche Frauen heran. Julia hörte, wie er sich bei einer Frau in ihrer Nähe anbiederte: «Hören Sie, Lady, ich komme von der Bank of New York. Sie können mir alle Ihre Wertsachen unbesorgt anvertrauen. Ich gebe Ihnen ein unterschriebenes Quittungsformular der Bank.» Da die Frau ihn ignorierte, schlich er weiter zur nächsten möglichen Kandidatin. Flor und Julia würdigte er keines Blickes. Die beiden faßten sich bei den Händen, glitten zum Rand und landeten mit den Füßen voran im Wasser. Als sie wieder auftauchten, rief Julia Flor zu: «Halt dich an mir fest!» Er klammerte sich an ihre Schwimmweste, und sie schwamm mit kraftvollen Stößen durch die Menge, weg vom Schiff.

Die noch sehr verliebte Lucy Taylor wollte sich unter keinen Umständen von ihrem Mann trennen lassen und weinte: «Ich will nicht weg, ich geh' nicht ins Boot.» Harold löste sich aus ihrer heftigen Umarmung und ließ sie in ein Steuerbordboot fallen. Sie versuchte wieder herauszuklettern, aber das Boot fiel rasch achterwärts zurück. Er hatte keine Weste und war Nichtschwimmer. Da ihm ein Sprung ins Wasser sinnlos vorkam, blieb er an der Reling stehen und wartete auf das Ende. Lucy konnte ihn vom Boot aus noch sehen, als das Steuerborddeck der *Lusitania* tiefer ins Wasser sank. Sie gestikulierte heftig und war überzeugt, ihn nie wiederzusehen.

George Hook überredete seine zwei Kinder, sich von den überfüllten Booten fernzuhalten und mit ihm ins Meer zu springen. Ihre an Bord gewonnenen Freunde Jack Walsh und Gerda Nielson hatten sich geschworen, «gemeinsam zu schwimmen oder unterzugehen». Als Walsh sah, wie seine Verlobte aus dem Rettungsboot geschleudert wurde, in das er sie gerade gesetzt hatte, setzte er über die Reling ins Wasser, fest entschlossen, zu ihr zu schwimmen. Mary Maycock beschloß, so hoch wie möglich zu klettern. Ohne Schwimmweste und in hohen Knopfstiefeln erklomm sie langsam die Stahlleiter am vierten Schornstein. Dieser Teil des Schiffes geht zuletzt unter, sagte sie sich.

Einige Passagiere, denen die Gefahr anscheinend gleichgültig war, versuchten gar nicht, den Liner zu verlassen. Ein lockiger junger Bursche mit einem Klumpfuß zum Beispiel hielt schnurstracks auf die Bar zu. «Sterben wir schneidig», rief er dem verdutzten Barkeeper zu, der ihn ignorierte und hinaus an Deck rannte. Der Bursche schlängelte sich seelenruhig zwischen den umgestürzten Stühlen hindurch, ging über den mit Wechselgeld aus der Kasse übersäten Boden an die Theke und machte eine Flasche Bier auf.

Und im Salon der Zweiten Klasse spielte eine Gruppe junger Männer immer noch Poker und trank Whisky, als das Schiff heftig krängte, wie wenn es gleich untergehen wollte. Erst in diesem Augenblick rannten einige von ihnen hastig an Deck.

Margaret Cox begegnete an Deck einem der Kartenspieler, einem jungen Mann im Tweedanzug. Zu ihrer Überraschung legte er einen Arm um sie, zog sie dicht an sich heran, blickte zum Himmel und flüsterte: «An den da oben denken und nicht verzagen.» Sie war verblüfft. Der junge Glücksspieler hatte ihr eine Richtschnur fürs ganze Leben gegeben.

Leslie Morton fand seinen Bruder beim Rettungsboot Nummer 1, dem vordersten auf dem Bootsdeck. Er übernahm die Heckfallen und ließ zusammen mit John das vollbesetzte Boot zu Wasser. Als sie sich mit Bootshaken abstießen, sahen sie Passagiere, die sich hartnäckig an von der Reling baumelnden Tauenden festhielten, weil sie sich offenbar neben dem Liner sicherer fühlten. »Loslassen!» schrie Leslie erzürnt. Doch niemand hörte auf ihn. Die *Lusitania* legte sich weiter auf die Seite und schien nun endgültig untergehen zu wollen. «Ich geh' über Bord, Les!» brüllte John. «Ich auch!» rief sein Bruder zurück und machte von der dem Liner abgewandten Seite des Rettungsboots aus einen sauberen flachen Kopfsprung ins Wasser.

Er tauchte auf, schnappte nach Luft und sah sich nach John um, denn ihm war eingefallen, daß der nie schwimmen gelernt hatte. Da er wegen der Leichen und schwimmenden Wrackteile um ihn herum nichts sehen konnte, tauchte er und kraulte unter den Hindernissen weg. Auch Heizer John O'Connell war ins Meer gesprungen. Hilfskoch George Wynne hingegen hatte einen Platz in einem Boot ergattert, aber vergeblich nach seinem Vater Ausschau gehalten.

Page William Holton hatte beim Abfieren von Rettungsboot Nummer 7 geholfen, als er sah, wie sich das mächtige Heck des Dampfers unheilverkündend gen Himmel hob. «Och, ein Schiff von einer Werft am Clyde kann doch nicht sinken», hörte er einen schottischen Ingenieur prahlen. Und ob, dachte Holton. «Junge, wo ist deine Schwimmweste?» schnauzte ihn ein Offizier an. Holton hatte sie vor lauter Aufregung vergessen, doch nun war es zu spät, zu seinem Quartier im Heck zurückzugehen. Ihm fiel ein, daß eine Reihe von Erste-Klasse-Kabinen unbelegt geblieben waren, und er ging in die nächstbeste und nahm eine Weste vom Kleiderschrank. Als er wieder herauskam, entriß sie ihm ein toll gewordener Passagier und stieß ihn zurück in den Eingang. Der Page glitt auf dem schiefen Boden unter eine Koje. Er kroch bestürzt hervor, suchte sich eine neue Weste und trat zurück an Deck.

An Steuerbord war das Wasser nun bis zur Reling gestiegen. Die riesigen Schornsteine schienen umkippen zu wollen. Holton band sich die Schwimmweste um, hechtete ins Wasser und schwamm mit kräftigen Stößen unter der Brücke um den Dampfer herum nach Backbord. Über sich sah er Kapitän Turner auf der Brückennock stehen. Wetten, daß der Alte mit seinem Schiff untergeht? dachte er.

Rudergänger Hugh Johnston beobachtete das Anzeigegerät unter dem Kompaß und sagte die zunehmende Schlagseite an. «Achtzehn Grad! . . . Neunzehn! . . . Zwanzig! . . .» Es kam ihm langsam sinnlos vor. Die Backbordfenster des Steuerhauses wiesen zum Himmel. Er las das Schlimmste in Turners Gesicht – für Turner war der Augenblick gekommen, den alle Kapitäne fürchten, der Augenblick, in dem sie traditionsgemäß mit ihrem Schiff untergehen müssen.

Wasser schwappte übers Schanzkleid der Steuerbordnock und platschte auf die Planken. Turner zog sich hoch zur Backbordnock. Er entsann sich zweier Besitztümer, die nun in seiner überschwemmten Kabine trieben: seines Lieblingssextanten und der neuen Melone, die Mabel Every ihm gekauft hatte.

Der ist kalt wie eine Hundeschnauze, dachte Johnston. Die Nadel des Anzeigers schlug wild aus. Er warf seinem Käpt'n einen verzweifelten Blick zu. «Na laß mal, Junge», rief Turner, aus dessen Stimme die Bärbeißigkeit verschwunden war. «Bring dich in Sicherheit.» Johnston trat von der Steuerbordnock ins Meer.

Es war genau 14.28 Uhr.

Wie auf einen gemeinsamen Impuls hin faßten sich Charles Frohman und seine Gefährten Rita Jolivet, George Vernon und Alick Scott plötzlich an den Händen. Dann kam eine grüne Steilwand aus Wasser, die eine monströse Flut von Leichen und Trümmern mit sich trug, aufs Deck gedonnert und riß die vier Freunde auseinander.

Dieselbe entsetzliche Woge trug Margaret Mackworth ins Meer. Sie hatte mit angesehen, wie ihr das Wasser bis zu den Knien stieg, und nachdem die Woge zugeschlagen hatte, konnte sie sich an nichts mehr erinnern, bis sie in die Tiefe gesogen wurde. Isaac Lehmann schleppte sich gequält übers Deck, als die Woge kam und ihn in der See begrub. Sie brach ohne Warnung über Belle Naish herein, die gerade einer Frau in die Schwimmweste half; sie hörte ein Donnern und Splittern, riß die linke Hand hoch, als wollte sie einen Schlag abwehren, und stand plötzlich bis zur Taille im Wasser, das sie furchtbar kalt fand, als es ihr bis an die Schultern stieg. Das Wasser hob sie an und schwemmte sie voran, bis sie in den Kissen ihrer Schwimmweste hing und dachte: Wie wunderschön unter Wasser doch die sonnenhelle Oberfläche aussieht. Dann schlug ihr etwas gegen den Kopf. Sie streckte die Hand aus, sah blauen Himmel und stellte fest, daß sie sich an ein Manntau des Rettungsboots Nummer 22 klammerte.

Als die Woge von der versunkenen Back her herangerast kam, strudelte Kapitän Turner das Wasser um die Beine. Er setzte sich resolut seine Schildmütze auf und kletterte die Leiter zum Signaldeck hoch, griff so sicher in die Takelage wie in seiner Jugend auf den Windjammern. Über hundert Meter weit entfernt, konnte er auf dem Heck Menschen sehen, die sich auf den Decks festklammerten wie an einer trügerischen Rettungsinsel. Er hatte das Gefühl, in der Luft zu hängen. Unter ihm bebte sein Schiff, als wehrte es sich mit letzter Kraft gegen den herannahenden Untergang. Er griff nach einem treibenden Riemen, als die *Lusitania* über die ganze Länge zu zittern begann. Er ließ das Ruder fahren, packte einen Stuhl und hielt sich daran fest.

Albert Bestic war noch mit dem letzten Steuerbordboot beschäftigt, als ein brüllendes Getöse ihn herumfahren ließ und er die Woge übers Bootsdeck donnern sah, Bootswracks und Leichen auf ihrem Kamm. Er warf sich über Bord, weil er wußte, daß er verloren war, wenn diese alles verschlingende Tide ihn erfaßte. Er schwamm so schnell und so weit er konnte, triumphierte schon, weil er die Mörderwelle betrogen hatte. Mit dem Strudel, der ihn in einen Mahlstrom riß, herumwirbelte, um und um kehrte, hatte er nicht gerechnet. Aus dem Grün wurde Schwarz; er gab den Kampf auf. Schwimmen war genauso unmöglich wie der Versuch, einen Wasserfall zu ersteigen. Ihm dröhnten die Ohren, das Wasser wurde heller. Er schlug fest mit Armen und Beinen aus, scheinbar minutenlang, bis er an die Oberfläche kam und seine berstenden Lungen mit Luft füllte. Und gerade da vernahm er ein herzzerreißendes Jammern, das klang «wie die Verzweiflung, Pein und Angst von Hunderten von Seelen, die ins Jenseits eingehen».

Charles Lauriat hörte «ein langes, gedehntes Stöhnen, als riefen die Verlorenen aus der Tiefe». Auch Dr. Carl Foss vernahm die traurige Totenklage, als er von dem Liner wegschwamm. Schrauben und Ruder wurden deutlich sichtbar, als das Schiff langsam mit dem Bug voran untertauchte. Er sah einen Mann an einem Tau hängen, dem ein kreisender Propeller die Beine abhackte. Hunderte waren wie Bergsteiger auf die hohen Achterdecks geklettert. Der Anblick der Menschen, die sich verzweifelt an alles klammerten, was ihnen Halt bot, während andere ins Meer stürzten, als das Heck sich aufbäumte, war unglaublich schreckerregend. Foss hörte eine Explosion; ein Kessel sprengte einen Schornstein weg. Aufs neue quollen Rauch und Dampf aus dem Liner; der herunterstürzende Schornstein streifte Überlebende in einem vollgeschlagenen Rettungsboot.

Zwei weitere der vier riesigen Schlote stürzten vor und hinter dem Boot ab, in dem Mabel Docherty mit ihrer kleinen Tochter saß, fegten dem Säugling die nur lose umgebundene Haube vom Kopf und bedeckten ihn mit Ruß. Als die Schornsteine auf die Oberfläche trafen, stürzte die See in ihre eisenbahntunnelgroße Öffnungen, und wer in der Nähe im Wasser trieb, wurde mit hineingesogen. Margaret Gwyer, die Frau des jungen Geistlichen aus Edmonton, hatte sofort zu schwimmen begonnen, als das Bootsdeck im Wasser versank, wurde aber binnen Sekunden kopfüber von dem einströmenden Wasserschwall in den gähnenden Schlund eines Schornsteins gezogen. Die Überlebenden in Mabel Dochertys Boot waren entsetzt, dann aber verblüfft, denn sie wurde gleich darauf rußgeschwärzt wieder ausgespuckt. Auch Inspektor Pierpoint wurde von einem Schornstein geschluckt und ebenso überraschend von einem Gemisch aus entweichender Luft und kohlschwarzem Wasser wieder hinausgeschleudert.

Der Kiel des Liners riß das Boot um, in dem George Kessler mit rund dreißig Heizern und Passagieren saß, und warf alle ins Wasser. Kessler schätzte, daß er trotz seiner Schwimmweste sechs Meter tief sank, ehe er wieder an die Oberfläche stieg. Charles Lauriat sah den Dampfer über die ganze Länge sinken und war sicher, daß alle Bullaugen, selbst jene weit unten auf dem E-Deck, offenstanden. Als die *Lusitania* schon fast vollständig unter Wasser war, begann sie sich zu drehen, als wollte sie sich aufrichten. Dann sah William Holton sie ein letztes Mal erzittern und fast vertikal unter die Oberfläche gleiten, bis sie in ungefähr hundert Meter Tiefe den Meeresboden traf, mit einem donnernden Getöse, «als hätten sich alle Eingeweide des Schiffes losgerissen». James Brooks klang es wie «der Einsturz eines großen brennenden Gebäudes». Hunderte, die in den Strudel gezogen wurden, kamen nie wieder an die Oberfläche; dennoch war das Meer schwarz von Menschen, die um ihr Leben rangen.

19 Ein Ring aus Schaum

Albert Bestic holte röchelnd Luft und wunderte sich, weshalb er nichts sehen konnte, obwohl er an der Oberfläche war. Er hob einen Arm und berührte die hölzerne Sitzbank eines gekenterten Bootes. Er war gefangen. Sein Herz begann zu hämmern. Er mußte noch eine letzte Kraftanstrengung machen, um sich zu befreien. Er griff nach der Bordwand, zog sich wieder unter Wasser und unter dem Boot hervor. Eine Hand packte ihn beim Kragen seiner Uniform und zerrte ihn über den Kiel. Langsam hob er den Kopf und sah einen ungeheuren weißen Ring auf dem Wasser in der Nachmittagssonne glitzern. Im Ring und um ihn herum markierte ein Wirrwarr aus treibenden Leichen und Wrackteilen das Grab der *Lusitania.*

Seit dem Torpedotreffer waren genau achtzehn Minuten vergangen.

Wesley Frost, US-Konsul in Queenstown, saß in seinem Büro am Schreibtisch und ging seinen Jahresbericht über die wirtschaftlichen Verhältnisse in Cork und den umliegenden Grafschaften durch. Die Nachricht dieses Vormittags, daß vor der Küste deutsche U-Boote gesichtet worden waren, hatte ihn nicht beunruhigt; er glaubte nicht, daß die Deutschen imstande waren, ein Schiff von der Größe der *Lusitania* zu versenken. Die Wanduhr in seinem Büro zeigte gerade 14.30 Uhr an, als er die hastigen Schritte seines Vizekonsuls Lewis Thompson auf den engen Stiegen hörte.

Thompson kam ins Zimmer gestürzt. «In der Stadt geht wie ein Lauffeuer das Gerücht um, die *Lusitania* sei angegriffen worden.»

Frost starrte ihn verblüfft an. «Sind Sie da ganz sicher?»

«Absolut sicher.»

Der Konsul trat ans Fenster und blickte zum Hafen, wo zwei Dampfer ablegten. Dann rief er Vizeadmiral Cokes Sekretär im Haus der Admiralität an. Fast entschuldigend sagte er: «Ich höre da etwas von Straßengerüchten, die *Lusitania* sei angegriffen worden. Da ist doch wohl nichts dran?»

«Das ist kein Gerücht, Mr. Frost», gab der Sekretär zurück. «Wir befürchten, daß sie bereits gesunken ist.»

Er hörte sich mechanisch den Bericht von den Notrufen der *Lusitania* und der telefonischen Bestätigung der Katastrophe durch Beobachtungsposten an der Küste bei Kinsale an. Frost legte auf wie ein Schlafwandler. Er stand auf und ging zehn Minuten lang in seinem Zimmer auf und ab, versuchte das Ausmaß des Unglücks zu erfassen und erwog, welche Möglichkeiten er zur Hilfeleistung hatte. Dann beschloß er, Thompson zum Postamt zu schicken und ihn telegrafisch Generalkonsul Skinner und Botschafter Page in London verständigen zu lassen. Anschließend ging er zur Bank, wo er seine Goldeinlage abhob und zusätzlich einen Kredit in Höhe von 200 Pfund aufnahm.

Da die meisten Überlebenden vermutlich in dem der Untergangsstelle am nächsten gelegenen Hafen an Land gebracht werden würden, gab er Thompson 100 Pfund und schickte ihn mit dem Auto nach dem achtzehn Meilen entfernten Kinsale. Dann kabelte er nach London und erklärte, mit weiteren Nachrichten könne erst nach Rückkehr der Rettungsflotte gerechnet werden, da keines der Schiffe über Funk verfüge. Er schätzte, daß die ersten Überlebenden um sieben Uhr abends in Queenstown eintreffen würden, das rund dreiundzwanzig Meilen von der Stelle entfernt war, an der die *Lusitania* den Berichten zufolge untergegangen sein sollte. Somit hatten Cunards Manager J. J. Murphy und er selbst einige Stunden Zeit, für Unterkünfte in Hotels und Wohnheimen zu sorgen und Textilgeschäfte zu alarmieren. Schließlich sandte er ein Telegramm direkt an Außenminister William Bryan in Washington: LUSITANIA HEUTE 14.30 UHR VERSENKT. VERMUTLICH VIELE UEBERLEBENDE. RETTUNGSMASSNAHMEN WERDEN ENERGISCH VORANGETRIEBEN. SOLL ICH LISTE DER UEBERLEBENDEN KABELN.

Von seinem mit Spalieren eingerahmten hohen Balkon aus sah Vizeadmiral Coke die Trawler *Brock* und *Bradford* das Bunkern einstellen und vom Kai zur Hafenausfahrt dampfen. Ihnen folgten *Flying Fox, Golden Effort* und die drei Torpedoboote. Als ihn um 14.41 Uhr die letzte Nachricht von Kinsale: LUSITANIA GESUNKEN, erreichte, beschloß er, die *Juno* zurückzubeordern.

Der Kreuzer hatte bereits losgemacht, als er über Funk zurückgerufen wurde. Die Überlebenden konnten von den kleineren Schiffen aufgenommen werden. Die *Lusitania* war verloren, und Coke wollte vermeiden, daß auch noch sein alter Kreuzer den erbarmungslosen U-Booten zum Opfer fiel.

Kurz vor 15.00 Uhr wurden in Whitehall Lord Fisher und Admiral Oliver von der Versenkung unterrichtet.

Oliver war sichtlich erschüttert, während Fisher seltsam gedämpft reagierte, als könne er die volle Tragweite der Nachricht noch nicht richtig erfassen. Coke versicherte ihnen, er tue sein äußerstes, die Rettungsaktion zu organisieren.

Winston Churchill, der Erste Lord, war auf dem Weg von Paris nach St. Omer bei Calais. Als er Sir John Frenchs Hauptquartier erreichte, händigte man ihm ein Telegramm aus, in dem General Sir Ian Hamilton von den Dardanellen berichtete, daß dort eine große Schlacht tobte. Von der Versenkung der *Lusitania* erfuhr er wenig später. Obwohl die Bodenkämpfe den Hauptteil seiner Aufmerksamkeit in Anspruch nahmen, sollte er später rückblickend sagen, die Bedeutung des Ereignisses vor Kinsale sei ihm sofort klargeworden. Dennoch hielt es der heeresorientierte Erste Lord an diesem Nachmittag des 7. Mai nicht für nötig, nach England in die Admiralität zurückzukehren. Er wollte lieber noch bleiben, um Zeuge des von Sir John French angekündigten Angriffs zu werden, den Briten und Franzosen im Morgengrauen des Sonntags gegen die deutschen Stellungen planten.

Admiral Oliver in Whitehall aber fand es wichtig, daß Churchill eine Sondererklärung zur Versenkung des Cunard-Liners verfaßte. Die öffentliche Meinung mußte beruhigt, den Vereinigten Staaten das Mitgefühl ausgesprochen werden.

J. J. Murphy war in seinem Arbeitszimmer am Cunard-Kai in Queenstown auf eine Katastrophe solchen Ausmaßes nicht vorbereitet. Seit Kriegsausbruch waren nur wenige Liner hier eingelaufen, und das Personal seines Büros war auf drei Angestellte reduziert worden.

Um 15.25 Uhr sandte er sein erstes Telegramm an Cunard in Liverpool, in dem er die Reederei über die Versenkung der *Lusitania* informierte. In einem zweiten Kabel nannte er den ungefähren Zeitpunkt und Ort des Untergangs. Um 16.00 Uhr meldete er, er habe von der Admiralität in Queenstown erfahren, die *Lusitania* sei vor dem Old Head of Kinsale gesunken. Er schloß: BISHER KEINE NACHRICHTEN UEBER MANNSCHAFT ODER PASSAGIERE. Da Telegramme von der Admiralität streng zensiert wurden, traf Murphys erstes Kabel erst um 17.00 Uhr in Liverpool ein.

Am anderen Ende der Stadt sah Otto Humbert, der deutsche Besitzer des Queen's Hotel mit 120 Betten, ein Bündel Postkarten durch, auf denen seine Gäste ihm die Zahl der benötigten Zimmer und ihr Anreisedatum nannten. Das erste Haus am Platze lag am großen Hafen, gegenüber der Orchesterpromenade, den Salutkanonen und Landungsstegen. An Samstagabenden spielte im Ballsaal, der auch als Bankettraum für bis zu 400 Gäste diente, ein Streichorchester.

Als Humbert von seinem Schreibtisch aufsah, fiel ihm auf, daß sich an der Hafenpromenade Menschenmengen gebildet hatten und daß zahlreiche Schiffe den Hafen verließen. Als man ihm die Nachricht von dem Unglück brachte, verschlug es ihm die Sprache.

Seit über zwanzig Jahren leitete er dieses Hotel, in dem vorwiegend wohlhabende Reisende abstiegen, und war am Liner-Geschäft reich geworden. Noch nie war in Queenstown etwas so Entsetzliches geschehen.

Er ging über die breite Treppe von seinem Büro hinunter in die Empfangshalle. Er mußte Zimmer für die Überlebenden bereitmachen und dem Streichorchester ausrichten lassen, daß es an diesem Abend nicht zu spielen brauchte.

Um 15.15 Uhr ließ Kapitänleutnant Schwieger sein *U 20* auf elf Meter gehen. Durchs Periskop konnte er in der Ferne achteraus vom U-Boot eine Reihe von Rettungsbooten treiben sehen. Die *Lusitania* war verschwunden. «Es ist nichts mehr zu sehen», schrieb er in sein Logbuch. Vierzehn Meilen entfernt war der Leuchtturm auf dem Old Head of Kinsale in der Nachmittagssonne deutlich zu erkennen. Der Navigator berechnete die ungefähre Position des Wracks: 51 Grad, 22 Minuten, 6 Sekunden nördlicher Breite, 8 Grad, 34 Minuten westlicher Länge.

Es war Zeit, die Rückfahrt nach Deutschland anzutreten.

Turner, die Schwimmweste fest um den Leib geschnürt, hielt sich noch immer an seinem Stuhl fest und trieb langsam ab. Um ihn herum leuchteten die nach oben gekehrten Gesichter der Leichen weiß in der Sonne. Ein Mann kam an die Oberfläche, schnappte nach Luft und versank wieder. Als das Schiff unterging, sah Turner, wie sich das Wasser zu einem Hügel auftürmte, über dem für einen Augenblick riesige Kugeln aus weißem Schaum hingen, und dann in sich zusammensank. Er wurde abgetrieben. Möwen stießen herab, als wollten sie ihn angreifen, doch als er sie mit den Armen abwehrte, drehten sie ab und landeten auf den treibenden Leichen.

Albert Bestic hatte auf den gewaltigen Ring aus Schaum gestarrt, als Menschen aus dem Wasser nach dem gekenterten Boot griffen, über dessen Kiel er lag. Da er befürchtete, es könnte vollaufen, ließ er sich wieder ins Wasser gleiten. Er trug keine Schwimmweste und bedauerte nun, daß er die Schuhe anbehalten hatte. Langsam begann er aufs Land zuzuschwimmen, doch ohne große Hoffnung, es je erreichen zu können. Bald hatte er alles Zeitgefühl verloren und bildete sich ein, wieder ein Junge zu sein, der den neuen Liner mit den vier

Schornsteinen vor einem Hintergrund aus Werftanlagen und Lagerhäusern vorbeigleiten sah. «Schau, Junge, da drüben geht die *Lusitania* auf Probefahrt.» Eine Welle schlug über ihm zusammen; er spuckte Wasser. Sein Kopf stieß gegen einen harten Gegenstand, und seine Finger ertasteten die Bordwand eines Rettungsbootes, die nur wenige Zentimeter über die Oberfläche ragte. Es war zwar leckgeschlagen, doch er wußte, daß es den Unterschied zwischen Leben und Ertrinken bedeuten konnte. Behutsam prüfte er es mit seinem Körpergewicht, ehe er sich langsam über die Bordwand zog und sich erschöpft ins Achterteil legte.

Sein Körper lag halb im Wasser, aber nichts konnte ihm das tröstliche Gefühl einer festen Rückenstütze verderben. Er schloß erleichtert die Augen und ließ sich von der Nachmittagssonne wiederbeleben. Lieber Gott, ich danke Dir, daß Du mich gerettet hast. Er spürte, wie das Wasser stieg, setzte sich mühsam auf und mußte feststellen, daß seine Zuflucht nun doch sank. Die Aussicht, wieder schwimmen zu müssen, erfüllte ihn mit Schrecken. Er sah sich die treibenden Trümmer an und entdeckte in der Nähe vier wasserdichte Tanks, deren Kupferwandungen die Sonne reflektierten. Er paddelte auf sie zu und brachte es fertig, drei unter den Sitzbänken zu verklemmen. Bei dem Versuch, den vierten in Position zu bringen, stieß er auf einen Eimer. Diese Entdeckung war fast zu schön, um wahr zu sein. Nachdem er vier Minuten lang geschöpft hatte, begann der Wasserspiegel im Boot zu sinken.

Bald stellte er fest, daß eine der Planken einen Riß hatte. Mit Hilfe von Messer und Taschentuch konnte er das Leck abdichten. Nun sah die Lage schon viel besser aus. Er legte eine Pause ein und sah einen Mann nur wenige Meter entfernt blindlings dahinschwimmen, so wie er es bis vor kurzem selber getan hatte. Albert stand auf, rief und schwenkte die Arme. Der Schwimmer änderte die Richtung und lag bald keuchend im Heck. Er war ein dunkelhaariger junger Mann, anscheinend in guter Verfassung, wenn er auch heftig zitterte. «Danke, guter Freund», stieß er nach einer Weile zähneklappernd hervor, «es ist wahrscheinlich sinnlos, Sie um eine Zigarette zu bitten.»

«Tut mir leid», erwiderte Albert bedauernd, «meine sind ziemlich durchweicht.»

Wenn es ihnen gelang, das Boot weiter auszuschöpfen, konnten sie sich auf die Suche nach anderen Überlebenden machen. «Können Sie rudern?» fragte Bestic.

«Nur auf dem Teich im Park», antwortete der Fremde. «Aber lassen Sie mich mal an den Eimer, damit mir warm wird.»

Abwechselnd schöpften die beiden Männer Wasser aus dem Boot, lachten dabei albern, als befänden sie sich in einer sicheren, aber künstlichen Welt. Als das Boot so weit geleichtert war, daß sie rudern konnten, fanden sie die Leiche eines jungen Mädchens, mit dem Gesicht nach unten. Ihre Schwimmweste war nicht richtig befestigt worden. Weiter draußen sahen sie eine Frau in ihrer Schwimmweste treiben; ihre grauen Augen starrten sie wie versteinert an. Sie rief nicht um Hilfe, und es schien ihr gleichgültig zu sein, ob sie gerettet wurde oder nicht. Die beiden hievten sie in ihrer schweren, durchnäßten Kleidung mit vereinten Kräften ins Boot. Mechanisch fragte sie: «Wo ist mein Baby?»

«Tut mir leid», erwiderte Albert, «Babys haben wir keine gesehen.»

Die Frau stöhnte verzweifelt auf und warf sich wieder ins Wasser. Albert war entsetzt. Sein Gefährte packte sie und schrie: «Ihr Baby ist in Sicherheit. Ich habe gesehen, wie jemand es in ein anderes Boot genommen hat.»

Albert stieß eine leise Verwünschung aus. Warum hatte er nicht an eine fromme Lüge gedacht? Die Frau ließ sich wieder ins Boot ziehen. Sie lasen noch ein Dutzend Überlebende auf, konnten dann aber niemanden mehr aufnehmen, denn trotz dauernden Schöpfens und der provisorischen Abdichtung stieg das Wasser im Boot ständig. Bald war es so schwer, daß sie nicht weiterrudern konnten.

Heizer O'Donnell klammerte sich an eine Holzplanke und trieb durch die Trümmer. Zwei Männer gesellten sich zu ihm. Etwas später wurde er in ein vorbeischwimmendes Rettungsboot gezogen. Er hörte Stöhnen und Schreien. Das Boot war so überfüllt, daß sich die Verletzten nicht rühren konnten. George Wynne hielt sich zäh an einem Manntau fest, nachdem seine Pinasse gekentert war. Hugh Johnston schwamm von dem Liner weg, entkam auf dem Weg zu einem Boot nur mit knapper Not dem Gewirr von Lüfterköpfen und Tauen. William Holton war schon immer eine Wasserratte gewesen, doch der Atlantik ist im Mai kalt, und er wußte, daß sein größter Feind die Unterkühlung war. Er schnickte seine Schuhe weg, um besser schwimmen zu können, verlor aber bald den Mut; es gab kein Ziel. Ein Mann schwamm langsam an ihm vorbei und schob eine Schwimmweste vor sich her, auf der ein kleines Kind lag. In der Nähe trieben andere Menschen, manche lebendig, manche tot. William begann wieder zu schwimmen, um warm zu werden, und entdeckte einen großen hölzernen Hundekäfig. Er zog sich an ihm hoch und war dankbar, aus dem Wasser zu sein. Drei andere Männer schwammen herbei und kletterten darauf, doch unter ihrem Gewicht kippte der Käfig um. Sie klammerten sich alle verzweifelt an ihm fest, bis einer nach dem anderen den Halt verlor und abtrieb.

Bald wurde Holton von der Kälte taub an Geist und Körper. Als sich der Nachmittag dahinschleppte, verlor er das Bewußtsein.

Charles Lauriat schwamm unter Toten und half den Lebenden, so gut er konnte, indem er ihnen Wrackteile zuschob. Nicht weit entfernt sah er ein Faltboot aufrecht treiben und schwamm darauf zu. Er erreichte es gleichzeitig mit Leslie Morton. «Charles!» rief jemand. Lauriat drehte sich um und entdeckte den Schiffsbauer Fred Gauntlett. Zusammen mit Morton half er Gauntlett ins Boot. Dann zogen die drei Männer ihre Taschenmesser und vollzogen «Operation Büchsenöffner», das heißt, sie schnitten die Persenning weg.

Das Faltboot war ein flachbödiges, wasserdichtes Floß, das nur knapp über die Oberfläche ragte. Um ein richtiges Boot daraus zu machen, mußten sie die Bordwände aus Segeltuch hochziehen und festzurren. Dann half Gauntlett seinem

Freund Samuel Knox an Bord. Auch James Brooks gelang es, das Faltboot zu erreichen. Bald saßen mehr als dreißig Personen darin. Sie ruderten auf die Küste zu, und Lauriat, der an der Pinne saß, dachte: Wenigstens haben wir eine gute Crew.

Anderen Faltbooten erging es schlecht. Jenes, in das George Kessler geholfen wurde, war mit acht Männern besetzt, sechs davon Heizer, und halb vollgeschlagen. Obwohl sie rasch schöpften, konnten sie das Wasser nicht schnell genug aus dem Boot schaffen, so daß es schließlich unter ihnen wegsank. Es gelang ihnen, das Fahrzeug wieder aufzurichten und auszuschöpfen, bis es aufs neue umschlug. Kessler wußte bald nicht mehr, wie oft das geschah. Er dachte längst nicht mehr über seine Notlage nach und handelte nur noch instinktiv.

Margaret Mackworth hatte ein kurzes Brett zu fassen bekommen. In ihrer Schwimmweste trieb sie zwischen Leichen und Wrackteilen, die so dicht lagen, daß zwischen ihnen kein Wasser auszumachen war. Sie sah einen schlohweißen Mann mit einem gelben Schnurrbart das andere Ende ihres Bretts, das kaum länger als ein Meter war, anpacken und sich langsam auf sie zubewegen. Er jagte ihr Angst ein. Sie nahm ihren Mut zusammen und sprach ihn an. «Wir müssen sehr vorsichtig sein», sagte sie so fest wie möglich, «damit dieses Brett im Gleichgewicht bleibt.» Er gab keine Antwort und entfernte sich lautlos. Nichts konnte Margaret bewegen, ihr Brett loszulassen.

Als sie so mit bitterkalten Beinen dahintrieb, fragte sie sich, ob alles nur ein böser Traum war, aus dem sie bald erwachen würde. Sie hob ihr Gesicht zur Sonne und dem blaßblauen Himmel und dachte: Vielleicht bin ich schon tot und im Himmel und weiß es nur nicht. Sie schaute sich um und stellte fest, daß die Insel aus Menschen etwas von den Trümmern abgetrieben war. Es war eine Dünung aufgekommen, und sie war inzwischen ungefähr hundert Meter von der nächsten Person entfernt. Sie sehnte sich nach einer Ohnmacht, ein Wunsch, der ihr binnen weniger Augenblicke erfüllt wurde.

William McMillan Adams fand sich unter Wasser wieder, nachdem der Achtermast der Lusitania auf sein Faltboot herabgestürzt war und es entzweigerissen hatte wie Papier. Er hielt die Luft an, kam nach einer Weile wieder an die Oberfläche, suchte sich eine Spiere und hielt sich an ihr fest. Da die Wrackteile von der Dünung gefährlich herumgeworfen wurden, beschloß er, möglichst rasch aus dieser Gegend wegzuschwimmen. Er hatte das Gefühl, als sei mindestens eine Stunde verstrichen, als man ihm endlich auf ein gekentertes Faltboot half.

Belle Naish klammerte sich an Rettungsboot Nummer 22. Ein Mann streckte die Hand zu ihr aus und sagte: «Geben Sie mir die Hand. Ich habe eine Rückenverletzung, will aber tun, was ich kann.»

«Ich kann mich schon festhalten», erwiderte sie. «Helfen Sie jemand anderem.»

«Kommen Sie», beharrte er. «Sonst ist hier niemand, den ich erreichen kann.»

Sie hielt ihm die Hand hin und fürchtete, ihr Gewicht könnte das Boot umkippen lassen und die bereits Geretteten wieder ins Wasser schleudern. Doch er zerrte sie sicher ins Boot, wo sie vor Kälte zitternd zusammenbrach. Als sie wieder zu Atem gekommen war, fiel ihr ein, daß tiefes Ein- und scharfes Ausatmen Menschen bei kaltem Wetter warmhalten sollte. Sie schlug den anderen vor, das einmal zu versuchen; man folgte ihrer Anregung. Dann meinte sie, daß sie wohl durch göttliche Fügung an einem klaren Tag bei ruhiger See, mit einer leichten Brise und der Sonne im Rücken, Schiffbruch erlitten hatten.

Ein Mann zog seine Mundharmonika hervor und begann zu spielen. Belle wurde klar, daß er spielte, um die anderen aufzuheitern, doch jemand wandte ein: «Sollten Sie nicht lieber aufhören zu spielen? Wir hören ja keine Hilferufe.» Darauf steckte er das Instrument wieder in die Tasche. Von einem Boot in der Nähe aber klangen die Stimmen der Überlebenden des Waliserchors herüber. Sie hatten zwei gekenterte Boote mit Tauen zusammengebunden und so ein Floß improvisiert. Zusammen mit einem anderen davongekommenen Waliser sangen sie eine Hymne. Ihre volltönenden Stimmen hallten mit nie gekannter Inbrunst übers Wasser. Als sie merkten, daß einige

Frauen zu weinen begonnen hatten, stimmten sie ein lustiges Seemannslied an, bis die Leute lachten.

In einem anderen Boot saß Margaret Cox, drückte ihren Jungen fest an sich und erinnerte sich an ihr Gebet im Augenblick der größten Gefahr; als die mächtigen Schornsteine auf sie herabzustürzen drohten, hatte sie gefleht: O Gott, wenn ich schon sterben muß, laß mich im Wasser sterben. Charlotte Pye hingegen war gramgebeugt, da sie ihr Baby verloren hatte. Die kleine Marjorie war ihr beim Untergang des Liners aus den Armen gerissen worden; sie war sicher, daß ihr Kind längst tot war.

Ian Stoughton Holbourn hatte aufs nächstbeste Boot zugehalten und einen treibenden Mann hinter sich hergezogen. Als sie das Boot erreicht hatten, schien der Mann tot zu sein, und die Matrosen weigerten sich, ihn an Bord zu nehmen. Holbourn warf sein Manuskript, das einige Seiten verloren hatte, ins Rettungsboot und hielt sich an einem Tau fest, das am Heck hing. Weitere Personen wurden gerettet und in das überfüllte Boot gestopft. Wie er so durchs kalte Wasser gezogen wurde, schien ihm, als ob sie kaum vorankämen. «Kommen wir näher?» fragte er. «Nur noch fünf Minuten», sagte man ihm. Doch er wurde steif und erschöpft.

Jene, die allein im Wasser trieben, kämpften zäh um ihr Leben. Mary Maycock, die immer noch nicht verstehen konnte, weshalb sie nicht in den Schornstein, an dem sie sich festgehalten hatte, gesogen worden war, bat einen Mann, der eine Schwimmweste trug und ein Stück Treibholz hielt: «Lassen sie mir doch das Stück Holz.» Er schob es ihr zu; sie konnte hinaufklettern und sich auf Ellbogen und Knien hinkauern.

Ein Schornstein war so dicht neben dem 15jährigen William Holt ins Wasser gestürzt, daß er die Nieten ertasten konnte, wenn er die Hand ausstreckte. Als der Liner verschwunden war, hatte er ein Ruder erwischt; er war jedoch ein so guter Schwimmer, daß er es nach einer Weile fahren ließ und mit kräftigen Stößen weiterschwamm. Einen Mann mit Schwimmweste, der sich an ihm festhalten wollte, mußte er wegstoßen.

Die junge Krankenschwester, die Vanderbilts Weste angenommen hatte, trieb zwischen den Leichen, viele von ihnen Kinder. Sie sah, wie eine schreiende Frau im Wasser ihr Kind zur Welt brachte, und bei diesem Anblick kamen ihr die Tränen. Obwohl sie allerhand gewohnt war, hatte sie noch nie etwas so Entsetzliches gesehen. Nicht einmal helfen konnte sie. Ihr wurde übel; vom Grauen überwältigt, legte sie sich in ihrer Schwimmweste zurück und wurde ohnmächtig.

Die Besatzung der *Wanderer of Peel*, eines zwanzig Tonnen großen Luggers von der Isle of Man, hatte rund achthundert Makrelen gefangen, als Skipper William Ball beschloß, nicht erst nach Kinsale zurückzukehren und so den Tag zu vergeuden, sondern noch einmal die Netze auszuwerfen.

Ball und vier Besatzungsmitglieder hatten sich nach hartem Einsatz in die Kojen gelegt und Tom Woods am Ruder gelassen. Woods hatte gerade den Schiffsjungen unter Deck geschickt, damit er ihm einen Tee kochte, als er plötzlich am Horizont einen Dampfer in Seenot sah. Er schlug Alarm, und die Mannschaft kam gerade noch rechtzeitig an Deck gerannt, um das Schiff über den Bug untergehen zu sehen. Niemand wußte, daß es sich um die *Lusitania* handelte, doch vier Schornsteine bedeuteten, daß es einer der großen Liner sein mußte, der da drei Meilen südöstlich von ihnen versank.

«Halte darauf zu», sagte Skipper Ball zu Woods.

Auf die ersten Rettungsboote stießen sie eine Viertelmeile von der Unfallstelle entfernt. Sie waren über die Verfassung der teilweise nackten Überlebenden bestürzt. Aus den ersten beiden Pinassen nahmen sie über hundert Menschen an Bord. Zwei andere Boote wurden in Schlepptau genommen. Mehrere Überlebende hatten Knochenbrüche erlitten; ein Mann war tot. Die Mannschaft der *Wanderer* gab Jacken, Hosen, Westen und Ölzeug aus und nötigte jenen, die bei Bewußtsein waren, Tee und Whisky auf. Der Lugger war so überfüllt, daß James Brooks die Beine über die Bordwand baumeln lassen mußte.

20 Die Rettungsflotte

Ein Matrose der *Lusitania* war von der *Bluebell* aufgenommen worden, einem kleinen Dampfer, der auf Patrouillefahrt war. Er half der Crew beim Retten anderer Überlebender, als er im Wasser etwas golden aufblitzen sah. «Da ist ein Offizier!» rief er dem Skipper zu. Der Dampfer fuhr dichter an den Mann heran, Matrosen beugten sich über die Reling und zogen den Mann an Bord. Er war erschöpft und schien unter Schockeinwirkung zu stehen.

«Wen haben wir denn da?» fragte Kapitän John Thompson.

«Kapitän Turner von der *Lusitania.*» Die Stimme war fast unhörbar.

Thompson ergriff die Hand des Mannes. «Mein aufrichtiges Mitgefühl, Sir.» Er führte ihn nach unten in die Offiziersmesse und legte ihm eine Decke um die zitternden Schultern. Der einzige andere Überlebende, der ihn erkannte, war George Kessler, der Prellungen an den Beinen erlitten hatte und von Kapitän Thompson verbunden worden war. Kessler war aus einem Boot geholt worden, in dem neun Männer tot im Bilgewasser lagen. Er sah Turner an, einen Kapitän ohne Schiff, und fand sein Gesicht von Verzweiflung gezeichnet.

«Schaut, da ist noch jemand!» rief ein Ausguck.

Ein Korbsessel mit einer jungen Frau darin trieb vorbei. Mit einem Bootshaken zog ein Matrose ihn längsseits. Andere Händen packten zu und hoben die Gestalt an Bord. «Ich glaube, da ist noch ein Fünkchen Leben übrig», meinte Thompson. Andere waren da weniger sicher. Man legte sie an Deck zu den Toten, um die Kabine nicht zu überfüllen.

Als Margaret Mackworth zu sich kam, lag sie nackt zwischen Decken. Sie zitterte am ganzen Leib und hatte stechende Kreuzschmerzen. Das erste, was sie sah, war ein Matrose, der ihr ins Gesicht starrte. «So ist's besser», sagte er beruhigend und fragte nach ihrem Namen. Sie versuchte ihn zu nennen, aber ihre Zähne klapperten zu sehr. Allmählich kam die Erinnerung zurück. Sie war also nicht mehr auf der *Lusitania*, sondern lag auf dem Deck eines kleinen Dampfers und hatte keine Ahnung, wie lange sie schon hier war. «Ich bin Lady Mackworth», brachte sie heraus.

«Sie gehen dann wohl besser unter Deck», schlug der Matrose vor. «Da ist's wärmer. Wir haben Sie hier liegen gelassen, weil wir Sie für tot hielten.»

Die Männer diskutierten, wie sie wohl die Treppe hinunterzuschaffen sei. Sie bekam das mit und sagte: «Ich glaube, ich kann selbst gehen.» Zwei Matrosen stützten sie rechts und links, ein dritter hielt ihr das triefnasse lange Haar, als sie nach unten stolperte. Man legte sie auf die Koje des Kapitäns; es wurde ihr langsam warm, und das Zittern ließ nach. Sie blickte sich in der Kabine um und zählte fast dreißig Menschen, die alle aufgeregt durcheinanderredeten, ganz offensichtlich überglücklich, daß sie noch am Leben waren. Eine Frau saß stumm in der Außenkabine und nahm an dem allgemeinen Geschnatter nicht teil. Erst nach einer Weile begann sie monoton zu sprechen und berichtete, wie sie ihr Kind verloren hatte: Ihr war befohlen worden, es in ein Faltboot zu setzen, das dann kenterte. «Mein Kind hätte nicht zu sterben brauchen», sagte sie bitter. «Schuld daran war der Mangel an Disziplin und Organisation auf Ihrem Schiff.» Die Frau richtete ihre Anklage an den Mann, der in eine Decke gehüllt stumpf dasaß, Kapitän Turner. Ein Seemann, der Margaret Mackworth eine Tasse Tee brachte, flüsterte: «Tut mir leid, aber die Frau da ist wohl hysterisch.» Margaret, die das Chaos auf den Decks der *Lusitania* noch frisch vor Augen hatte, dachte: Ganz im Gegenteil, diese Frau ist als einzige Person an Bord der *Bluebell* nicht hysterisch.

Mittlerweile herrschte auf der *Wanderer of Peel* quälende Enge. Skipper Ball konnte keine weiteren Überlebenden mehr an Bord nehmen. Unter den Geretteten befand sich auch Oliver Bernard, der jetzt, vier Stunden nach dem Untergang, halb erfroren war und sich miserabel fühlte. Er wandte sich an einen Mitreisenden, der ebenfalls entkommen war. «Aufregender Tag, nicht wahr, Mr. Thomas?»

«Ein Skandal. Schlicht ein Skandal», grollte David Thomas. «Haben Sie mitbekommen, wie es an den Rettungsbooten zuging? Die Kompetenz der Mannschaft war katastrophal.»

Bernard nickte zustimmend. «So etwas muß natürlich an der Spitze anfangen. Wie kann man von der Mannschaft Kompetenz verlangen, wenn man selbst auf der Brücke nicht mit gutem Beispiel vorangeht?»

Ihr Gespräch wurde unterbrochen, als man beschloß, fünfzig Überlebende von der *Wanderer* auf die *Flying Fox* zu schaffen. Bernard gehörte zu jenen, die verlegt wurden.

Zwölf Männer legten sich um 15.00 Uhr im Rettungsboot von Courtmacsherry in die Riemen und pullten von der Helling weg. Im Heck saß der Reverend Forde neben einem Farmer, der einen eleganten Tweedanzug trug. Da kein Wind die Segel blähte und die *Kezia Guilt* keinen Hilfsmotor hatte, dauerte es drei Stunden, bis die Unfallstelle erreicht war. Das erste Rettungsboot, dem sie begegneten, war überfüllt. «Wir nehmen euch an Bord!» rief Reverend Forde hinüber.

«Nein!» schrie jemand zurück. «Bei uns ist alles klar. Fahrt weiter hinaus. Da sind noch viele am Leben.»

Sie folgten dieser Aufforderung, und schon bald entdeckte einer der Bootsmänner durchs Fernglas im Wasser treibende Leichen. «Dicht wie Gras», wie er sich ausdrückte, schwammen sie an der Oberfläche: Kinder, junge Mädchen, Männer, Frauen, Offiziere und Matrosen. Manche sahen aus, als schliefen sie, andere schienen eines qualvollen Todes, von ihren Schwimmwesten erstickt, gestorben zu sein. John Murphy und sein Sohn Jerry begannen sie an Bord zu hieven, aber Reverend Forde griff ein und verlangte, daß zuerst die Lebenden gerettet wurden. «Riemen einziehen!» befahl Steuermann Timothy Keohane. Langsam glitten sie zwischen den Leichen hindurch und hielten nach Lebenszeichen Ausschau. Hätten wir doch nur einen Motor gehabt, dachte Reverend Forde, dann wären wir früher eingetroffen und hätten manches Leben retten können. Sie sammelten über achtzig Personen ein, manche tot mit gräßlichen Verletzungen, die sie schließlich einem größeren Schiff der Rettungsflottille übergaben.

Leslie Morton war unter denen, die von der *Indian Empire* an Bord genommen wurden, nicht aber sein Bruder John. Ein anderes Besatzungsmitglied, das gerettet wurde, war der junge William Holton, der im Wasser ohnmächtig geworden war. Als er nach einer halben Stunde an Bord wieder zu sich kam, stellte er zu seinem Entsetzen fest, daß man ihn auf die Ladeluke zu den Toten gelegt hatte. George Wynne landete ebenfalls auf der *Indian Empire.* Er hoffte noch immer, seinen Vater zu finden, doch der war nicht an Bord. Als man Carl Foss von einem Floß holte, versuchte er, anderen Überlebenden zu helfen, war aber so geschwächt, daß ihn die Mannschaft an Bord tragen mußte.

Inzwischen hatten rund zwanzig Rettungsschiffe das Gebiet erreicht. Belle Naish war von dem Zollschiff *Julia* an Bord genommen worden und bekam Tee und einen Wärmstein. Sie erkannte Theodate Pope, die mit einem Bootshaken aus dem Wasser gefischt und zu den Toten gelegt wurde, und wollte nicht glauben, daß sie tot war. Belle konnte die Mannschaft zu Wiederbelebungsversuchen bewegen, und tatsächlich kam Theodate langsam zu sich. Man wickelte sie in eine Decke und setzte sie an den Ofen in der Kabine.

John O'Connell half Lady Allan auf die *Katrina,* einen griechischen Dampfer, der aus der Karibik kam. Ihre verletzte Schulter bereitete ihr große Schmerzen; dennoch bedankte sie sich bei ihm und ging dann zu ihren Zofen, die zusammen mit Howard Fisher, Rita Jolivet und Major Warren Pearl gerettet worden waren. William Holt, der sein Taschentuch an ein Ruder geknotet hatte, um auf sich aufmerksam zu machen, wurde aus einem gekenterten Boot geholt. O'Connell saß im Maschinenraum, als ein Heizer, der noch sein Schweißtuch um den Hals trug, hereingetragen wurde. Ihm wurde schlecht, als er den Arm des Mannes sah; er war aus dem Schultergelenk gerissen worden und hing an den Sehnen bis fast an die Knie. Ein Mitglied einer Gruppe junger Ärzte, die auf dem Weg nach Frankreich waren, machte alles für die Amputation fertig.

Joseph Myers wurde mit einem Flaschenzug auf die *Katrina* gehievt. Er hatte ein gebrochenes Bein und einen eingedrückten Brustkasten. Man zog ihn aus, wickelte ihn in Decken und legte ihn im Maschinenraum zum Aufwärmen auf eine Gräting. Myers war entsetzt über die Art und Weise, wie man die Rettungsboote der *Lusitania* bemannt und zu Wasser gelassen hatte. Nur wenige hätten ertrinken müssen, meinte er verbittert, wenn mehr Effizienz und weniger Konfusion geherrscht hätte.

Die Torpedoboote brauchten gut zwei Stunden, um die ersten Überlebenden zu erreichen. Ein junger Ingenieur von *050* half, drei Stewards von der Persenning eines Faltboots zu bergen. Einer von ihnen, der noch die Serviette vom Mittagessen um den Hals hatte, starb auf der Rückfahrt nach Queenstown. Ein Mann, den man von einem Floß geholt hatte, kletterte in dem verzweifelten Versuch, sich aufzuwärmen, auf die Maschinen und zog sich Verbrennungen zu. *050* kehrte mit 27 Geretteten zum Hafen zurück. Der Ingenieur fand es unglaublich, daß man Boote von dem Liner zu Wasser gelassen hatte, ohne vorher ihre Segeltuchabdeckungen zu entfernen.

Das Torpedoboot *055* hatte die Maschinen abgestellt und trieb durch die Leichen. Die Mannschaft erhielt vom Kapitän den Befehl: «Leichen treiben lassen. Nur bergen, wer noch lebt.» Sie brachten 23 Überlebende nach Queenstown, doch zwei starben unterwegs.

Charles Lauriat wurde von der *Flying Fox* gerettet, nachdem er vier Stunden im Wasser verbracht hatte. Er schaute über den Ozean, der an diesem windstillen Abend glatt dalag, und dachte: Das muß eine göttliche Fügung sein!

Für ein paar Augenblicke vergaßen die Überlebenden auf der *Flying Fox* ihre Leiden, als sie miterlebten, wie die vom Schornstein noch immer rußgeschwärzte Margaret Gwyer ihren Mann in der Menge erkannte. Erst wußte der junge Geistliche überhaupt nicht, wer die junge Frau war, die sich da auf ihn zudrängte. Dann küßten und umarmten sie sich, lachten und weinten zugleich vor Glück.

Als die Stunden verstrichen, fürchtete Albert Bestic, die Nacht könnte sich übers Meer senken, ehe die Rettungsschiffe sie erreichten. Er hatte eine wasserdichte Dose Zwieback entdeckt und erinnerte sich an einen bitterkalten Winter vor Kap Horn. Damals hatte er sechs Stunden lang am Ruder stehen müssen. Ein alter Seebär hatte ihm ein Stück Kautabak gereicht und ihm geraten: «Immer feste kauen. Das hält warm.» Nun gab Albert den bewährten Rat an die Überlebenden in seinem Rettungsboot weiter. «Kauen Sie Zwieback. Das wird Sie wärmen.» Alle kauten, kaum jemand sprach. Obwohl das Wasser über die Duchten schwappte, hinderten die Tanks das Boot am Sinken.

Nach über vier Stunden kam die *Bluebell* längsseits und nahm sie an Bord. Gerade noch rechtzeitig, wie Albert erkannte – ein wenig länger noch, und man hätte sie in der Dunkelheit nicht mehr finden können.

Als alle an Bord waren, beschloß Kapitän Thompson, die Suche aufzugeben und nach Queenstown zurückzukehren. Albert bekam einen Becher Tee, der wohltuende Wärme durch seinen Körper fluten ließ. Er saß, beide Hände um den Becher gelegt, in der Messe und zählte die Überlebenden. Dann entdeckte er Turner. Zuletzt hatte er den Käpt'n gesehen, wie er Hand über Hand an der Flaggleine hochkletterte. Nun sah er unsagbar einsam und verlassen aus, daß Albert überlegte, ob er ihn irgendwie trösten konnte. Die anderen im Raum fragten sich vermutlich: Warum sind so viele ertrunken, aber nicht der Kapitän? Warum lebt er noch? Albert ging zu ihm und sagte: «Ich freue mich wirklich, daß Sie am Leben sind, Sir.»

Turner starrte ihn feindselig an. «Wieso denn? So gern haben Sie mich doch gar nicht.»

Albert schluckte. «Mit Gernhaben hat das nichts zu tun, Sir. Ich freue mich, daß Sie noch leben, weil ich Sie als meinen Kapitän respektiere und als Seemann bewundere.»

Turner schwieg. Albert wandte sich ab und setzte sich in eine andere Ecke der Messe. Er war aufgewühlt. Seine Überzeugung, die *Lusitania* könne einem deutschen U-Boot entkommen, war ebenso zerschmettert worden wie die Decks und Boote, die er bei der Explosion hatte in die Luft fliegen sehen. Selbst jetzt konnte er sich kaum damit abfinden. Einen Moment lang sah er die Messe und die Menschen darin nur verschwommen. Er biß sich auf die Lippe, grub die Fingernägel in die Handflächen und stieß stumme Verwünschungen aus, weil ihm und seinem Kapitän ein Schiff genommen worden war, das auf der Welt nicht seinesgleichen gehabt hatte.

In Queenstown hatte die Polizei den Landungssteg der Cunard-Reederei für die Schaulustigen am Kai gesperrt. Kurz vor acht Uhr kam die *Stormcock* zwischen den Forts beidseits der Hafeneinfahrt in Sicht, von den letzten schrägen Strahlen der untergehenden Sonne beleuchtet. Um 20.10 Uhr legte sie am Landungssteg an, das erste Schiff der Rettungsflottille, das zurückkehrte. Ihr folgten *Brock*, *Indian Empire* und *Flying Fox*, doch an dem kurzen Landungssteg war nur für jeweils ein Schiff Platz.

Vizeadmiral Cokes Sekretär wartete mit einem Marinearzt und Offizieren vom Royal Naval Hospital an der Laufplanke. Hinter ihnen standen Soldaten, Polizisten und Blaujacken mit Bahren und Decken bereit. Überlebende, die gehen konnten, wurden in ein Hinterzimmer des Cunard-Büros geführt, wo Reedereiangestellte und Zollbeamte ihre Namen aufschrieben.

Wesley Frost, dessen Frau ihm inzwischen zu Hilfe gekommen war, hatte gerade die Antwort auf sein Telegramm an Außenminister Bryan in Washington erhalten: ALLE PASSAGIERE LAUT AUSKUNFT REEDEREI GERETTET. FALLS UNZUTREFFEND BITTE NAMEN AMERIKANISCHER OPFER ODER VERMISSTER KABELN.

Er sandte ein weiteres Kabel an Botschafter Page in London, mit dem er ihn vom Eintreffen der ersten Rettungsfahrzeuge unterrichtete. Das Telegramm erreichte den Botschafter, als der sich gerade zum Dinner umzog. Trotz der Nachricht von dem Untergang hatte er entschieden, seine Party stattfinden zu lassen. Während des Essens wurden ihm laufend weitere Telegramme mit Angaben über Opfer und Überlebende an den Tisch gebracht. Die Gäste in der Botschaft aßen in verlegenem Schweigen.

Erst um zehn Uhr abends manövrierte die *Bluebell* langsam an den Landungssteg. Der Kapitän erhielt sofort den Befehl, die Suche nach weiteren Überlebenden wieder aufzunehmen. Er ging unter Deck in Margaret Mackworths Kabine. «Wir müssen gleich wieder auslaufen. Schaffen Sie es an Land, Madam?»

«Aber selbstverständlich», erwiderte sie. «Aber nicht in dieser winzigen Decke.»

Die Männer um sie herum lachten, als sie um Sicherheitsnadeln bat, um die Decke ordentlich festzustecken. Ein Besatzungsmitglied ging an Land und borgte von einem Soldaten am Kai einen Armeewintermantel aus. Mit zugeknöpftem Mantel, darunter die Decke um die Taille geschlungen, und in den Pantoffeln des Kapitäns erreichte sie die Gangway. Hier war ein Höhenunterschied von einem halben Meter zu überwinden, aber sie war so geschwächt, daß sie auf allen vieren hochkriechen mußte. Oben angelangt, sah sie auf. Dort, am überfüllten, gaserleuchteten Kai, sah sie zu ihrem Erstaunen ihren Vater, sicher und unversehrt, der auf sie wartete.

Als letzter Überlebender verließ William Turner die *Bluebell.* Noch immer in Thompsons Decke gehüllt, schritt er langsam über die Gangway. Niemand an Land erkannte ihn. Sein Gesicht war grau, und er sah älter aus als seine neunundfünfzig Jahre.

Es mochte eine Schmach für einen Kapitän sein, wenn er sein Schiff verlor. Doch für Kapitän Turner sollte der wahre Alptraum erst noch beginnen.

Queenstown

18. Mai 1915 und später

21 Die Stadt der Toten

Am Samstag, dem 8. Mai, ging Oliver Bernard bei Sonnenaufgang wieder hinunter zum Hafen. Die ganze Nacht über war er im Hotel wachgeblieben, hatte Zigaretten geraucht und eine Tasse Tee nach der anderen getrunken und war mehrere Male zum Cunard-Landungssteg zurückgekehrt in der Hoffnung, Stewart Mason und seine junge Frau Lesley zu finden.

Er wandte sich zu den provisorischen Leichenhäusern, die man unterdessen eingerichtet hatte. Das erste, in einem Schuppen gleich neben dem Steg, enthielt, was auf den ersten Blick an verbeulte und zerbrochene Puppen erinnerte: Säuglinge, die so verfärbt waren, daß man nur schwer glauben konnte, daß sie jemals gelebt hatten. Den Wänden entlang waren Frauen in ihren durchweichten Kleidern gelegt worden; schier unvorstellbar, daß sie noch am Tag zuvor lebendige Menschen gewesen waren. Er betrat eine zweite Leichenhalle, in der die Sonne trübe durch verrußte Fenster schien und die Goldtressen einer Offiziersuniform aufblitzen ließ. Da lag der massive Stabskapitän Anderson am Boden, das aufgetriebene Gesicht mit blutigem Schleim verschmiert. Er mußte hart um sein Leben gekämpft haben.

Bernard kehrte um und ging zurück in die Stadt zur dritten Leichenhalle, die im Rathaus unter dem Marktgewölbe eingerichtet worden war. Der Boden war mit Sägemehl bestreut, die Luft muffig und feucht. Er schritt an den in Reihen hingelegten Leichen vorbei, sah Kinder, die einander in den Armen hielten, und eine Frau mit zwei Kleinkindern an der Brust. Dann stieß er auf Charles Frohman. Der Impresario war nicht entstellt; offenbar war er widerstandslos gestorben. Doch er konnte weder Lesley noch ihren Mann ausfindig machen. Er verließ das Rathaus wieder und war erschüttert über die leblose Gleichförmigkeit, die in den Gesichtern der Toten alle persönlichen Eigenarten ausgelöscht hatte. Menschen, die er gestern noch als Individuen erlebt hatte, waren unter diesen einander gräßlich ähnlichen Leichen kaum mehr wiederzuerkennen.

Die Flaggen wehten auf Halbmast, die Kirchenglocken schlugen dumpf, die ganze Stadt stank nach Tod. Der Anblick der vielen goldbetreßten Marineuniformen auf den Straßen entnervte ihn. Er hatte das Gefühl, als starrten ihn die Offiziere in seinen schlechtsitzenden Kleidern, die er in aller Eile gekauft hatte, an wie einen Landstreicher. Dies waren die Männer, die die *Lusitania* zehn Meilen vor Kinsale hatten untergehen lassen. Sie hatten sich stundenlang Zeit gelassen, bis sie endlich Hilfe schickten, und die armen Teufel in den Schuppen ersaufen lassen wie Ratten.

Erst um die Morgendämmerung wagte sich Otto Humbert aus dem Weinkeller des Queen's Hotel hervor, wo er sich über Nacht eingeschlossen hatte, weil ihm die zunehmende antideutsche Hysterie, von der die Stadt erfaßt worden war, eine Heidenangst einjagte. Als die ersten Leichen an Land gebracht wurden, hatte eine Frau ihn angeschrien: «Wo bleibt denn jetzt Ihre berühmte deutsche Kultur?»

Neben zahlreichen anderen Überlebenden waren auch Isaac Lehmann und Margaret Mackworth im Queen's Hotel untergekommen. Lady Mackworth fand es gar nicht nach ihrem Geschmack. Ihr Vater hatte ihr sein Zimmer überlassen, nachdem sie an Land gebracht worden war. Sie hatte die Treppe nur mit Mühe erklommen und nach jeder zweiten Stufe ausruhen müssen. Ihre erste Besucherin am nächsten Morgen war Dorothy Conner, die in ihrem rehbraunen Tweedkostüm ebenso hübsch aussah wie am Vortag, als Lady Mackworth sie ins Wasser hatte treten sehen.

In diversen geborgten oder neuerstandenen Kleidern irrten die erschöpften Überlebenden in der Stadt umher und suchten nach jenen, die ihnen während der Überfahrt am nächsten gestanden hatten – George Wynne zum Beispiel, der nirgends seinen Vater finden konnte. Harold Taylor war wie durch ein Wunder ins gleiche Rettungsboot gezogen worden wie seine junge Frau. Avis Dolphin hatte ihren Wohltäter im Queen's Hotel ausfindig gemacht, aber Holbourn war vor lauter Schwäche vorläufig ans Bett gefesselt. Nachdem Mary Maycock vier Stunden lang auf ihrem Brett gekauert hatte, waren ihre Beine so angeschwollen, daß man ihr die kniehohen Stiefel aufschneiden mußte. Ernest Cowper hatte die kleine Helen Smith in ein Hotel gebracht, doch ihre Eltern und ihr Bruder blieben vermißt. Einheimische versuchten das verwirrte Kind mit Spielsachen aufzuheitern. John O'Connell war in Sicherheit, ebenso Albert Martin und Eugene McDermott, die aus dem Heizraum entkommen waren. Zu den Geretteten gehörten auch die Schauspielerinnen Josephine Brandell und Rita Jolivet, aber Ritas Schwager George Vernon blieb verschwunden.

Wo waren die Cromptons mit ihren sechs Kindern? Dr. Houghton war vom Torpedoboot *050* geborgen worden, Marie de Page hingegen war verschollen. Joseph Myers lag im Marinelazarett und berichtete Konsul Frost, auf dem Liner hätte Panik geherrscht. William Holton war vom stundenlangen Schwimmen so erschöpft, daß er in seinem Hotelzimmer vierzehn Stunden durchschlief. William McMillan Adams hatte seinen Vater verloren. Albert Bestic konnte den Zweiten Offizier Hefford nicht finden. Jemand behauptete steif und fest, Alfred Vanderbilt im Wasser gesehen zu haben. Und die schöne Virginia Loney war untröstlich, als sie erfuhr, daß ihre Eltern tot waren.

Die älteste Passagierin, Georgina Morell, lag nach Stunden im Meer im Stadtkrankenhaus von Queenstown und war auf dem Wege der Besserung. Theodate Pope gehörte zu einer kleinen Gruppe Erste-Klasse-Passagiere, die in ein Privatkrankenhaus in Cork gebracht worden waren; ihr Lebensgefährte Edwin Friend war vermißt. Jane und Grace MacFarquhar und Belle Naish waren in Sicherheit, Theodore Naish hingegen ertrunken. Charlotte Pye und Norah Bretherton hatten ihre Babies im Meer verloren, während es Margaret Cox gelungen war, ihren kleinen Jungen zu retten. Zahlmeister McCubbin war verschollen und würde nie das Land bestellen, das er sich für seinen Ruhestand gekauft hatte.

Den ganzen Morgen über wurden weitere Leichen von Trawlern an Land gebracht. Später, als man die Toten in den Leichenhallen mit Laken bedeckt hatte, ging Leslie Morton auf die Suche nach seinem Bruder. Wie viele andere ging er langsam von einem Körper zum nächsten und zog die Laken weg. Als er die Hand ausstreckte, um wieder ein Laken beiseite zu ziehen, bemerkte er auf der anderen Seite eine Hand, die auf das gleiche Laken zusteuerte. Er schaute auf und erkannte John, der ihn angrinste. Tränen der Erleichterung traten ihnen in die Augen. Leslie hatte noch seinen Matrosenpulli und die blauen Hosen an, aber sein Bruder, der nur ein Hemd am Leib gehabt hatte, als man ihn rettete, trug einen auffallenden karierten Anzug, von Cunard spendiert, karierte Krawatte und Mütze, dazu gelbe Halbschuhe. Leslie verbiß sich mühsam das Lachen über die absurde Aufmachung seines Bruders. «Darauf müssen wir einen heben!» flüsterte er. Die Brüder Morton hatten fast gleichlautende Telegramme an ihren Vater in Leeds geschickt: GERETTET. SUCHE JOHN und GERETTET. SUCHE LES.

George Wynne zitterte so sehr, daß er einen Kameraden bitten mußte, ihm ein Telegramm an seine Mutter in Liverpool aufzusetzen: BEIDE GERETTET. KOMMEN BALD HEIM. Das stimmte zwar nicht, aber wie sollte er seiner Mutter, die sechs Kinder zu versorgen hatte, beibringen, daß ihr Mann wahrscheinlich ertrunken war?

Kapitän Turner ging in einem schlechtsitzenden Anzug, den man ihm gegeben hatte, bis seine Uniform gewaschen und gebügelt war, durch die Stadt, wünschte den Überlebenden mit einem Nicken einen guten Morgen und unterhielt sich sogar kurz mit ihnen. Reporter versuchten ihm Fragen zu stellen, aber Vizeadmiral Coke hatte ihm geraten, vor der Presse keine Erklärungen abzugeben. Er sagte nur: «Ich blieb auf meinem Schiff, bis es unter mir versank. So geht das im Krieg.»

Freitag nacht um halb zwölf hatte sich vor dem Londoner Cunard-Büro eine große Menschenmenge versammelt. Um

23.40 Uhr wurde eine Tafel ausgehängt: MIT EINER ERSTEN LISTE DER GERETTETEN WIRD IN KUERZE GERECHNET. ANZAHL NOCH NICHT BEKANNT.

In Liverpool schlug die Nachricht wie eine Bombe ein. Hunderte von Menschen standen vor der Hauptverwaltung von Cunard, mit verständnislosem Ausdruck angesichts der Katastrophe, die über eine Reederei hereingebrochen war, die sich rühmte, noch nie einen Passagier verloren zu haben. Im Lauf der Nacht wurden aus den Hunderten Tausende, als sich die Familien der Seeleute einfanden, um auf die Namen der Überlebenden zu warten.

Die New Yorker sahen die Meldung über die Leuchttafeln oben an den Zeitungsredaktionen huschen. Seit Kriegsausbruch war keine Nachricht mit so ungläubigem Staunen aufgenommen worden wie die Zeile: LUSITANIA TORPEDIERT. Das durfte doch nicht wahr sein. Gab es die *Lusitania* wirklich nicht mehr? Waren alle Passagiere gerettet worden? Im Cunard-Büro, wo die ersten Gerüchte von der Versenkung dementiert worden waren, bestürmten besorgte Verwandte und Freunde die Schalter. Die Reedereiangestellten machten Überstunden und nahmen Hunderte von Ferngesprächen an.

In Manhattans schickem Deutschen Club feierten Offiziere die Versenkung als ein Meisterstück und tranken begeistert auf den Tag, an dem die Beherrschung der Meere durch Großbritannien ein Ende gefunden hatte. Und Lüchows Restaurant in der 14. Straße barst vor Deutschen, die den Sieg feierten.

Graf von Bernstorff war im Ritz-Carlton, Ecke Madison Avenue und 46. Straße, eingetroffen. Die Nachricht vom Untergang der *Lusitania* machte ihn in seiner Suite praktisch zum Gefangenen. Er wies den Empfang an, er wolle nicht durch Anrufe oder Reporter gestört werden. Dann sagte er sein Erscheinen in der Metropolitan Opera ab, wo eine Sondervorstellung der *Fledermaus* zugunsten des Deutschen Roten Kreuzes gegeben wurde, und ließ sich von Kapitän Boy-Ed, dem Marineattaché, vertreten.

Die Theaterleitung, die Ausschreitungen zwischen Pro- und

Antideutschen befürchtete, stellte überall im Zuschauerraum Polizisten in Zivil auf. Man verzichtete auch auf das Absingen von «Deutschland über alles» und entfernte die Reichsflaggen. Während der Pausen wurden Boy-Ed und von Papen in den Foyers öffentlich beschimpft. Viele Opernbesucher waren erbost, daß Alfred Gwynne Vanderbilts Privatloge, die strikt ihm und seiner Familie vorbehalten war, für diesen Abend vermietet worden war.

Am Samstagmorgen um halb sechs Uhr versuchte von Bernstorff unbemerkt aus dem Ritz-Carlton zu schlüpfen, konnte aber den Reportern nicht entkommen, die ihn umdrängten, als er in ein Taxi sprang. «Ich gebe keine Erklärungen ab!» schrie er. Mit Reportern vollbesetzte Taxis verfolgten ihn bis zum Bahnhof, wo er den Frühzug nach Washington nehmen wollte. Sie jagten mit ihm die steile gußeiserne Treppe hinunter bis auf den Bahnsteig und überschütteten ihn mit Fragen. «Ich sage kein Wort», erklärte der Botschafter zornig, als er zu seinem Zug lief. «Kein einziges Wort.»

Doch die Frager ließen nicht locker. «In den Leitartikeln steht, Sie hätten diese Tat durch Ihre Pressewarnung vor dem Auslaufen der *Lusitania* überhaupt erst heraufbeschworen . . . Man heißt Sie einen Mörder.»

Graf von Bernstorff wurde wütend. «Mir ist egal, was die Zeitungen schreiben», fauchte er und stieg in einen Salonwagen.

Aber auch da ließen ihn seine Verfolger nicht in Ruhe. «Finden Sie denn nicht, daß es für Sie jetzt an der Zeit ist, etwas zu sagen?» fragte ein Reporter. «Die ganze Welt wartet auf eine Erklärung.» Doch von Bernstorff weigerte sich beharrlich.

Alle Schlagzeilen betonten einstimmig das ungeheure Ausmaß der Katastrophe: LUSITANIA TORPEDIERT UND VERSENKT: WELT UEBER DEUTSCHLANDS GROESSTES VERBRECHEN EMPOERT; ZAHL DER LUSITANIA-OPFER ENORM: DAS FEIGSTE VERBRECHEN DER DEUTSCHEN; LUSITANIA OHNE WARNUNG VERSENKT: 1300 TOTE. Bislang waren die Zahlen nur Vermutungen. Cunard zählte noch immer die Überlebenden und subtrahierte die Summe von der Gesamtzahl auf der Passagierliste.

Was würde Amerika unternehmen?

Auch in Deutschland, wo die Versenkung als neuer Triumph für Deutschlands Marinepolitik gefeiert und Admiral von Tirpitz mit Glückwunschtelegrammen überschüttet wurde, stellte man sich diese Frage. In weniger schwärmerischen Kreisen rechnete man sich aus, die Katastrophe könnte Amerikas Kriegseintritt heraufbeschwören.

Präsident Wilson wurde von der öffentlichen Entrüstung unter Druck gesetzt. Walter Hines Page, sein Botschafter in London, vertrat die Ansicht, die Vereinigten Staaten müßten den Krieg erklären, wenn sie Europas Respekt nicht verlieren wollten. In Berlin packte Botschafter James Gerard, überzeugt, daß die diplomatischen Beziehungen abgebrochen würden, bereits seine Koffer. Präsident Wilson aber hatte seit der Versenkung noch kein Wort geäußert.

Als er die Nachricht am Freitag erhalten hatte, zog er sich zurück und schärfte seinem Diener ein, daß er niemanden sehen wolle, nicht einmal die Mitglieder seiner Familie. Er wollte sich nicht zu einer voreiligen Erklärung hinreißen lassen, bevor er die Fakten des Untergangs aus offiziellen Quellen genau studiert hatte. Am Spätnachmittag ließ er Außenminister Bryan rufen.

Am Samstagmorgen erklärte Bryan vor den Pressevertretern, die sich ins Weiße Haus drängten: «Selbstverständlich ist sich der Präsident der Gefahr und des Ernstes der Lage überaus bewußt und erwägt sorgfältig und sehr ruhig, welche Maßnahmen getroffen werden müssen. Er weiß, daß die Menschen in diesem Land wollen, daß er mit Überlegung und Festigkeit handelt.»

Eine nähere Erläuterung konnte nach dem Wochenende erwartet werden. Gutinformierte Kreise rechneten mit einer Kriegserklärung. Die Wahl des Wortes «Überlegung» deuteten sie als das Bemühen, die durch den Tod ihrer Landsleute aufgeheizten Emotionen der Amerikaner zu beruhigen, Emotionen, die eine offizielle Erklärung aus Berlin nicht besänftigen konnte, in der behauptet wurde, die *Lusitania* sei bewaffnet gewesen und habe Kriegsmaterial an Bord gehabt. «Die

Verantwortlichen bei Cunard wußten genau, welchen Gefahren die Passagiere ausgesetzt waren. Sie allein tragen die Verantwortung für das Geschehene ... Deutschland hat nichts unversucht gelassen, sie wiederholt und nachdrücklich zu warnen. Der Reichsbotschafter in Washington ging sogar so weit, eine öffentliche Warnung herauszugeben, um auf die Gefahr hinzuweisen.»

In Kansas City war die Schauspielerin Maude Adams gerade zu ihrem Auftritt in einer Matineevorstellung eingetroffen, als ihr Charles Frohmans Tod bestätigt wurde. Sie brach zusammen, und die Theaterleitung traf schon Vorbereitungen, die Vorstellung abzusagen, aber sie erholte sich wieder und beteuerte, sie könne auftreten.

Noch am Samstag nachmittag eröffnete der Anwalt John Horgan in der Kaserne von Kinsale eine Verhandlung zur Feststellung der Todesursache von fünf Opfern des *Lusitania*-Desasters, die vom Marinepatrouillenboot *Heron* zusammen mit einigen Überlebenden, unter ihnen Julia Sullivan, in Kinsale an Land gebracht worden waren. Um drei Uhr wurden zwölf Geschworene vereidigt, alles einheimische Geschäftsleute und Fischer.

Horgan sagte einleitend zu der kleinen Versammlung in der Kaserne: «Wir haben uns hier zusammengefunden, um eines der wahrhaft schrecklichsten und unmenschlichsten Verbrechen zu untersuchen, das jemals von einem Volk, das sich eine Kulturnation heißt, begangen wurde.»

Nach Anhörung erster Zeugen vertagte Horgan die Verhandlung auf Montag. Er wollte den Behörden Zeit geben, alle nötigen Beweismittel und Zeugen beizubringen, darunter den Kapitän der *Lusitania*, William Turner, den er bereits vorgeladen hatte.

22 Wut und Trauer

Am Samstagabend brachen in Liverpool Unruhen aus; sie dauerten den Sonntag über an und waren am Montag nicht mehr unter Kontrolle zu bringen.

In den Zeitungen wurden sie als «Nachspiel zum Schiffbruch der *Lusitania*» bezeichnet, einer Tragödie, die «Hunderte von Haushalten in Liverpool des Ernährers beraubt und Seeleute und Werftarbeiter zu rasendem Zorn aufgestachelt hatte». Geschäfte, die als deutsch oder österreichisch galten, wurden wahllos angegriffen, Scheiben eingeschlagen, Waren und Einrichtungen auf die Straße geworfen. Hauptopfer waren Metzger, Bäcker, Friseure, Herrenausstatter, Juweliere und Möbelhändler.

Ähnliche Unruhen griffen auch in London um sich und tobten von Sheperds Bush bis Tooting, von Islington bis Stratford. Selbst in der City schlug die Empörung hohe Wogen. Zweihundert Mitglieder der Börse marschierten mit ihren Zylinderhüten zum Parlament, um die Internierung aller Deutschen zu fordern. «Kein Deutscher darf in der City of London bleiben», ging der Ruf. Viele Passanten schlossen sich dem Zug an, der gewaltig angeschwollen war, als er das Parlamentsgebäude erreichte.

Sogar Südafrika wurde von der Welle der Empörung erfaßt. In Johannesburg wurden über fünfzig Gebäude zerstört, und auch in Kapstadt und Durban setzte die erboste Menge zahlreiche Häuser in Flammen.

In Liverpool forderte Lord Derby die Öffentlichkeit zur Zurückhaltung auf. «Ich bin entschieden der Auffassung, daß es dem Andenken der Toten nicht zur Ehre gereicht, wenn wir versuchen, mit den Deutschen auf dem Gebiet der Brutalität zu wetteifern.»

Die weitverbreiteten Unruhen brachten die Regierung zu der Überzeugung, daß das Ausländerproblem dringend angegangen werden mußte. Am Donnerstag erhob sich Premier Asquith unter Hochrufen im Unterhaus und verkündete einen Plan, dem zufolge Ausländer in Eingebürgerte und Nichtnaturalisierte aufgeteilt werden sollten. Bereits waren 19.000 nichtnaturalisierte Ausländer interniert worden, doch rund 40.000 befanden sich noch auf freiem Fuß; von diesen sollten alle im wehrdienstfähigen Alter ausgesondert und interniert, die älteren repatriiert werden. Auf diese Nachricht hin stellten sich viele Deutsche freiwillig. Fünfhundert wurden von einem örtlichen Regiment mit aufgepflanzten Bajonetten zu einem Schiff in Southend eskortiert. In Liverpool holte sie die Polizei mit Taxis von ihren Häusern ab. Da im Hauptgefängnis kein Platz mehr war, wurden verschiedene Gruppen in Konzentrationslager bei Liverpool oder mit dem Zug in schottische Lager verschickt.

An dem Tag, an dem der Premierminister seinen Aktionsplan verkündete, wohnte Alfred Booth in Liverpool einem Gedenkgottesdienst für die Opfer der *Lusitania* bei. Die Unruhen waren so gut wie vorüber. Am nächsten Tag wurden im Schloß Windsor sämtliche Erinnerungsstücke der Kaiser von Deutschland und Österreich-Ungarn und der ausländischen Ritter des Hosenbandordens ohne jede Zeremonie aus der St.-Georgs-Kapelle entfernt.

Julia Sullivan erwachte in einem langen, gekalkten Raum voller Einzelbetten. Am Fußende ihres Bettes saß eine Schwester und lächelte ihr zu. «Sie machen sich gut», sagte sie.

«Wo bin ich?»

«In Kinsale. Jetzt gehe ich gleich den Doktor holen.»

Nachdem der Arzt Julia untersucht hatte, zog die Schwester das Bettzeug zurecht und ließ den Priester holen. «Sie schweben nicht in Gefahr», versicherte sie. «Aber wenn Ihnen das Herz schwer ist, wird er zu helfen wissen.» Julia bewunderte das Einfühlungsvermögen der Schwester. Als der Priester kam, fragte sie: «Was ist aus meinem Mann geworden? Ist er gerettet?» Sie konnte an nichts anderes denken.

«Wie hieß – äh, heißt er denn?»

«Sullivan, Flor Sullivan. Er ist ein kräftiger junger Mann mit schwarzem Kraushaar.»

Er schüttelte den Kopf und drückte ihr beruhigend die Hand. «Hier in diesem Krankenhaus liegt kein Flor Sullivan. Aber geben Sie die Hoffnung nicht auf. In Queenstown gibt es Hunderte von Überlebenden. Ich will mich mit Queenstown in Verbindung setzen und Ihnen dann Bescheid sagen. Schlafen Sie jetzt und vertrauen Sie der Mutter Gottes.»

Als der Priester am Abend in die Krankenstation zurückkehrte, war sein Gesicht ausdruckslos. Er hatte für einige Patienten schlechte Nachrichten, für andere gute und wollte sich seine Gefühle nicht anmerken lassen. An Julias Bett flüsterte er aufgeregt: «Ihr Mann ist gesund und in Sicherheit! Er weiß, daß Sie hier sind. Wenn Sie ihn in Cork wiedersehen, sollten Sie die Köpfe zusammenstecken und sich überlegen, wie Sie Gott für Ihre Rettung danken können.»

George Hook und seine Tochter Elsie hatten drei Tage lang die Leichenhallen nach dem jungen Frank abgesucht. Zu ihrer großen Überraschung und Freude fanden sie ihn schließlich im Krankenhaus von Queenstown. Frank war vom Liner gesprungen, von einem abstürzenden Rettungsboot getroffen worden und hatte sich dabei ein Bein gebrochen. Da er annahm, daß sein Vater und seine Schwester ertrunken waren, hatte sich ein Geretteter aus Leeds erboten, ihm sein Leben lang beizustehen.

Die reizende kleine Ailsa Booth war vermißt. Ein Verwandter setzte folgende Anzeige in den *Cork Examiner:* «Gesucht: Hinweise über den Verbleib eines achtjährigen Mädchens. Hellblondes Haar, blaue Augen, klarer Teint, sehr hübsch. Name: Ailsa Booth Jones. Ebenfalls vermißt ein Junge, fünf Jahre alt, kurzes schwarzes Haar, schmales Gesicht. Name: Percival Booth Jones. Es besteht die Hoffnung, daß beide von der *Lusitania* gerettet wurden.» Doch Ailsa, ihr Bruder und ihre Eltern waren alle miteinander ertrunken.

Avis Dolphins weißer Rock und die Matrosenbluse waren

vom Öl so stark verschmutzt, daß sie mehrere Male gewaschen werden mußten, ehe sie sie wieder tragen konnte. Ihr Reisegefährte Ian Stoughton Holbourn hatte sich so weit erholt, daß er sich auf die Suche nach ihren beiden Begleiterinnen machen konnte, jedoch ohne Erfolg. Am Sonntag bestieg er mit Avis den Zug nach Dublin und mietete sich dort in einem Hotel ein. Am nächsten Morgen, während Holbourn einkaufen ging, setzte sich Avis in das Schreibzimmer für Gäste und schrieb einen langen Brief an ihre Mutter in Ontario, in dem sie von ihrer Reise und glücklichen Rettung berichtete.

Warren Pearl und seine Frau fanden sich in Queenstown wieder. Amy war von den schrecklichen Ereignissen völlig ausgelaugt. Sie wurde von der Familie des Vizeadmirals versorgt, während Major Pearl unermüdlich die Leichenhallen, Krankenhäuser und den Bahnhof nach seinen vier Kindern absuchte. Dann erfuhr er, daß ein Kindermädchen, dessen Beschreibung auf Alice Lines paßte, in einem Haus für Marineoffiziere einquartiert war; dorthin hastete er nach Mitternacht, und Alice wurde von der Hauswirtin geweckt. Ihr kamen vor Erleichterung die Tränen, als sie Major Pearl wiedersah, denn der kleine Stuart und das Baby Audrey waren wohlbehalten bei ihr; über den Verbleib von Greta Lorenson mit Amy und Susan konnte sie jedoch nichts sagen. Im Lauf der folgenden Tage suchten Alice Lines und Warren Pearl weiter die Reihen der Toten in den Leichenhäusern ab und gingen täglich zum Bahnhof in der Hoffnung, die Vermißten zu finden. Doch sie sahen sie niemals wieder.

Am Samstag nachmittag hatte Konsul Wesley Frost eine verhältnismäßig akkurate Liste der identifizierten Leichen zusammengestellt und begonnen, die Angehörigen telegrafisch zu verständigen und um Anweisungen zu bitten. Er entschied, daß die Leichen prominenter Amerikaner, darunter Frohman, einbalsamiert und in die Vereinigten Staaten überführt werden sollten.

Obwohl die Balkenüberschriften der Samstagzeitungen MR. VANDERBILTS HELDENTOD verkündeten, schloß sich Margaret

Vanderbilt in ihr Apartment im Vanderbilt Hotel in New York ein und weigerte sich, den Tod ihres Mannes zur Kenntnis zu nehmen. Alfreds Schwester Gertrude verhielt sich praktischer und veranlaßte sofort eingehende Nachforschungen. Sie rechnete sich die geringe Chance aus, daß ihr Bruder vielleicht schwer verletzt und nicht identifiziert oder von einem Fischerboot aufgenommen und zu einem abgelegenen Hafen an der irischen Küste gebracht worden war. Da sie aber wußte, daß er Nichtschwimmer war, mußte sie sich damit abfinden, daß er wahrscheinlich tot war.

Margaret sagte zu Gertrude: «Daß Alfred tot ist, glaube ich erst, wenn ich einen schlüssigen Beweis habe.» Im Laufe des Wochenendes wurde für die Auffindung von Alfred Gwynne Vanderbilts Leiche eine Belohnung von 5000 Dollar ausgesetzt.

Präsident Wilson verbrachte den Sonntag in gewohnter Weise. Allerdings brannnte in seinem Arbeitszimmer bis spät in die Nacht Licht.

Die *New York Tribune* hatte in ihrer Morgenausgabe den Samstag als einen Tag des «betäubten, reglosen Abwartens» bezeichnet. Das Volk wolle Deutschland sühnen sehen für «einen Akt der Grausamkeit, zu dessen Opfern amerikanische Bürger gehörten». Der Präsident und seine Männer wollten anscheinend «ihre Stellungnahme hinausschieben».

Wilson sollte am nächsten Abend in Philadelphia zu viertausend frisch eingebürgerten Amerikanern sprechen. Hier würde er die *Lusitania*-Krise berühren müssen.

23 «Vorsätzlicher Mord»

Botschafter Page wartete am Sonntagmorgen um acht Uhr in Londons Euston Station auf die ersten Züge von der Küste, um nach amerikanischen Überlebenden Ausschau zu halten. Menschen umdrängten die Waggons und begrüßten Verwandte und Freunde mit langen Umarmungen. Eine einsame Frau in Schwarz, die seit dem Abend nach dem Untergang immer wieder im Cunard-Büro aufgetaucht war, ging am Bahnsteig entlang und erkundigte sich bei Überlebenden, ob sie vielleicht Sir Hugh Lane gesehen hätten.

Die kleine Helen Smith traf mit ihrer Tante, die beide Söhne verloren hatte, am Hafen von Swansea ein. John O'Connell stieg in Liverpool aus und ging die dreieinhalb Meilen nach Hause zu Fuß. «So klopft nur der John», hörte er jemanden rufen, und schon standen seine Großmutter und seine beiden Tanten in Nachtgewändern in der Tür. Er rannte nach oben, um seinen Onkel zu begrüßen, der keinerlei Anstalten machte, aus dem Bett zu steigen, sondern lediglich brummelte: «Da biste also wieder.» Am nächsten Morgen versetzte seine Großmutter den Anzug, den er sich auf Cunards Kosten in Queenstown gekauft hatte.

In der erregten Menge auf dem Bahnhof von Liverpool entdeckte George Wynne seine Mutter, die ihr jüngstes Kind auf dem Arm hatte. Er verdrückte sich in die Menschenmasse, weil er es nicht fertigbrachte, ihr die Nachricht vom Tod seines Vaters zu überbringen. Zufällig begegnete er einem Priester, den er kannte, und erzählte ihm seine Geschichte. Als er geendet hatte, sagte der Geistliche freundlich: «Ich komme mit dir heim, George. Wir erzählen deiner Mutter gemeinsam, was geschehen ist.»

Am Montagmorgen fuhr Kapitän Turner in einer eingegangenen, verwaschenen Uniform bei der Kaserne von Kinsale vor, um an der wiederaufgenommenen Verhandlung zur Feststellung der Todesursache von fünf Opfern des Untergangs der *Lusitania* teilzunehmen. Die Blicke der Reporter folgten ihm durch den vollbesetzten Verhandlungsraum, als er sich auf die Zeugenbank zu den anderen Vorgeladenen setzte. Turner sah hohläugig und angespannt aus.

Das Publikum verstummte erwartungsvoll, als er in den Zeugenstand gerufen wurde. Seine Aussagen waren äußerst knapp, und bei Fragen betreffend die genauen Anweisungen von seiten der Admiralität verwies er auf seine Schweigepflicht. Nachdem Turner ausgesagt hatte, schlurfte er total erschöpft an seinen Platz, unfähig, seine Gefühle länger im Zaum zu halten.

Horgan wandte sich an die Geschworenen und gab zu bedenken, daß man hier mit einem Verstoß gegen das Völkerrecht zu tun habe, denn die *Lusitania* sei kein Kriegsschiff und nicht bewaffnet gewesen; ihre Versenkung sei unter keinen Umständen zu rechtfertigen. In Übereinstimmung mit Horgans Einschätzung der Lage fällten die Geschworenen folgendes Urteil:

«Wir befinden, daß dieses entsetzliche Verbrechen im Widerspruch zum Völkerrecht und den Konventionen aller zivilisierten Nationen steht, und klagen daher die Offiziere des U-Boots, den Kaiser und die Regierung des Deutschen Reiches des vorsätzlichen und wahllosen Mordes an.»

Eine halbe Stunde später erhielt Horgan Anweisung von der Admiralität, die Untersuchung zu unterbrechen. Kapitän Turner sollte erst vor dem Untersuchungsausschuß des Handelsministeriums in London aussagen. Doch diese Aufforderung kam zu spät. Am Montag um die Mittagszeit wurde das Urteil der Geschworenen des Städtchens Kinsale an die Zeitungen und Nachrichtenagenturen in aller Welt hinaustelegrafiert und -telefoniert.

Hogan bemerkte bitter: «Die Admiralität handelte bei diesem Anlaß ebenso verspätet wie beim Schutz der *Lusitania*.»

Den ganzen Sonntag über hatten Soldaten auf dem alten Kirchhof zwei Meilen vor Queenstown riesige, kellerähnliche Gruben ausgehoben. Als die Totengräber von Queenstown und Cork keine Särge mehr liefern konnten, wurden weitere mit der Bahn aus Kildare und Dublin herangeschafft. Am Montag fuhren die improvisierten Leichenwagen mit ihrer Ladung aus schlichten Holzsärgen auf den steilen Straßen hin und her, vorbei an Häusern, deren Läden dicht geschlossen waren. Soldaten marschierten beidseits der Wagen, Tausende von Trauernden und Einheimischen folgten in Kutschen, Motorwagen und zu Fuß. In der flachen, einem Amphitheater ähnlichen Mulde in den Hügeln wurden die Särge übereinander in drei Massengräber gesenkt, jedes zehn Meter lang und sechs Meter breit. Weihwassertropfen glitzerten in der Sonne, und schwere Weihrauchschwaden erfüllten die stille Luft zwischen den Zypressen. Insgesamt einhundertvierundfünfzig Leichen wurden in die Gruben gesenkt.

Cunard schätzte an diesem Montagnachmittag, daß 1150 Passagiere und Besatzungsmitglieder umgekommen und 767 gerettet worden waren.

Als sich der Erste Lord an diesem Abend erhob, um vor dem Unterhaus zu sprechen, war die Stimmung der Abgeordneten so bedrückt wie seit den Tagen von Großbritanniens Kampf gegen Napoleon nicht mehr.

Churchill wurde mit Fragen bestürmt. Wie hoch war die Geschwindigkeit der *Lusitania* gewesen? War der Admiralität die von der deutschen Botschaft in New York herausgegebene Warnung gemeldet worden? Welche Maßnahmen waren zum Schutz der *Lusitania* getroffen worden? Hatte man denn nicht gewußt, daß am Vortag die *Centurion* und *Candidate* versenkt worden waren? War der Erste Lord eigentlich davon unterrichtet, daß die Admiralität Dampfern, die Pferde von den Vereinigten Staaten nach Liverpool transportierten, Geleitschiffe entgegengeschickt hatte?

Churchill machte deutlich, es sei nicht möglich, «die Dispositionen der Marine hinsichtlich der Patrouillen vor den Küsten» publik zu machen. Außerdem fehlten der Admiralität die Mittel, jedem der zweihundert Fracht- oder Passagierdampfer, die täglich Englands Küsten erreichten, eine Zerstörereskorte zu gewähren.

Immerhin ließ er sich das Eingeständnis abringen, daß die *Lusitania* von der Admiralität Nachrichten erhalten und auch bestätigt hatte. «Mehr kann ich hierzu nicht sagen», fügte Churchill hinzu, «da angesichts der bevorstehenden Untersuchung jede Erörterung als Schuldvorwurf gegen den Kapitän ausgelegt werden könnte.»

Den ganzen Montag über war in Amerika das Gerücht umgegangen, Präsident Wilson sei einem Attentat erlegen. Verärgerte Regierungsvertreter bemühten sich vergeblich, dem Gerede auf den Grund zu kommen. Dem Präsidenten wurde ein stürmischer Empfang zuteil, als er am Montagabend forsch, aber finster vor viertausend frisch eingebürgerten Amerikanern die Bühne der Convention Hall in Philadelphia betrat. Er bezog sich nicht direkt auf die Versenkung der *Lusitania.* «Es kann vorkommen», sagte er, «daß ein Mann zu stolz zum Kämpfen ist. Es kann vorkommen, daß eine Nation so sehr im Recht ist, daß sie andere nicht mit Gewalt davon zu überzeugen braucht.»

Seine begeisterten Zuhörer und jene Amerikaner, die am nächsten Morgen ihre Zeitungen aufschlugen, entnahmen diesen Worten, daß er sich weigerte, den Krieg zu erklären. Auch in Großbritannien interpretierte man die Worte «zu stolz zum Kämpfen» als Weigerung Amerikas, in den Krieg einzutreten.

Am gleichen Abend traf ein offizielles Kommuniqué vom Außenministerium in Berlin ein, in dem die deutsche Regierung ihr «tiefstes Mitgefühl» im Zusammenhang mit den Verlusten auf der *Lusitania* ausdrückte. Die Verantwortung jedoch, hieß es, liege bei der britischen Regierung, die Deutschland durch ihren auf die Aushungerung der Zivilbevölkerung gerichteten Plan gezwungen habe, Vergeltungsmaßnahmen zu ergreifen. Trotz des deutschen Angebots, den U-Boot-Krieg einzustellen, falls der Aushungerungsplan aufgegeben würde, seien britische Handelsschiffe weiterhin mit Kanonen bewaffnet und hätten wiederholt versucht, U-Boote zu rammen, was eine Durchsuchung unmöglich mache.

Dudley Field Malone, Leiter des Zollamtes im Hafen von New York, war über die Behauptung der Deutschen, die *Lusitania* sei bewaffnet gewesen, empört. «Diese Berichte sind unwahr», erklärte er. «Das Schiff wurde wie üblich vor dem Auslaufen inspiziert, und es wurden keine Geschütze gefunden, weder montiert noch unmontiert. Das Schiff lief ohne jede Bewaffnung aus. Es ist keinem Schiff gestattet, diesen Hafen bewaffnet zu verlassen.»

Herman Winter, Charles Sumners Assistent bei Cunard, bestätigte Malones Aussage. Er selbst sei wenige Stunden vor dem Auslaufen an Bord gewesen. Wohl hatte das Schiff laut Winter 4200 Kisten Patronen für leichte Waffen an Bord gehabt, doch diese fielen nicht in die Kategorie «Munition». «Die *Lusitania* führte keinerlei Sprengstoff an Bord. Sie war ein unbewaffneter Passagierdampfer.»

Am Dienstagmorgen setzte sich US-Konsul Wesley Frost in seinem Arbeitszimmer in Queenstown an den Schreibtisch und begann einen langen Bericht an Außenminister Bryan. Er schilderte ausführlich die in seinen Augen «erbärmlich mangelhafte» Suche nach treibenden Leichen und seine Bemühungen um ein wirksameres Vorgehen. Guter Wille war gewiß vorhanden, aber es waren viele Fehler gemacht worden, selbst in seinem eigenen Konsulat, wie er zugestand. Abschließend schrieb er: «Das Schiff ging in sechzig Faden unter, und Turner glaubt, daß der Bug den Grund berührte, ehe das Heck verschwand, womit der geringe Sog erklärt wäre. Zweiter Torpedo zweifelhaft: vermutlich Kesselexplosion. Untergang dauerte achtzehn Minuten; ereignete sich vierzehn Uhr dreiundzwanzig.»

An dem Nachmittag, an dem er die *Lusitania* versenkt hatte, ließ Kapitänleutnant Schwieger aus dem Heckrohr seinen zweitletzten Torpedo aus 500 Meter Entfernung auf einen Dampfer los, der in Richtung Fastnet Rock lief, verfehlte ihn aber. Weisbach meldete, das Geschoß habe das Rohr korrekt verlassen, sei dann aber entweder überhaupt nicht oder im falschen Winkel gelaufen. Schwieger war nicht besonders enttäuscht. Immerhin hatte er die *Lusitania* versenkt. Eine größere Beute gab es nicht. Er setzte die Rückfahrt nach Deutschland entlang der irischen Westküste und um die Hebriden herum fort und ging bewaffneten feindlichen Trawlern und Patrouillenbooten aus dem Weg. Er wollte mit seinem letzten Torpedo heimische Gewässer erreichen.

Am frühen Morgen des 13. Mai, einem Donnerstag, befahl er Rikowsky, wieder Funkkontakt mit deutschen Stationen aufzunehmen. Eine Meldung des Flottenadmirals wurde übermittelt: KOMMANDANT UND BESATZUNG U 20 MEINE VOLLE ANERKENNUNG FUER LEISTUNG ZUM STOLZ DER HOCHSEEFLOTTE. GRATULIERE ZUR RUECKKEHR.

Um elf Uhr vormittags lief *U 20* in Wilhelmshaven ein. Schiffen der Kriegsmarine im Hafen war folgender Befehl zugegangen: «Kapelle und alle Mann an Deck.» Als das vom Salzwasser angerostete U-Boot auf seinen Liegeplatz zuglitt, drängten sich die Männer der umliegenden Schiffe an die Relings und brachen in Hochrufe aus. Schwieger und seine Männer nahmen an Deck Aufstellung, winkten und erwiderten die Hurraschreie. Am Schleusentor kam der Flottenadmiral an Bord und schüttelte jedem Besatzungsmitglied die Hand. Nach neun Monaten Dienst konnten sie nun auf Urlaub gehen; alle außer Schwieger, der von Kommodore Bauer den Befehl bekam, sich auf der Stelle in Berlin zu melden.

Nach seinem Eintreffen im Kriegsministerium wurde Schwieger zu seinem Erstaunen von Admiral von Müller, Chef des Kriegskabinetts, streng gerügt. Der Entrüstungssturm im Ausland über die Versenkung der *Lusitania* hatte den Kaiser und einige Kabinettsmitglieder verstimmt.

Zum Wochenende hin hatten Konsul Frosts Beschwerden Ergebnisse gezeigt. Über sechzig Leichen wurden an Land gebracht. Die meisten waren mit falsch angelegten Schwimmwesten kopfunter treibend gefunden worden; jenen, die mit dem Gesicht nach oben schwammen, war das Fleisch vom Schädel gefressen worden.

Noch Wochen nach dem Unglück wurden Leichen angespült, nach Westen bis zu den Aran-Inseln, nach Osten bis nach Barry an der walisischen Küste. Einige der Toten, die im Lauf der Woche geborgen wurden, waren noch zu identifizieren: Fred Pearson und seine Frau, Zahlmeister McCubbin, Leslie Mason, drei der sechs Crompton-Kinder, der Schiffsarzt Dr. McDermott, die kleine Ailsa Booth Jones, Gwen Allan, Norah Bretherton und Charlotte Pyes Baby. Die Leiche von Chefingenieur Bryce fand man erst Ende Juni.

Von den Leichen, die später geborgen wurden, konnten nur noch wenige identifiziert werden. Den ganzen Monat über stellten Ortspolizei und Behörden eine traurige Liste zusammen: «Männliche Leiche, am 20. Juli angespült, stark verwest, Kopf und Hände fehlen . . . Männliche Leiche, am 23. Juli geborgen, unkenntlich, Schädel- und Gesichtsknochen freigelegt . . . Weibliche Leiche, 23. Juli, nur Unterkörper und Beine . . .»

Kapitän von Rintelen stellte seine Sabotageoperationen ein, bis sich der Aufruhr gelegt hatte. Alle Pläne, Brandbomben, sogenannte «Scheele-Zigarren», zu fabrizieren und auf Munitionsschiffe zu schmuggeln, wurden abgesagt, da er befürchtete, daß die heftigen antideutschen Gefühle Anschläge unmöglich machen würden.

Als die Munitionsverschiffungen aus amerikanischen Häfen trotz der schweren Verluste bei dem *Lusitania*-Desaster weitergingen, wies er seine Agenten an, den Kampf wieder aufzunehmen, und baute in verschiedenen Städten neue Sabotagezellen auf.

Auf den Verdacht hin, daß auf der *Lusitania* Brandbomben gelegt worden waren, begannen Agenten des britischen Secret

Service von Rintelen zu beschatten. Weitere Hauptverdächtige waren Paul König von der Hamburg-Amerika-Linie und seine Agenten Gustav Stahl, Hans Hardenberg und Curt Thummel. Neal Leach stand nicht mehr auf der Liste; er war als «mit der *Lusitania* untergegangen» gemeldet.

Anfang Juni wurde Stahl festgenommen. Er legte ein Geständnis ab und behauptete, betrunken gewesen zu sein, als er mit Neal Leach in der Nacht vor der Unglücksreise die *Lusitania* betreten habe; er habe keinerlei an Deck montierte Geschütze gesehen. Er wurde wegen Meineides zu einer Freiheitsstrafe verurteilt. Wenige Tage nach Stahl wurde auch Hardenberg verhaftet, während König erst an einem Abend im Dezember beim Verlassen seines Büros bei der Hamburg-Amerika-Linie gestellt wurde. In seinem Arbeitszimmer wurden zahlreiche Dokumente beschlagnahmt, darunter ein Notizbuch, das die Namen von fast hundert in Amerika lebenden Deutschen enthielt. König war erstaunlich gut über die Fahrpläne der von New York auslaufenden Schiffe informiert. Er wußte nicht nur, welche Munition an Bord von welchem Schiff war, sondern auch, wann sie die Fabrik verlassen hatte, mit welchen Zügen sie transportiert wurde und zu welcher Stunde sie am Hafen eintraf.

Am Morgen des 6. Juli saß Franz von Rintelen im Frühstückszimmer des New Yorker Yachtclubs bei einer Tasse Kaffee, als man ihm ein Stück Papier mit einer Telefonnummer reichte. Er trank seine Tasse leer und rief dann die Nummer an. Am anderen Ende meldete sich Kapitän Boy-Ed. Der Marineattaché verabredete sich mit von Rintelen für zwölf Uhr an der Ecke Fifth Avenue und 45. Straße. Als der Geheimdienstoffizier am Treffpunkt erschien, reichte ihm Boy-Ed ein Telegramm. Es lautete: AN DEN MARINEATTACHE DER BOTSCHAFT. KAPITAEN VON RINTELEN IST UNAUFFAELLIG MITZUTEILEN, DASS ER NACH DEUTSCHLAND ZURUECKZUKEHREN HAT.

Von Rintelen war wütend. Er hatte Berlin ausdrücklich gebeten, seinen Namen in Telegrammen nicht zu benutzen. Die Abberufung war ihm unverständlich. Was sollten seine Agenten denken, wenn er die Vereinigten Staaten verließ, ohne seinen wichtigen Auftrag zu Ende geführt zu haben?

Dennoch fuhr er Anfang August mit einem gefälschten Schweizer Paß auf einem holländischen Passagierschiff in Richtung Rotterdam ab. In Sichtweite der Kreidefelsen von Dover kamen britische Beamte an Bord. Von Rintelen wurde vom Schiff geholt und nach Ramsgate gebracht, wo man sich seinen Paß genauer ansah. Anschließend fuhr man ihn nach London, wo er verhört wurde, unter anderen von Admiral Sir Reginald Hall, dem beim deutschen Marinenachrichtendienst gefürchteten Agentenfänger. «Kennen Sie einen Kapitän von Rintelen?» fragte Hall.

«Ich bin Ihnen zur Antwort nicht verpflichtet», gab von Rintelen zurück.

Hall lächelte, zog dann einen Stoß Papiere aus einer Schublade und reichte dem Deutschen ein Blatt. Es war eine Kopie des Telegramms, das Boy-Ed ihm in New York gegeben hatte und in dem ihm die Rückkehr nach Deutschland befohlen worden war.

«Wo haben Sie das her?» fauchte von Rintelen. «Das war doch bestimmt verschlüsselt?»

«Gewiß war es verschlüsselt, Kapitän», antwortete Hall. «Wir haben den Code gebrochen.» Sarkastisch fügte er hinzu: «Wir wissen auch, daß Sie sich mit Kapitän Boy-Ed an der Ecke Fifth Avenue und 45. Straße getroffen haben.»

Dem britischen Geheimdienst war es gelungen, Deutschlands streng geheimen Code zu knacken, und von Rintelen erkannte, daß das Spiel aus war. Die nächsten achtzehn Monate sollte er in einem britischen Gefangenenlager verbringen. Danach wurde er nach Amerika verschifft und dort zusammen mit dreißig anderen deutschen Agenten wegen Legens von Brandbomben auf Schiffen, die zwischen New York und alliierten Häfen in Europa verkehrten, angeklagt. Während der Verhandlung weigerte er sich, auszusagen oder seine Mitagenten zu belasten. Er wurde zu vier Jahren Zuchthaus verurteilt und kam in die Strafanstalt Atlanta.

24 Die Untersuchung

Fünf Wochen nach dem Verlust seines Schiffes hatte Kapitän William Turner eine Zerreißprobe durchzustehen, die mindestens so aufreibend war wie die schlimmste Atlantiküberquerung; er mußte als Kronzeuge vor dem Untersuchungsausschuß des Handelsministeriums erscheinen. Der Ausschuß trat auf Verlangen der Admiralität am 15. Juni in Westminster zusammen. Obwohl nicht über Turner gerichtet werden sollte, wußte er doch, daß sein Ruf auf dem Spiel stand.

Vorsitzender des Ausschusses war Lord Mersey, ein Spezialist für Havarien. Er hatte schon die Untersuchungen über den Untergang der *Titanic* und *Empress of Ireland* geleitet, und es lag nahe, ihn auch die Verhandlung des Falles *Lusitania* präsidieren zu lassen. Mit seinen vierundsiebzig Jahren war er eine respekteinflößende Gestalt, Seerechtexperte und Mitglied der Liberalen. Er war unverblümt, aristokratisch und reizbar, besonders, wenn ihn die Gicht plagte. Andere Juristen neideten ihm seinen wachen Verstand und sein Verständnis für technische Einzelheiten, das um so überraschender war, als er sich auf dem Gebiet der Seefahrt wenig auskannte.

Turner hatte guten Grund, Lord Mersey zu fürchten. Und auch Sir Edward Carson, Erster Kronanwalt und ein Meister des Kreuzverhörs, würde es ihm nicht leichtmachen. Mehr Glück hatte Turner mit der Wahl des Anwalts, der ihn und die Reederei Cunard vertrat. Butler Aspinall pflegte seine Ziele durch freundliche Überredungskunst und täuschend milde Manieren zu erreichen. Ihm mochte zwar Carsons irische Angriffslust gefehlt haben, doch fand sich mancher Zeuge von seiner scheinbar harmlosen Gesprächigkeit jäh in die Enge getrieben.

Für das Handelsministerium sollte der Zweite Kronanwalt Sir Frederick Smith auftreten. Dieser neigte bereits zu der Ansicht, daß sich Kapitän Turner der Fahrlässigkeit schuldig gemacht hatte, und Winston Churchill und Lord Fisher teilten seine Auffassung. Churchill glaubte, daß Turner in zwei Punkten Schuld traf: er hatte in der Gefahrenzone keinen Zickzackkurs gesteuert und die Geschwindigkeit nicht erhöht, als er erfuhr, daß in dem Gebiet U-Boote operierten. Die Annahme, daß sowohl Churchill als auch Fisher nach Sündenböcken suchten und sie in Turner und der Reederei Cunard zu finden hofften, kommt der Wahrheit vermutlich näher.

Am Dienstag, dem 15. Juli, betrat Turner, begleitet von Alfred Booth und Butler Aspinall, kurz nach zehn Uhr früh den Verhandlungsraum. Dreißig Zeugen und fünfzig Überlebende der Katastrophe, dazu ihre Verwandten und Freunde, hatten sich bereits eingefunden. Zu ihnen gehörten Dr. Warren Pearl mit seiner Frau und ihr Kindermädchen Alice Lines. Als Vertreter der Familie Vanderbilt erschien Walter Webb-Ware.

Mindestens zwei der sechs Sitzungen, jene nämlich, die sich auf die Schiffsführung des Kapitäns bezogen, sollten unter Ausschluß der Öffentlichkeit stattfinden, da man vermeiden wollte, dem Feind die Anweisungen der Admiralität, wie U-Boote zu meiden oder anzugreifen seien, in die Hände zu spielen.

Turner und Booth nahmen an einem für die Vertreter von Cunard reservierten Tisch im Parkett Platz. Am Ende der Halle thronten Lord Mersey und seine Beisitzer auf einem Podium, vor sich den Zeugenstand. Es wurden keine Roben oder Uniformen getragen, und die Atmosphäre schien entspannter zu sein als sonst vor Gericht üblich. Der Mersey-Ausschuß, wie ihn die Presse nannte, führte ja auch keine reguläre Gerichtsverhandlung; dennoch hatte er in Juristen- und Marinekreisen großes Interesse geweckt. Viele Überlebende und Erben der Opfer hatten Zivilklage auf Schadenersatz erhoben, und ihre Hoffnung auf eine großzügige Abfindung hing vom Ausgang dieser Untersuchung ab.

Sir Edward Carson eröffnete die Verhandlung ruhig und beschrieb Konstruktion und Bauweise der *Lusitania.* Als Turner in den Zeugenstand gerufen wurde, horchten die Reporter erstmals auf. Nachdem Carson festgestellt hatte, daß Turner Kapitän der *Lusitania* gewesen war und ein entsprechendes Patent besaß, fragte er ihn, ob er denn keine Anweisungen der Admiralität erhalten hatte, denen zufolge er in der Gefahrenzone Häfen mit voller Fahrt passieren, sich mitten im Kanal halten, Landspitzen vermeiden und den Lotsen vor der Barre von Liverpool an Bord nehmen sollte. Turner erwiderte, er habe solche Anweisungen erhalten.

Carson: Wie kommt es dann, daß Sie sich trotz dieser Hinweise dem Old Head of Kinsale so weit näherten?

Turner: Um eine Positionsbestimmung vorzunehmen.

Carson: Obwohl Sie eigens gewarnt wurden, Landspitzen zu meiden und mitten im Kanal zu bleiben?

Turner: Jawohl, ich wollte herausfinden, wo ich war.

Carson: Wollen Sie damit sagen, daß Sie keine Ahnung hatten, wo Sie sich befanden?

Turner: Nein, ich hatte eine ungefähre Ahnung, wollte aber sichergehen.

Lord Mersey: Weshalb?

Turner: Weil ich mein Schiff nicht aufgrund von Vermutungen navigiere.

Mersey: Das verstehe ich nicht. Heißt das, daß es Ihnen nicht möglich war, die von der Admiralität erteilten Anweisungen zu befolgen?

Turner: Doch, es war möglich.

Lord Mersey: Warum befolgten Sie sie dann nicht?

Turner: Ich war der Ansicht, daß ich sie so weit wie möglich befolgte.

Carson: Mich interessieren nur die Fakten. Sie wollen doch nicht etwa behaupten, daß Sie in Kanalmitte fuhren, als der Torpedo die *Lusitania* traf?

Turner: Praktisch in Kanalmitte, würde ich sagen.

Lord Mersey rückte seinen Kneifer zurecht, als Carson vor Turner eine Seekarte entrollte. «Nennen Sie das Kanalmitte?»

Turner erwiderte: «Als Seemann würde ich das Kanalmitte nennen.»

Carson lächelte. Seine nächste Frage stellte er mit stark ironischem Unterton. «Sie wissen doch ganz genau, daß die Anweisungen der Admiralität darauf abzielten, daß Sie sich weiter als gewöhnlich von der Küste entfernt halten sollten.»

Turner: Das weiß ich. Erheblich weiter entfernt.

Carson: Zum entscheidenden Zeitpunkt aber nicht so weit?

Turner: Ich wollte die Position des Schiffes feststellen.

Carson: Konnten Sie die nicht annähernd durch Navigation finden?

Turner: Ich ziehe eine ordentliche Peilung annähernden Positionsbestimmungen vor.

Carson: Es schien Ihnen aber einigermaßen wichtig, den Versuch zu unternehmen, dem U-Boot aus dem Weg zu gehen?

Turner: Gewiß. Überaus wichtig.

Carson: Ihnen stand doch mehr als genug Zeit zur Verfügung, oder?

Turner: Ja, ich hatte genug Zeit.

Carson: Ich möchte Sie im Augenblick nicht tadeln. Hielten Sie es für ausreichend, nur zehn Meilen vom Old Head of Kinsale entfernt zu sein?

Turner: Jawohl.

Carson: War Ihnen bewußt, daß Sie sich nicht annähernd in Kanalmitte befanden?

Turner: Nein, damals glaubte ich, rund fünfzehn Meilen entfernt zu sein.

Carson: Nun gut, wie auch immer. Beantworten Sie mir diese Frage: Hatten Sie zwei Stunden lang Land in Sicht? Hielten Sie es, Irrtum hin oder her, für ausreichend, eben diese zehn Meilen vom Land entfernt zu sein?

Turner: Ja.

Carson: Und hielten Sie es aus diesem Grund nicht für erforderlich, sich in Kanalmitte zu halten?

Turner: Nein.

Carson: Weshalb befolgten Sie die Anweisungen der Admiralität nicht? Sie versuchten nicht, die Kanalmitte zu erreichen; das war nicht Ihr Ziel?

Turner: Mein Ziel war, Land zu finden.

Carson: Ist es also richtig, daß Sie keinen Augenblick lang versuchten, auszuführen, was die Admiralität vorgeschrieben hatte?

Turner: Ich glaubte, mein Bestes zu tun.

Bislang sah es für Turner ungünstig aus. Es war zu bezweifeln, daß er Lord Mersey mit seinen einsilbigen Antworten beeindruckt hatte. Die Zuschauer im Parkett und auf der Galerie konnten ihn nur undeutlich verstehen; Lord Mersey hörten nur jene, die in seiner Nähe saßen. Selbst Carsons Äußerungen blieben manchmal unverständlich.

Am Nachmittag fragte Carson Turner, ob er in Übereinstimmung mit den Anweisungen der Admiralität einen Zickzackkurs gesteuert habe. Turner verneinte.

Carson: Man hatte Ihnen aber befohlen, das zu tun?

Turner: Ich verstand es so, daß man einen Zickzackkurs nur fahren mußte, wenn ein U-Boot gesichtet worden war.

Carson: Sie waren informiert worden, daß U-Boote im Gebiet waren und daß laut Anweisung ein Zickzackkurs zu steuern war. Weshalb setzten Sie sich darüber hinweg?

Turner: Weil ich das nicht für nötig hielt, ehe ich ein U-Boot sah.

Carson: Ihnen wurde mitgeteilt, daß der Zickzackkurs eine Sicherheitsmaßnahme war; Ihnen wurde mitgeteilt, daß U-Boote den Südabschnitt der irischen Küste unsicher machten; Ihnen stand mehr als genug Zeit zur Verfügung, und Sie befolgten die Anweisungen trotzdem nicht?

Turner: Nein, ich befolgte sie nicht.

Nun erhob sich Butler Aspinall. Er kehrte zu dem Thema Kanalmitte zurück, das Carson bereits behandelt hatte, lenkte Turner dann durch die Ereignisse des Morgens des 7. Mai und erwähnte den Nebel, der ihn zur Herabsetzung der Geschwindigkeit gezwungen hatte. Lord Mersey unterbrach: «Ich finde, daß Sie den Zeugen zu sehr lenken, Mr. Aspinall.»

«Ich versuche nur an das heranzukommen, was ihm damals durch den Kopf ging», erklärte Aspinall. Dann wandte er sich an Turner. «Denken Sie bitte sorgfältig nach und beantworten Sie meine Fragen nicht voreilig oder überhastet. Warum steuerten Sie, obwohl Ihnen die Anweisungen der Admiralität bekannt waren, einen Kurs, der Sie dicht an das Feuerschiff von Coningbeg herangeführt hätte, und hielten sich nicht in Kanalmitte?»

Turner: Weil sich, wie ich damals erfuhr, in Kanalmitte ein U-Boot aufhielt. Dem wollte ich ausweichen.

Aspinall: War das zu diesem Zeitpunkt für Sie ausschlaggebend?

Turner: Ja.

Aspinall: Heute vormittag wurden Sie zu diesem Thema befragt, äußerten sich aber nicht dazu.

Turner: Ich vergaß es.

Carson wandte sich nun den Maßnahmen zu, die Turner nach dem Torpedotreffer ergriffen hatte, um die Menschen an Bord zu retten. Er erwähnte auch zwei andere Fragen des Handelsministeriums: Waren diese Maßnahmen angemessen und korrekt? Wurde nach dem Torpedotreffer auf dem Schiff die Disziplin aufrechterhalten? Er vernahm Turner zu den Schwierigkeiten beim Abfieren der Boote.

Turner: An Backbord gab es wegen der starken Schlagseite Schwierigkeiten.

Carson: Könnten Sie uns etwas genauer über das Ausmaß der Schlagseite informieren?

Turner: Ich schätzte sie auf 15 Grad.

Carson: Was geschah mit den Booten an Backbord?

Turner: Sie blieben an der Reling hängen, schlugen um und schleuderten teilweise die Insassen hinaus. Andere wurden beim Abfieren losgelassen, einige stürzten binnenbords an Deck und verletzten Passagiere.

Ein Mr. Cotter, der eine Reihe von Besatzungsmitgliedern der *Lusitania* vertrat, stellte die Zwischenfrage, ob vor dem Auslaufen aus Liverpool eine Übung an den Rettungsbooten veranstaltet worden sei, und Turner gab eine positive Antwort.

Cotter: War die Mannschaft der *Lusitania* ihrer Einschätzung nach im Umgang mit den Rettungsbooten geübt?

Turner: Nein, das war sie nicht.

Cotter: Waren die Stewards im Umgang mit den Rettungsbooten geübt?

Turner: Sie waren so gut wie alle anderen auch, so gut, wie die Mannschaften heutzutage eben sind.

Cotter: Dann behaupten Sie also, daß sie zum Umgang mit Rettungsbooten untauglich sind?

Turner: Nicht tauglich genug – es fehlt ihnen die Übung. Sie bekommen nicht genug Gelegenheit, zu üben und Erfahrungen zu sammeln.

Cotter: Als Sie den Befehl zum Abfieren der Boote bis an die Reling gaben, standen da die Bedienungsmannschaften an den jeweiligen Booten?

Turner: Jawohl.

Cotter: Fiel Ihnen auf, daß sie mit Schwierigkeiten zu kämpfen hatten?

Turner: Mit großen Schwierigkeiten, wegen der Schlagseite.

Cotter ging nun zum Thema Schwimmwesten über und fragte, ob die Mannschaft den Passagieren beim Anlegen behilflich gewesen sei, worauf Turner antwortete: «Das nehme ich an.»

Cotter: Und Ihre Befehle wurden nach Möglichkeit ausgeführt?

Turner: Ich setze das voraus.

Als die Verhandlung am nächsten Morgen fortgesetzt wurde, trat Alfred Booth in den Zeugenstand. Der makellos gekleidete Reeder machte einen hervorragenden Eindruck. Er sprach mit fester und wohltönender Stimme. Dem Ersten Kronanwalt antwortete er, seine Firma habe beschlossen, die *Lusitania* nur «mit drei Vierteln Kesseldruck» fahren zu lassen, was die Durchschnittsgeschwindigkeit von 24 auf 21 Knoten reduzierte.

Carson: Ich darf wohl von der Annahme ausgehen, daß Ihnen vollauf bewußt war, wie wichtig Geschwindigkeit auf dieser Reise war, um U-Boot-Angriffe zu vermeiden?

Booth: Jawohl.

Carson: Wollen Sie uns, obwohl Ihnen das anscheinend so klar ist, erzählen, daß Sie sich trotz der deutschen Drohungen nicht mit Ihrem Vorstand über die Heraufsetzung der Geschwindigkeit für diese Reise beraten haben?

Booth: Diese Frage, falls sie sich überhaupt gestellt hat, hätte im Februar nach den ersten U-Boot-Attacken zur Sprache kommen müssen. Nach Auffassung meiner Direktoren war angesichts der Tatsache, daß es sich bei der *Lusitania* um das schnellste Schiff auf den Meeren handelte, die Differenz zwischen 21 und 24 Knoten für das Vermeiden von U-Booten nicht entscheidend.

Carson: Würden Sie sagen, daß der Unterschied zwischen 18 und 24 Knoten ebenfalls nicht entscheidend war?

Booth: Es ist schwer zu beurteilen, wo hier die Grenze gezogen werden muß. Kein Dampfer, der über 14 Knoten lief, wurde je von einem U-Boot überrascht.

Carson: Gab Ihre Gesellschaft den Offizieren irgendwelche besonderen Anweisungen hinsichtlich U-Booten?

Booth: Wir erörterten die U-Boot-Gefahr mit den Kapitänen. Ich gab Kapitän Turner keine spezifischen Anweisungen.

Carson: Auf alle Fälle nahmen Sie im Zusammenhang mit den Anweisungen der Admiralität keine Verbindung mit Kapitän Turner auf?

Booth: Nein.

Carson: Wurde die Frage, zu welchem Zeitpunkt das Schiff vor der Barre von Liverpool eintreffen sollte, von Ihnen geregelt oder vorgeschlagen, oder wie verblieben Sie?

Booth: Wir warnten die Kapitäne, daß das Einlaufen zu bestimmten Tidenhöhen unsicher sei.

Carson: Standen Sie mit Kapitän Turner während der Überfahrt von New York in Verbindung?

Booth: Nein, überhaupt nicht. Meines Wissens wurde die Nachricht, die ihm die Admiralität auf mein Ersuchen übermitteln sollte, nicht empfangen.

Carson: Erhielten Sie irgendeine Nachricht von ihm?

Booth: Nein. Er hatte strikte Anweisung, sein Funkgerät nur im Notfall zu benutzen.

Carson: Erhielten Sie von Ihrem Büro in New York eine Nachricht betreffend die Drohung, das Schiff würde vor Ende der Reise zerstört?

Booth: Nein.

Als Turner vom Ersten Kronanwalt aufgerufen wurde, fragte man ihn, ob die *Lusitania* bewaffnet oder unbewaffnet gewesen sei.

Turner: Unbewaffnet.

Carson: Hatte sie irgendwelche gegen den Feind gerichtete Angriffs- oder Verteidigungswaffen an Bord?

Turner antwortete mit einem nachdrücklichen Nein.

Lord Mersey kam noch einmal darauf zurück, daß es Turner in den gefährlichen Gewässern vor dem Feuerschiff von Coningbeg unterlassen habe, einen Zickzackkurs zu steuern.

Aspinall: Hätte Kapitän Turner vor der Südküste Irlands einen Zickzackkurs gefahren, hätte er ein ausgedehntes Gebiet befahren müssen, womöglich gerade jenes Gebiet, das er zu meiden wünschte. Tatsächlich war das U-Boot, das sein Schiff zur Strecke brachte, eben jenes, das ihm nicht gemeldet worden war.

In seinem Schlußplädoyer räumte Aspinall ein, daß Turner keinen Zickzackkurs gesteuert hatte, vertrat aber die Auffassung, daß dies die einzige Anweisung der Admiralität gewesen sei, die er nicht befolgt habe. Er betonte, daß Turner, obgleich wahrscheinlich ein vorzüglicher Seemann, zweifellos einen schlechten Zeugen abgegeben hatte.

Lord Mersey: Nein, er war kein schlechter Zeuge.

Aspinall: Nun, er war verwirrt.

Lord Mersey: Meiner derzeitigen Meinung nach mag er auf der Überfahrt ein schlechter Schiffsführer gewesen sein, aber ich glaube, daß er die Wahrheit sagte. Ich halte ihn für einen aufrichtigen Zeugen, der wirklich die Wahrheit sagen wollte. In dieser Hinsicht gab er keinen schlechten Zeugen ab.

Aspinall: Nein.

Lord Mersey: Er war für Sie ein schlechter Zeuge.

Aspinall: Nun, ich wollte lediglich klarmachen, daß es sehr schwer war, aus dem Mann eine zusammenhängende Schilderung herauszuholen, er aber dennoch ein ehrlicher Mann ist.

Lord Mersey: Dafür halte ich ihn auch und glaube nicht, daß Sir Edward Carson Gegenteiliges angedeutet hat. Kapitän Turner hat auf mich den Eindruck eines durchaus anständigen und ehrlichen Mannes gemacht.

Aspinall: Jawohl. Wir müssen bedenken, daß er die allerschwersten körperlichen und seelischen Belastungen durchzustehen hatte. Er hat sein Schiff verloren. Er hat die meisten seiner Kameraden verloren. Und er war für lange Zeit im Wasser.

Am Donnerstag, dem 17. Juli, wurde die Entscheidung des Mersey-Ausschusses verlesen. Nach Erörterungen zu Navigation und Sicherheitsvorkehrungen an den Rettungsbooten, hieß es weiter: «Es bleibt die Frage: War Kapitän Turners Verhalten das eines fahrlässigen oder untauglichen Mannes?»

Für Lord Mersey konnte über die Antwort kein Zweifel bestehen: «In dieser Frage habe ich mich von meinen Beisitzern leiten lassen, die mir überaus wertvolle Hilfe gewährten. Ich bin zu dem Schluß gekommen, daß dem Kapitän keine Schuld zur Last gelegt werden sollte. Die ihm erteilten Ratschläge, wenngleich sie eine ernsthafte und sorgfältige Prüfung verlangten, hatten nicht den Zweck, ihn bei der manchmal schwierigen Navigation seines Schiffes an der Anwendung seiner fachmännischen Urteilskraft zu hindern. Sein Versäumnis, die Ratschläge in jeder Hinsicht zu befolgen, kann billigerweise weder Fahrlässigkeit noch Inkompetenz zugeschrieben werden.»

Er schloß: «Kapitän Turner handelte nach bestem Ermessen. Es war das Ermessen eines kundigen und erfahrenen Mannes, und obgleich andere womöglich erfolgreicher gehandelt hätten, sollte ihm meines Erachtens keine Schuld angelastet werden. Die ganze Schuld an dieser grausamen Vernichtung so vieler Menschenleben liegt einzig und allein bei jenen, die dieses Verbrechen ausheckten, und jenen, die es begingen.»

Draußen vor der Halle gaben sich Alfred Booth und Kapitän Turner vor den Pressefotografen die Hand. Das Urteil schien für beide ein Sieg zu sein. Booth war nie von seiner Überzeugung abgewichen, daß die Katastrophe unter den herrschenden Umständen unabwendbar gewesen sei, obwohl er später privat zugestehen sollte, daß Turner einen konfusen und wenig glaubwürdigen Zeugen abgegeben hatte. Eine Entscheidung, die Reederei und Kapitän entlastete und die volle Verantwortung der Reichsregierung zuschob, wurde im kriegführenden Großbritannien gut aufgenommen; jedes andere Verdikt hätte das US-Außenministerium in Verlegenheit und Cunard im Hinblick auf Schadenersatzforderungen in eine peinliche Lage gebracht. Zu jenen aber, die der Entscheidung nicht zustimmten, gehörte Dr. Warren Pearl; er war überzeugt, daß Offiziere und Reederei der Fahrlässigkeit hätten schuldig gesprochen werden müssen.

An diesem Abend bestiegen Turner und Mabel Every den Zug nach Liverpool. Turner war nach der anstrengenden Verhandlung sehr erschöpft und gleichzeitig erleichtert: Alfred Booth hatte zu ihm gestanden, und in den Augen seiner seefahrenden Kollegen war sein Name reingewaschen worden. Nun fragte er sich, ob das Verdikt des Mersey-Ausschusses der Kritik und den boshaften Andeutungen ein Ende setzen würde.

25 Das Schicksal zweier Männer

Anfang November 1915 wurde Kapitän Turner angewiesen, sich nach Frankreich zu begeben, dort auf dem 10.000-Tonnen-Frachter *Ultonia* den Befehl zu übernehmen und nach Quebec zu fahren. Er war überglücklich und sagte zu Booth: «Ich hab' es einfach satt, müßig an Land herumzusitzen.»

Der Reeder war sein Freund geblieben und hatte ihn als Ersatzkapitän auf Abruf behalten. Es schien ihm peinlich zu sein, Turner die *Ultonia* anbieten zu müssen. Er gestand zu, daß er ihn gerufen hatte, weil der reguläre Kapitän erkrankt und kein anderer verfügbar war. «Es tut mir leid, daß Sie nach *Mauretania* und *Lusitania* ein so kleines Schiff führen sollen.»

«Das spielt keine Rolle», erwiderte Turner. «Wenn's sein muß, würde ich sogar mit einem Leichter zur See fahren.»

Am Freitag, dem 19. November, während sein Frachter die Ladung löschte und für die Heimreise nach England klargemacht wurde, reiste Turner nach New York, um seinen Freund Dr. Edwin Sternberger, einen prominenten Arzt, zu besuchen. Sternberger kam er dünner, sein Haar grauer und seine blauen Augen nicht mehr so scharf wie früher vor. Im Haus des Doktors wirkte er entspannt und erklärte sich zur Überraschung seines Gastgebers sogar bereit, einen Reporter von der *New York Times* zu empfangen. Seit der Kritik der britischen Presse an seiner Rolle beim Untergang der *Lusitania* hatte er jedes Interview hartnäckig abgelehnt. Genaugenommen sollte dieses Zeitungsinterview sein erstes und einziges bleiben.

Er ließ sich in seiner Kapitänsuniform fotografieren und sprach dann mit dem Reporter der *Times.* Ihm schien viel daran gelegen zu sein, seine überlebenden Offiziere und Männer zu entlasten und jenen, die bei dem Versuch, andere zu retten, umgekommen waren, seine Anerkennung zu zollen.

Über seine Anweisungen von der Admiralität wollte er jedoch nicht sprechen. «Das wird alles nach dem Krieg aufgeklärt», sagte er zuversichtlich.

Turners lobende Erwähnung des Verhaltens der Mannschaft stimmte allerdings nicht mit den Aussagen der freimütigeren Überlebenden überein. Er behauptete, alle Mann hätten ihre Pflichten an den Rettungsbooten gekannt und seien auf ihren Posten gewesen. Außerdem war er überzeugt, daß alle Vorsichtsmaßnahmen getroffen worden waren und nichts ungetan blieb, was Leben hätte retten können. Er hatte den Befehl gegeben, alle Schotten und Bullaugen von unterhalb der Wasserlinie bis hoch zum B-Deck zu schließen. «Falls nachher in den Suiten Bullaugen geöffnet wurden, müssen das die Passagiere selbst getan haben.» Am Donnerstagnachmittag hatte er mit Anderson einen Rundgang auf dem Schiff gemacht und sich persönlich davon überzeugt, daß alle Rettungsboote klar zum Abfieren waren. Das war mehr als vierundzwanzig Stunden vor dem Angriff gewesen, und die *Lusitania* war 21 Knoten gelaufen, ungefähr Durchschnittsgeschwindigkeit, da der vierte Kessel stillgelegt worden war.

Warum hatte er nicht die Geschwindigkeit verringert, um die irische Küste bei Nacht zu passieren? «Ich hatte laut Anweisung der Reederei Cunard um vier Uhr früh am Samstagmorgen beim Feuerschiff am Mersey einzutreffen, damit ich die Barre passieren konnte, ohne beizudrehen und einen Lotsen an Bord nehmen zu müssen. Am Donnerstag setzte ich die Fahrt nicht herab. Um diese Jahreszeit herrscht vor der irischen Küste oft Nebel, und die *Lusitania* lief den ganzen Freitagnachmittag nur 15 Knoten. Rund zwei Stunden vor der Torpedierung wurde sie auf 18 Knoten hochgefahren.» Auch bei Nacht wäre sein Schiff den Ausgucken der U-Boote nicht verborgen geblieben, denn in diesen nördlichen Breiten dauerte die Nacht im Mai nur zweieinhalb Stunden; die Sonne sinkt 18 Grad unter den Horizont und kommt dann wieder hoch.

Er unterstrich, daß, was auch immer er unternommen hatte oder mit welcher Geschwindigkeit das Schiff gelaufen war, «die U-Boote es wie geplant erwischt hätten. Sie warteten nur darauf, es mit allen Menschen an Bord in die Luft zu jagen.» Er schien noch immer der Überzeugung zu sein, daß zwei oder drei U-Boote angegriffen hatten, denn zwei Mitglieder seiner Deckmannschaft behaupteten, sie hätten einen Torpedo von Steuerbord unterm Heck passieren und einen weiteren fast gleichzeitig von Backbord her vorbeiziehen sehen, nachdem die «zwei Torpedos» das Schiff getroffen hatten. Er gab zu, selber nur das Kielwasser eines Torpedos gesehen zu haben, «kurz bevor er zwischen dem dritten und dem vierten Schornstein die Schiffsflanke traf, von vorne kommend».

Daß irgendwelche Panik geherrscht habe, bestritt er. Allerdings hätten kurz vor dem Untergang des Liners die Zwischendeckpassagiere achtern «begonnen, zu schreien und umherzurennen». Dies war ihm unverständlich. «In den Kabinen gab es mehr als genug Schwimmwesten und Bilder, die zeigten, wie sie anzulegen waren.»

Er behauptete steif und fest, nichts habe verhindern können, daß «die Torpedos» sein Schiff trafen. Sie waren, wie er schätzte, schräg an Steuerbord voraus losgelassen worden und mit einer Geschwindigkeit von 45 Knoten auf ihn zugelaufen, so daß die *Lusitania* versenkt werden mußte, ganz gleich, wieviel Fahrt sie auch machte. Hätte sich der Nebel an diesem Tag nicht gelichtet, hätten «die U-Boote» den Liner vielleicht verpaßt, doch «unseligerweise klarte es zur falschen Zeit auf».

Turner war einer der wenigen Überlebenden, die darauf beharrten, daß die *Lusitania* von mehr als einem U-Boot angegriffen worden war und daß mindestens zwei Torpedos das Schiff getroffen hatten. Mit merkwürdigem Fatalismus nahm er hin, daß keine Maßnahme seinerseits die *Lusitania* vor einem U-Boot-Angriff hätte retten können. Nach dem Krieg, erzählte er dem *Times*-Reporter, rechnete er damit, wieder das Kommando auf einem großen Cunard-Liner zu bekommen, vielleicht der *Aquitania* oder einem neuen Schiff für den Transatlantikverkehr. «Die Direktoren von Cunard», betonte er, «haben volles Vertrauen in meine nautischen Fähigkeiten.»

Am Samstagabend war es bei Lüchow in der 14. Straße wie in alten Zeiten. Für Kapitän Turner und seinen Gast Dr. Sternberger war in der Nibelungenecke ein Tisch reserviert worden. Die Musik des achtköpfigen Orchesters übertönte das fröhliche Stimmengewirr. Der Krieg war dreitausend Meilen entfernt.

Lüchow kam mit ausgestreckten Armen durchs Restaurant gehastet, um seinen alten Freund zu begrüßen. Er nickte traurig und sagte: «Schade um Ihre *Lusitania*, Käpt'n. Ich kannte sie so gut wie mein eigenes Lokal.» Er war überzeugt gewesen, daß sich die Haltung des Kapitäns ihm als Deutschem gegenüber nicht ändern würde. Und tatsächlich saß nun der Kapitän wieder in seinem Restaurant.

Am Sonntag nahm Turner den Zug zurück nach Montreal, und am Dienstagmorgen führte er die *Ultonia* zurück nach England. New York sollte er niemals wiedersehen.

In diesem Herbst befuhr Kapitänleutnant Schwieger mit seinem *U 20* eben jenes Gebiet vor der irischen Küste, in dem er die *Lusitania* versenkt hatte. Wie alle anderen U-Boot-Kommandanten hatte auch er den neuen Befehl erhalten, Passagierschiffe zu verschonen. Seit dem Untergang der *Lusitania* war die Anzahl der ohne Warnung versenkten Schiffe zurückgegangen; die U-Boote setzten nun ihre Deckgeschütze ein. Dies erwies sich als wirksamer; bis August wurden insgesamt 185.000 Tonnen versenkt. Die reichste Beute lockte an den südwestlichen Zufahrten zu den Britischen Inseln, wo Großbritannien die sich häufenden Geschützangriffe mit der Ausrüstung seiner Handelsschiffe mit leichten Kanonen beantwortete.

Unter dem Druck der amerikanischen öffentlichen Meinung jedoch mußte der Kaiser schließlich den unbeschränkten U-Boot-Krieg einstellen. Diese Entscheidung erzürnte Admiral von Tirpitz so sehr, daß er seinen Rücktritt anbot. Da dieser nicht angenommen wurde, begann der Admiral seine U-Boote ins Mittelmeer zu verlegen.

Ob Walter Schwieger den kaiserlichen Befehl aus rücksichtslosem Ehrgeiz absichtlich mißachtete, ist unbekannt, jedenfalls behielt er seinen eigenen Stil der Kriegführung bei. Am 14. September torpedierte er vor der irischen Küste die *Hesperian*, ein britisches, «defensiv bewaffnetes» Schiff mit 600 Passagieren und Besatzungsmitgliedern an Bord. Zweiunddreißig Menschen kamen ums Leben. Schwieger behauptete, er habe die *Hesperian* für einen Hilfskreuzer gehalten, der unbeleuchtet außerhalb der üblichen Schiffahrtsrouten dampfte. Der Zwischenfall rief indes einen solchen Entrüstungssturm hervor, daß Schwieger zum zweiten Mal nach Berlin zitiert wurde, wo man ihm auftrug, die Anweisungen in Zukunft bis auf den letzten Buchstaben zu befolgen.

Schwieger gab später an, der Befehl des Kaisers, große Passagierschiffe zu verschonen, habe ihn vor dem Auslaufen zur irischen Küste nicht mehr erreicht. Trotzdem verfolgte er den Feind weiterhin auf eine beharrliche und skrupellose Art, die auf Gewissenlosigkeit schließen ließ. Er schien entschlossen zu sein, den Alliierten so viele Menschenverluste wie möglich zuzufügen.

Im Sommer 1916 lief *U 20* im Nebel vor der dänischen Küste auf Grund. Schwieger wollte vermeiden. daß die Briten sein gestrandetes U-Boot entdeckten und einen moralischen Sieg davontrugen, indem sie das Boot, das die *Lusitania* versenkt hatte, torpedierten. Er ließ die Mannschaft von Bord gehen, nahm die Schiffspapiere an sich und zerstörte *U 20* mit zwei Bomben.

Er bekam das Kommando auf *U 88*, einem besser ausgerüsteten, schnelleren U-Boot, und nahm einen Teil seiner alten Besatzung mit. Die Rüge von seiten seiner Vorgesetzten konnte die Hochachtung, die er bei anderen U-Boot-Fahrern genoß, nicht schmälern. Im August 1917 wurde ihm der begehrte Orden *Pour le mérite* verliehen, nicht in Anerkennung der Versenkung der *Lusitania*, sondern für die Zerstörung des schwerbewaffneten Kreuzers *Hilary*. Lobend erwähnt wurden «sein besonders großer Mut und seine Umsicht» bei dem Angriff.

Einen Monat später, am 17. September, war Schwieger tot. *U 88* war in einen britischen Minenkordon gelaufen.

Eine Reihe von Hypothesen zu seinem Tod wurden widerlegt, so das Gerücht, er habe sich in einem Anfall von Reue erschossen, oder die Behauptung, *U 88* sei im Kampf mit dem U-Boot-Jäger *Stonecrop* im Golf von Biskaya gesunken. Ebensowenig lassen sich in den öffentlich zugänglichen Archiven Beweise für einen angeblichen Zusammenstoß mit dem U-Boot-Jäger *Glenfoyle* vor der Südwestküste Irlands finden. Es bleibt die offizielle Theorie, daß *U 88* auf eine Mine lief und Schwieger mit seiner ganzen Besatzung dabei umkam.

Zwischen August 1914 und September 1917 hatte Walter Schwieger insgesamt 149 Handelsschiffe versenkt, eine Leistung, die ihm Rang sechs unter den erfolgreichsten U-Boot-Kommandanten des Krieges eintrug. Bis zu seiner letzten Feindfahrt behauptete Schwieger steif und fest, er habe keinen besonderen Befehl zur Zerstörung der *Lusitania* erhalten; als er am 30. April 1915 von Emden ausgelaufen sei, hätten seine Anweisungen lediglich gelautet, «verdächtigen britischen Truppentransportern soviel Schaden wie möglich» zuzufügen.

Charles Voegele von *U 20*, der Schwiegers Befehl verweigert hatte, wurde in Kiel inhaftiert, nachdem er im Mai 1915 vom Kriegsgericht zu drei Jahren verurteilt worden war. Es saßen bereits eine ganze Reihe von U-Boot-Fahrern und anderen Angehörigen der Marine im Gefängnis, manche aus Gewissensgründen.

Nach dem Waffenstillstand wurden die deutschen Kriegsschiffe an Großbritannien ausgeliefert und die Meuterer freigelassen, unter ihnen auch Voegele. Er verließ das Kieler Gefängnis im Oktober 1918, aber seine Gesundheit hatte gelitten. 1920 starb er bei Straßburg.

Alfred Booth hielt Turner die Treue. Im Herbst 1916 gab er ihm den 14.000-Tonner *Ivernia*, einen bewaffneten Frachter, der als Truppentransporter diente. Doch wie im Fall *Ultonia* bekam er dieses Kommando erst in letzter Minute. Der Kapitän der *Ivernia* war vier Stunden vor dem Auslaufen erkrankt, und Booth mußte auf der Stelle einen Vertreter finden.

Gerade als Turner glaubte, das Gespür für die See wiedergefunden zu haben, wurde die *Ivernia* ohne Warnung rund dreißig Meilen vor der Südspitze Griechenlands torpediert. Noch einmal hatte Turner Glück und kam mit dem Leben davon. Als er von der Brücke schwamm, kriegte er wie beim Untergang der *Lusitania* einen Stuhl zu fassen, an den er sich klammerte, bis er gerettet wurde. Später behauptete er, einen Zickzackkurs gefahren zu haben, wollte sich aber nicht näher äußern. Es war sein letztes Kommando.

Er blieb noch ein Jahr lang als Ersatzkapitän bei Cunard, aber die Erinnerung an die *Lusitania* quälte ihn noch immer. «Ich habe versucht, die Sache zu vergessen», erklärte er, «doch es gelingt mir nicht.»

Im Oktober 1917 fand in London auch noch eine amerikanische Verhandlung über die Versenkung der *Lusitania* statt, zu der Turner als Kronzeuge geladen war. Der Kapitän wurde erneut eingehend zu den Anweisungen befragt, die er von der Admiralität zur letzten Reise der *Lusitania* erhalten hatte, doch er weigerte sich hartnäckig, seine Befehle zu enthüllen. Erst über ein Jahr später wurde das Urteil gefällt und Turner von jeder Schuld entlastet. «Ursache des Untergangs der *Lusitania*», hieß es, «war ein illegaler Akt der deutschen Reichsregierung.» Es war ein populäres Urteil, denn mittlerweile standen die Vereinigten Staaten mit Deutschland im Krieg.

Selbst die Verleihung des *Order of the British Empire* konnte die Katastrophe des 7. Mai 1915 nicht aus Turners Gedächtnis löschen. Mabel Every versuchte ihn aufzuheitern, doch er entwickelte die fixe Idee, daß man in Liverpool glaubte, er sei für den Verlust des Liners verantwortlich. Im November 1919 ließ er sich nach einundvierzigjährigem Dienst mit dreiundsechzig von Cunard in den Ruhestand versetzen. «Jetzt will ich nur noch meinen Frieden», sagte er zu Mabel.

Das Paar zog sich in das kleine Dorf Yelverton zurück, das dicht bei Dartmoor lag, wo Mabel aufgewachsen war. Sie liebte diese Landschaft und machte Turner mit ihr bekannt. Die beiden kauften ein großes, alleinstehendes Haus an einer stillen Allee. Zum Haus gehörten ein Tennisplatz, ein Gemüsegarten und ein vorbeifließender Bach. Turner genoß die Aussicht, wenn er durch die Glastüren des Wohnzimmers über den Rasen schaute.

Doch sogar im abgelegenen Devon bekamen die Leute bald heraus, daß der Kapitän der *Lusitania* unter ihnen lebte. Die Nachbarn statteten ihm ab und zu einen Besuch ab, da er selbst keinerlei Initiative ergriff, und waren überrascht, wenn seine Haushälterin den Tee servierte und sich dann zu ihnen setzte. Es dauerte auch nicht lange, bis die Journalisten den Weg nach Yelverton gefunden hatten: William Turner konnte der *Lusitania* nicht entkommen.

26 Überlebende

Als Anfang Juli 1915 eine heiße Sonne auf New Yorks Pflaster niederbrannte, spielte sich im Cunard-Büro eine eigenartige kleine Szene ab. In einer schattigen Ecke der Schalterhalle hatte sich eine Gruppe Menschen um einen Tisch versammelt und schaute sich Bilder von Opfern der *Lusitania*-Tragödie an in der Hoffnung, verschollene Verwandte oder Freunde zu identifizieren.

Die Bilder zeigten unter anderem zwei Kinder, bedeckt mit Lilien, die ihnen die Leute von Queenstown in die Särge gelegt hatten; auf einem anderen Foto umklammerte ein kleines Mädchen einen Teddybären; ein weiteres bildete eine Mutter ab, die ihren Säugling im Arm hielt. Plötzlich begann ein alter Mann zu weinen. Er hatte die Leiche einer Verwandten erkannt. Manchmal starrte jemand endlos ein Bild an, als durchlebte er die Katastrophe noch einmal. Auch wenn diese Menschen wußten, daß ihre Lieben in einem Massengrab in Irland lagen und sie sie nie wiedersehen würden, schien es doch, als bedürften sie dieses endgültigen Beweises.

Manche Überlebende äußerten sich sehr kritisch zu den Menschenverlusten. Fred Gauntlett, der mit Albert Lloyd Hopkins' Leiche nach Amerika zurückkehrte, war erbost, weil die Admiralität zur Rettung der Ertrinkenden keine Zerstörer geschickt hatte. Und Oliver Bernard war weiterhin entsetzt über die Inkompetenz von Besatzung und Admiralität.

Ein Jahr nach dem Untergang bekam Theodate Pope für ihre Leiden bei der Tragödie 25.000 Dollar zugesprochen und dazu noch einmal 5000 Dollar für den Verlust ihres Schmucks und ihrer persönlichen Habe. Charles Lauriat wurde nach seiner Rückkehr nach Boston Generaldirektor einer der größten Buchimportfirmen Neuenglands und erhielt 1000 Dollar für sein Gepäck, das er beim Untergang verloren hatte. Aus William Holt, dem sechzehnjährigen Erben von Kanadas reichstem Mann, wurde eine der herausragendsten Figuren der kanadischen Finanzwelt. Sir Montagu und Lady Allan aber verwanden den Tod ihrer Töchter Gwen und Annie nie. Zwei Jahre später wurde ihr einziger Sohn über den deutschen Linien abgeschossen.

Als 1916 für David Thomas der Rang eines Viscount of Rhondda and Llanwern geschaffen wurde, entwickelte sich der walisische Kohlenkönig zu einer der einflußreichsten Gestalten des Landes und wurde Leiter des Ernährungsamtes und Gesundheitsminister. Nach seinem Tod im Jahr 1918 wurde Lady Mackworth kraft einer Sondergenehmigung die Titelnachfolge gestattet. Als Lady Rhondda vertrat sie die Geschäftsinteressen ihres Vaters mit solchem Enthusiasmus, daß sie bald riesige Kohlenreviere kontrollierte und 26 Gesellschaften leitete.

Alfred Gwynne Vanderbilts Leiche wurde nie gefunden; niemand erhob je Anspruch auf die 5000 Dollar Belohnung. Monatelang betrauerte ihn seine Schwester Gertrude, brütete einsam vor sich hin und füllte ein Sammelalbum mit Zeitungsausschnitten und Briefen von seinen Reisen. Margaret Vanderbilt fand sich mit einem Leben ohne Alfred ab. Sein bedeutendes Vermögen wurde zwischen ihr und Alfreds drei Söhnen aufgeteilt. Der älteste Sohn William erbte die kostbare goldene Verdienstmedaille, die der Kongreß seinem Ururgroßvater verliehen hatte.

Charles Frohmans Bruder Daniel stellte sicher, daß der Name des Impresarios nicht in Vergessenheit geriet, indem er eine Gesellschaft gründete, die Frohmans Theaterstars betreute. Die Schauspielerin Maude Adams, von der man munkelte, sie habe Frohman heimlich geheiratet, beendete nach seinem Tod freiwillig ihre Karriere. In den dreißiger Jahren trat sie gelegentlich noch einmal auf, legte aber nie die Reserviertheit ab, zu der Frohman ihr geraten hatte. Sie blieb unverheiratet und starb 1953 mit achtzig Jahren.

Rita Jolivet heiratete ein Jahr, nachdem sie mit Frohman auf dem sich neigenden Deck der *Lusitania* gestanden hatte, einen reichen Venezianer. Zwei Jahre darauf drehte sie mit ihrem Mann zum Andenken an den Impresario den Hollywood-Film *Lest We Forget*. Rita blieb noch in Hollywood, hatte beim Film aber keinen Erfolg. Ihre Karriere neigte sich bald dem Ende zu, und sie zog sich aus dem öffentlichen Leben zurück.

Ihre Schwester konnte den Verlust ihres Mannes George Vernon nicht verkraften. Zwei Monate nach seinem Tod durch Ertrinken zog sie sich in ihrem New Yorker Apartment ein elegantes schwarzes Abendkleid an, legte sich eine juwelenbesetzte Halskette um und setzte sich vor den Spiegel über dem Frisiertisch. Dann nahm sie eine Pistole aus der Schublade und schoß sich eine Kugel in den Kopf.

Julia Sullivan schickte das Bündel Banknoten, das ihr Mann Flor ihr auf dem Liner unters Oberteil gesteckt hatte, an ein kleines Mädchen, das beim Untergang Eltern, Brüder und Schwestern verloren hatte. Nachdem sie auf der Sullivan-Farm in Kerry eingetroffen war, ließ sie eine Novene lesen für «alle Seelen, die mit der *Lusitania* untergingen». Das Leben auf der abgelegenen Farm in den Hügeln band das Paar aneinander. Sie bekamen drei Kinder. Das älteste, ein Mädchen, wurde in London Lernschwester und kam zu Beginn des Zweiten Weltkriegs um, als eine Bombe ihr Krankenhaus traf. Vielleicht, dachte Julia, wollten die Deutschen aus der Luft zu Ende führen, was ihnen auf See nicht gelungen war. Kurz darauf starb ihr Mann. Sie lebte mit ihrem Kummer weiter und zog die beiden Jungen auf. Ihre goldenen Tage in Amerika wurden zu blassen Erinnerungen.

Ian Stoughton Holbourn hatte das Manuskript, das sein Lebenswerk darstellte, verloren, aber Avis Dolphin gerettet. Wie versprochen schrieb er ihr eine Abenteuergeschichte für Mädchen, die 1916 in Amerika herauskam. Im Jahr 1926 heiratete Avis einen Journalisten, den sie bei den Holbourns in Edinburgh kennengelernt hatte. Der faszinierende Holbourn starb 1933. Er hatte weiterhin den Atlantik überquert und seine Zeit teils an britischen, teils an amerikanischen Universitäten verbracht. Man sagte ihm nach, er sei der einzige Professor, der einen Saal mit einer Vorlesung über die griechische Gedankenwelt bis zum Bersten füllen könnte.

Margaret Cox und ihr Baby Desmond, die den Untergang überlebt hatten, entgingen in Dublin beim Osteraufstand von 1916 noch einmal nur knapp dem Tod. Ein Mann, der ihnen zu Hilfe eilen wollte, wurde von Maschinengewehrfeuer getötet. Margaret Cox starb 1978 mit neunzig, ihr Mann ein Jahr später. Gegen Ende ihres Lebens begann sie ihre Erlebnisse auf der *Lusitania* niederzuschreiben.

Mary Maycock kehrte nach einem zweiten Aufenthalt in Amerika endgültig nach Yorkshire zurück, um ihren Verlobten zu heiraten. Die vier Stunden, die sie auf Ellbogen und Knien kauernd auf einem Stück Treibholz verbracht hatte, hatten eine bleibende Körperbehinderung zur Folge, und sie konnte nie mehr größere Entfernungen zu Fuß bewältigen. Sie genoß jedoch ein erfülltes Leben und unternahm kurz vor ihrem Tod im Alter von fünfundsiebzig Jahren ihre erste Flugzeugreise, um Amerika noch einmal zu besuchen.

George Wynne lebte ab 1917 in einem Seemannsheim in einem Vorort Liverpools. An seinem Bett stand ein Bild seines Vaters und daneben eine Fotografie, die ihn selbst kurz nach seiner Rückkehr aus Queenstown mit einer schwarzen Armbinde zeigte. Hugh Johnston fuhr weiter zur See und war im Zweiten Weltkrieg an Bord der *Lancastria*, als sie bei St. Nazaire von den Deutschen torpediert wurde. Tausende von Soldaten und Fliegern wurden getötet, doch Johnston kletterte zum Masttopp, als das Schiff sank, und kam zum zweiten Mal schwimmend davon.

Heizer John O'Connell gehörte zu jenen überlebenden Besatzungsmitgliedern, die die Begleitumstände des Untergangs der *Lusitania* nach wie vor mit Argwohn betrachteten. Er war überzeugt, daß Winston Churchill die Versenkung gewollt hatte, um die Vereinigten Staaten in den Krieg hineinzuziehen. Andere glaubten, die *Lusitania* habe zwei Abwehrgeschütze mitgeführt, die zu beiden Seiten des Schiffes in Passagierkabinen montiert gewesen seien. Die Türen dieser Kabinen sollen während der ganzen Überfahrt verschlossen geblieben sein. Manche sprachen davon, daß sich Ersatzteile für amerikanische Flugzeugmotoren unter der Ladung befunden hätten. Sieben Jahre nach der Versenkung wurde behauptet, das Schiff habe zwei amerikanische U-Boote im Laderaum gehabt, eine Behauptung, die, wenngleich ungewöhnlich, vielleicht die Anwesenheit von Hopkins, Gauntlett, Knox und anderen amerikanischen Schiffsbauern an Bord erklärt haben könnte.

Auch der Page William Holton hatte seine Zweifel. Er vertrat die Ansicht, daß die Kohlesparmaßnahmen die Tragödie mit heraufbeschworen hatten und auf der Brücke schwerwiegende Fehler begangen worden waren. Deshalb konnte er nie begreifen, warum der Mersey-Ausschuß den Eigner und den Kapitän von jeder Schuld entlastet hatte.

Als Fred Smyth, der Hilfskoch der *Candidate*, von der Torpedierung der *Lusitania* hörte, dachte er, daß sein Bericht an die Admiralität unbedingt die Umleitung der *Lusitania* von ihrem ursprünglichen Kurs zur Folge hätte haben müssen. Und darauf sollte er auch noch fündundsechzig Jahre später beharren.

Die rätselhafteste Figur in der Geschichte der *Lusitania* ist Inspektor William Pierpoint aus Liverpool. Seine wahre Identität kannten vermutlich nur Turner und Anderson; seine Anwesenheit an Bord sollte geheim bleiben. Niemand wußte, wer er war, als er unter den Überlebenden unbemerkt nach Liverpool zurückkehrte. 1919 wurden nach einem Polizeistreik in Liverpool viele Beamte entlassen, Pierpoint hingegen beförderte man zum Direktor des Hauptgefängnisses Bridewell. Im Jahre 1929 wurde er in den Ruhestand versetzt. Er war eine mysteriöse Gestalt geblieben und verheimlichte noch immer konsequent, an Bord des Unglücksschiffs gewesen zu sein. Sein Tod in einem privaten Altersheim im Jahr 1950 wurde von seinen ehemaligen Kollegen offiziell nicht zur Kenntnis genommen; es war, als sei sein Name der Polizei peinlich gewesen.

Turner und Mabel hatten in ihrem abgelegenen Dorf in Devonshire weder dem Klatsch noch den Zeitungen entkommen können. Sie verkauften das Haus und kehrten in einen Vorort von Liverpool zurück. Dort war Turner wenigstens am Meer und konnte nachts die Sirenen der Schiffe in der Mersey-Mündung hören. Ende der zwanziger Jahre reiste er in der Hoffnung, seine beiden Söhne aufzuspüren, nach Australien, fand sie aber nie.

Die von Cunard am 1. März 1916 herausgegebene offizielle Liste der Toten und Geretteten des *Lusitania*-Unglücks lautete wie folgt: 1195 Tote, davon 178 Passagiere Erster Klasse, 374 Zweiter Klasse, 239 Dritter Klasse, 404 Besatzungsmitglieder, und 764 Überlebende, davon 113 Passagiere Erster Klasse, 227 Zweiter Klasse, 134 Dritter Klasse, 290 Besatzungsmitglieder.

«Keine faire Chance»

Im Herbst 1932 erfuhr Albert Bestic, daß es mit William Turners Gesundheit nicht zum besten stand, und wollte ihn in seinem ruhigen Reihenhaus besuchen. Eine charaktervolle, charmante Dame kam an die Tür.

«Darf ich den Käpt'n sprechen?» bat er. «Ich heiße Bestic und bin einer seiner ehemaligen Offiziere.»

«Da werde ich ihn erst fragen müssen», erwiderte Mabel Every und winkte ihn ins Vestibül. «Dem Käpt'n geht es nicht sehr gut. Dieser Tage will er nicht jeden sehen.» Sie ging und kam kurz darauf lächelnd zurück. «Sie können ihn sprechen», sagte sie und führte ihn ins Wohnzimmer. Dort saß eine eingefallene klägliche Gestalt verloren in einem schweren Armsessel am Fenster. Bestic verglich sie mit dem forschen, goldbetreßten Kommodore, den er gekannt hatte. Nun hing ihm eine Strickjacke lose am ausgezehrten Körper. Der alte Mann war sechsundsiebzig und litt an Magenkrebs. Die blauen, eingesunkenen Augen blickten ihn an, und Albert verspürte jäh den Drang, die Mütze unter den linken Arm zu klemmen und die Hacken zusammenzuschlagen.

«Sind Sie das, Bestic? Klar, natürlich. Jetzt entsinne ich mich wieder. Nehmen Sie Platz.»

«Danke, Sir.»

«Was haben Sie jetzt für ein Patent?» schnarrte er wie ein Prüfer.

«Kapitänspatent für ein Vollschiff.»

«Gut.» Die Antwort schien ihn offensichtlich zu freuen. Er wies auf ein Bild hinter ihm. «Das ist die *Grasmere.* Lief von daheim weg und heuerte auf ihr an, weil mein Vater einen Betbruder aus mir machen wollte. Liefen vor der Antrim-Küste auf Grund. Schwamm an Land.»

Albert hörte zu, wie der Alte die Namen der Segelschiffe, auf denen er die Weltmeere befahren hatte, herunterrasselte und sich der vielen Male erinnerte, die er Schiffbruch erlitten hatte oder über Bord gespült worden war. «Schöne Zeiten waren das, Bestic. Ich war der schnellste Mann in der Takelage. Abgesehen von einem Griechen. Mußte einen Affen zum Urahn gehabt haben, der Bursche.» Versonnen schaute er aus dem Erkerfenster, als hätten seine Erinnerungen geblähte Segel und schwankende Masten in den trüben Himmel von Liverpool gezaubert. Plötzlich sah er den Offizier mit einem wehmütigen Lächeln an. «Schauen Sie mich jetzt an. Tauge gerade noch zum Abwracken.» Bestic sah seine Gelegenheit. «Die *Lusitania*, Sir . . .» begann er zögernd. «Glaubten Sie, daß sie torpediert werden würde?»

Turner legte eine Pause ein, um seine Pfeife auszuklopfen. Selbst seine Hände waren schwach. «Ich machte mir Sorgen, Bestic, selbstverständlich. Welcher Kapitän täte das nicht? Ich dachte aber, wir kämen davon.» Er schüttelte langsam den Kopf. «Man hat mir keine faire Chance gegeben. Will sagen, keine Eskorte kam uns entgegen, trotz der Meldungen über U-Boote. Wiegte mich in Sicherheit. Wenn es die Admiralität nicht für nötig hielt, sich Sorgen um ein Schiff im Wert von Millionen zu machen – von den Hunderten von Passagieren ganz zu schweigen –, konnte keine große Gefahr bestehen, sagte ich mir.» Er versuchte seine Pfeife zu stopfen. «Nein, man hat mir keine faire Chance gegeben. Gut zwei Jahre vergingen, bis man endlich eindeutige Anweisungen herauszugeben begann. Welchen Kurs Schiffe nehmen sollten. Wie weit sie sich von Landspitzen fernhalten sollten. Mir sagte man, ich sollte in Kanalmitte bleiben. Und mein Schiff im Atlantik?» Er schnippte gereizt mit den Fingern. «Kein Mensch hat mir erklärt, was Zickzack überhaupt ist. Ist ja auch ein deutsches Wort.»

Mabel trat ein. «Zeit für die Medizin, Käpt'n.» Mit einem Blick auf Bestic bemerkte sie: «Ist das nicht genug für einen Nachmittag?»

«Medizin?» grollte Turner. «Verdammtes Schürzenregiment», murmelte er seinem Besucher zu.

Albert verstand den Wink und erhob sich. Er ergriff Turners ausgestreckte Hand und verließ den Raum.

In den folgenden Monaten pflegte Mabel Turner weiter. An besonderen Tagen ließ der Kapitän den Union Jack vom hohen Flaggenmast in seinem Garten wehen. Als der Sommer kam, saß er draußen in einem Liegestuhl, gab sich seinen Gedanken hin und hatte seine Katze und seinen Hund dicht bei sich. Mabel kümmerte sich unterdessen um die Bienenstöcke beim Gartenschuppen.

Turners Zustand verschlechterte sich zusehends, bis er schließlich ans Bett gefesselt blieb. Am 23. Juni 1933 schlief er friedlich ein.

Mabel wußte, daß Turner als unglücklicher Mann gestorben war. Nach seiner Pensionierung hatte er an schweren Depressionen gelitten und wie ein Einsiedler gelebt, fest überzeugt, daß die Leute ihn mieden, weil sie fanden, er hätte mit seinem Schiff untergehen sollen. Diese Überzeugung nahm er mit ins Grab. Der Gedanke, daß andere ihn verdammten, ohne die Fakten zu kennen, verbitterte ihn. Churchill vergaß er seine Andeutung nie, der Kapitän sei wegen Fahrlässigkeit mit für den Verlust der *Lusitania* verantwortlich.

Sobald jemand das Thema *Lusitania* anschnitt, reagierte Mabel Every defensiv. Wollte man denn Will Turner immer noch die Schuld an den Menschenverlusten zuschieben? Ihrer Meinung nach war er nicht dafür verantwortlich, daß sein «unsinkbares» Schiff so starke Schlagseite bekommen hatte und daß die Rettungsboote nicht sicher zu Wasser gelassen werden konnten. Sie ließ sich nicht entlocken, ob er ihr irgend etwas über geheime Anweisungen der Admiralität erzählt hatte. «Es ist nutzlos, mich zu fragen», pflegte sie zu erklären. «Ich kann Ihnen nur sagen, daß der Käpt'n seine Instruktionen befolgte.»

Turners von ihm getrennt lebende Frau ging mit ihren beiden Söhnen nach Australien, wo sie auch starb. Norman Turner, der im Zweiten Weltkrieg als Verbindungsoffizier zwischen britischen und australischen Verbänden diente, erlag 1968 den Spätfolgen einer Kriegsverletzung. Kapitän Turners zweiter Sohn Percy, der im Zweiten Weltkrieg Geheimdienstoffizier war, kam ums Leben, als das Schiff, auf dem er fuhr, torpediert wurde – vor der irischen Südküste, just eine Meile von der Stelle entfernt, an der die *Lusitania* untergegangen war.

Mabel Every verkaufte Turners Haus und zog zu ihrem Bruder, der ganz in der Nähe wohnte.

Anfang der siebziger Jahre, als Mabels Gesundheitszustand sich verschlechterte, ging sie in ein privates Pflegeheim in Liverpool. Mit über neunzig war sie die älteste Patientin und wegen ihres Sinns für Humor allgemein beliebt.

Vor ihrem Tod im Jahr 1978 nahm Mabel gelegentlich ein Silbertablett, auf dem ihre Andenken an William Turner lagen, aus dem Safe neben ihrem Bett. Sie rückte ihre Brille zurecht, schaute sich die Handvoll Orden an und las die Inschriften. «W. T. Turner, Vierter Offizier, *City of Chester,* der ins Meer sprang, um einen ertrinkenden Knaben zu retten. April 1883», stand da zum Beispiel. Ins Tablett eingraviert war eine Widmung der Cunard Steamship Company, in der Kapitän W. T. Turner bestätigt wurde, daß er im Dezember 1910 mit der *Mauretania* einen Transatlantikrekord gebrochen hatte.

Die Geschichte aber sollte ihr Urteil über William Turner aufgrund seiner Leistungen als Kommodore der *Lusitania* fällen.

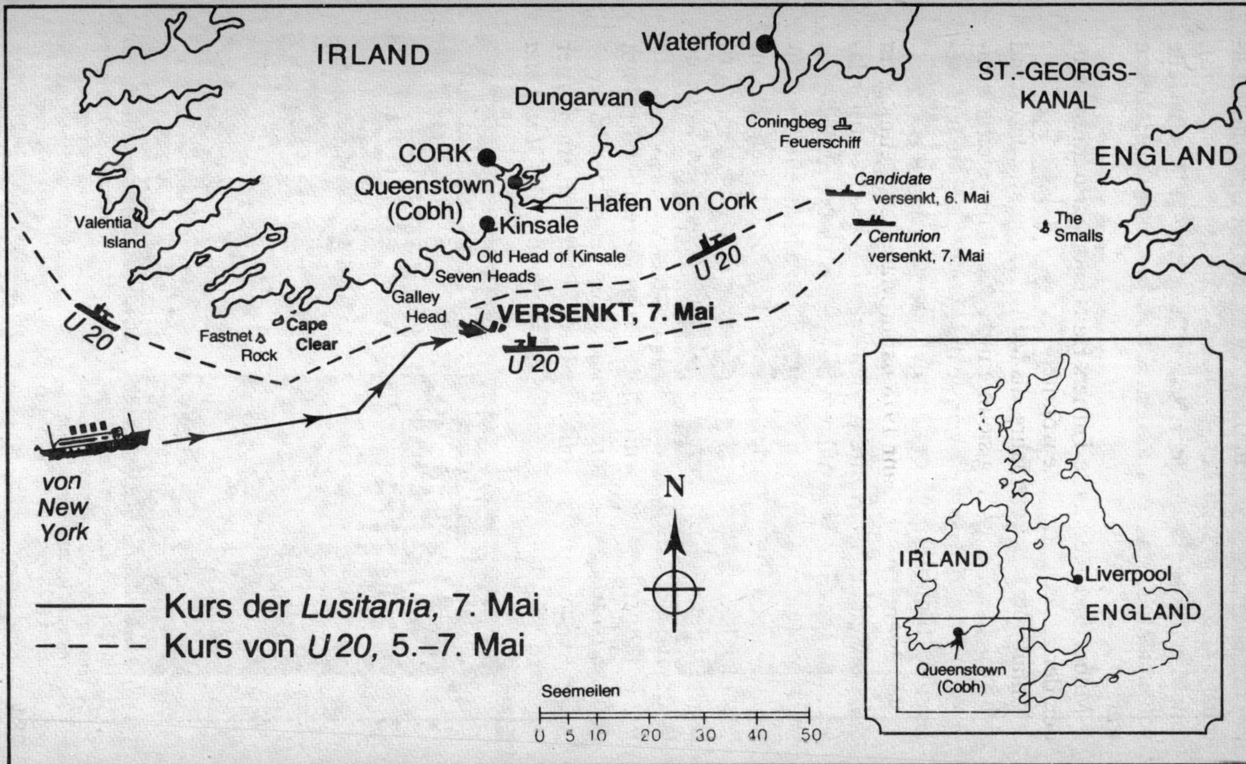
IRLAND
Waterford
Dungarvan
ST.-GEORGS-
KANAL
Coningbeg
Feuerschiff
ENGLAND
CORK
Queenstown
(Cobh)
Hafen von Cork
Kinsale
Candidate
versenkt, 6. Mai
Centurion
versenkt, 7. Mai
The
Smalls
Valentia
Island
Old Head of Kinsale
Seven Heads
Galley
Head
U 20
VERSENKT, 7. Mai
Fastnet
Rock
Cape
Clear
von
New
York
N
Kurs der Lusitania, 7. Mai
Kurs von U 20, 5.–7. Mai
Seemeilen
0 5 10 20 30 40 50
IRLAND
Liverpool
ENGLAND
Queenstown
(Cobh)